中國学術思想 研究輯刊

二五編

林慶彰 主編

第2冊

詩教與人道——
王夫之《詩經》學中的詩教思想研究

朱衛平 著

花木蘭文化出版社

國家圖書館出版品預行編目資料

詩教與人道——王夫之《詩經》學中的詩教思想研究／朱衛平 著
— 初版 — 新北市：花木蘭文化出版社，2017〔民106〕
序 2+ 目 4+236 面；19×26 公分
（中國學術思想研究輯刊 二五編：第 2 冊）
ISBN 978-986-404-913-4（精裝）
1.（清）王夫之 2. 詩經 3. 學術思想 4. 研究考訂
030.8   106000979

ISBN-978-986-404-913-4

9 789864 049134

中國學術思想研究輯刊
二五編 第 二 冊   ISBN：978-986-404-913-4

詩教與人道——
王夫之《詩經》學中的詩教思想研究

作　　　者　朱衛平
主　　　編　林慶彰
總 編 輯　杜潔祥
副總編輯　楊嘉樂
編　　　輯　許郁翎、王筑　美術編輯　陳逸婷
出　　　版　花木蘭文化出版社
社　　　長　高小娟
聯絡地址　235 新北市中和區中安街七二號十三樓
　　　　　　電話：02-2923-1455／傳真：02-2923-1452
網　　　址　http://www.huamulan.tw 信箱 hml 810518@gmail.com
印　　　刷　普羅文化出版廣告事業
封面設計　劉開工作室
初　　　版　2017 年 3 月
全書字數　209563 字
定　　　價　二五編 20 冊（精裝）新台幣 38,000 元
版權所有·請勿翻印

詩教與人道——
王夫之《詩經》學中的詩教思想研究

朱衛平　著

作者簡介

朱衛平，女，漢族，1982 年生，湖南邵陽人。北京大學哲學系博士畢業，現爲北京大學高等人文研究院博士後，青海省委政策研究室幹部。專業是中國哲學，研究方向是中國思想史、宋明理學。在《道德與文明》、《孔子研究》、《湖南大學學報》、《湘潭大學學報》等期刊上發表論文十餘篇，其學術研究注重將思想材料和生命體知結合起來，對研究主題有自己眞切的理解，所出成果具有一定的代表性。

提　要

　　本文以「詩教與人道」爲主線，以《詩廣傳》、《詩經稗疏》等王夫之詩學著作爲主要文本，以其四書學著作和其它注經著作爲理論背景，對王夫之的詩教思想進行系統的研究。

　　挺立人道是王夫之詩教思想的主旨，詩教的主要功能就是循情定性、餘情向道、養氣治情，並最終指向引性情以入微的境界。作者即目抒寫現情、現景，用眼前所察之景烘託、表達內心隱微之情，使它們如其所是的表現出來，呈現在讀者面前。讀者則一方面在吟詠諷誦詩歌時，經由聽覺的傳輸，達到心靈的覺知，形成情感的共鳴，進而與作品的節奏、韻律同調共振，最終與天化流行的平和節奏、韻律同調共振，達到氣和神舒的心理狀態。另一方面，讀者通過與作者的情思進行感遇，學習並思考詩歌所蘊藏的道和理，從而由有形的、具體的「器」世界際入無形的、幽微的「道」世界，與「道」的世界氣應、神通，從而對於幾微便具有了敏銳的審查和把握能力，誠之者與誠者同流共化，道德境界和審美境界融合爲一。道德境界和審美境界都是盡人道的題中應有之意，爲己之學、道德實踐確實是艱苦卓絕的事業，需要百折不回的意志、需要克制欲望的剛毅，但它終究不是縈摜肺腸的酷業，也不是乾枯的行爲規範訓練，太過於苛刻的修身，也許能保證道德的清正，不過也容易失去精神世界的豐富和豐腴，失去雍容的氣度、寬裕的心態，造成行爲的偏頗。可惜的是，後者往往容易被忽略掉，「游於藝」的陶養被擠出了道德修身的訓練系統，風乎舞雩的氣象也僅僅淪爲遙遠的理想，道德成了說教和教條，變成限制人自由的枷鎖，束縛人的緊箍咒。現代社會國學熱興起，儒學思想又漸漸進入了人們的視野，在這個儒學復興的過程中，對於爲己之學的研究和強調，不能再忽略了詩教、樂教的維度，忽略爲己之學中審美的內涵。在這方面，王夫之的詩教思想提供了極爲豐富的成果，呈現出重要的理論意義和時代價值。

序

張學智

　　王夫之是經學研究大家，在考據和義理方面都有高度成就。他身處明末清初的時代背景之下，一方面要總結明亡的教訓，力圖扭轉虛浮的士風、世風，另一方面欲改變明代經學理學分河飲水、理學獨盛經學不競的局面，創建寓理學於經學之中的健實正大的學術典範。他以「六經責我開生面」的學術自信和創新擔當，在躲避兵燹的艱苦條件下從事著述，將天道性命之學以前所未有的深廣程度體現在經學詮釋中。如果說對《周易》的詮釋重在天道的闡發，《詩廣傳》則重在人道的闡發，是王夫之以理學為綱對天人關係、人的社會職分、倫理法則、修養目標與修養方法、政治理念各方面思想的揭示。王夫之解《詩》與朱熹的最大不同在於，朱熹著眼於《詩》的經學問題，如詩序的從違，毛傳、鄭箋的正誤，正風變風的意義，比興與詩旨的關係等，而王夫之則以《詩經》的相關內容為議題，直接發抒他對以上問題的見解。它是經學著作，更是哲學著作。

　　本書以《詩廣傳》為中心，參以對其他詩歌的評點，對王夫之的教化、人道思想進行探討。其一大特點，是對王夫之詩教中「情」論的深入分析。《詩經》作為中國詩歌的源頭，奠定了中國文化重視現實生活、重視情感的性格基調，同時與中國傳統哲學長於直覺的詩性思維方式相應。重視情感的中與和，強調發乎情，止乎禮，以理節情，以情宣禮，是王夫之詩教注目所在。本書特別提出王夫之詩教循情定性、餘情向道、養氣治情諸特點，指出作者用眼前所寫之景烘托、表達內心隱微的情感，使它們真實、完整地表現出來。讀者一方面在吟詠諷誦詩歌時，經由聽覺的傳輸，達到心靈的覺知，進而與作品的節奏、韻律同調共振，最後與大化流行的節奏、韻律同調共振，達到

氣和神舒的心理狀態。另一方面，讀者通過與作者的情思進行感遇，學習並思考詩歌所蘊藏的道和理，從而由有形的、具體的器世界進入無形的、幽微的道世界，誠之者與誠者爲一，道德境界和審美境界爲一。學人長期浸潤於中，在潤物無聲中受到潛移默化的影響，養成和諧雍容的性格氣質，培養情性之正。這與王夫之「性日生日成」的哲學觀點是一致的。

本書的另一特點是提出王夫之詩教思想與明代文化的關係。王夫之從溫柔敦厚的詩教和孔子思無邪的詩旨出發，認爲明代詩文只有國初符合詞旨溫厚的特點，而自景泰、成化年間開始，囂陵相長的狂躁之氣逐漸養成；到天啓、崇禎年間，這種風習有增無減。竟陵派詩風尤其不正，但追隨著眾多，造成的不良影響也大，加劇了狂放、躁急的社會風氣，使得上下離心，最後與其他導致國家危亂的因素一起，造成明朝覆亡。在王夫之看來，詩風不但是當時社會風習的反映，也能通過造成某種風氣進而影響一個時代的文化、政治狀況。詩歌應該如王道以仁保民那樣，仁者之言，藹然如春，養成溫柔敦厚的社會風俗，爲國家的興盛創造良好的文化氛圍。這是王夫之通過提倡詩教從而挽救世道的切實努力，也是他重建經學的著力所在。這些觀點都是富有啓發的。

本書是朱衛平在北大博士學位論文基礎上修改而成的。論文雖由我指導，但書中的精彩觀點都是她自己反覆沉潛得出的。今書將由臺灣花木蘭文化出版社出版，希望我寫幾句話作爲弁言。於是將書中精彩處稍作提揭，以見作者好學精思之忱。

2017 年 1 月於北京大學

目

次

緒 論

一、研究綜述

在現代社會談論詩教話題，是否是食古不化？似乎不能如此簡單論之。儒家爲己之學的終極關懷是「學以成人」的事業，即通過終其一生的學習、磨練，承擔自己的職分，實現人之作爲人而成爲人的性分，挺立人道。通俗地說，就是「活出個人樣來」。「學以成人」或者「活出人樣」是儒家道德哲學的最主要主題，在現代社會依然具有不可消解的意義。甚至可以說，鑒於現代社會浮現的種種社會問題和精神家園的缺失，儒家爲己之學呈現出緊迫的時代意義。詩教的意義就在儒家爲己之學中得到體現。道德實踐的學習和磨練從來都不是一件簡單容易的事情，它其實是艱苦卓絕的事業，需要內在的資源，也需要外在的助緣，才能期望稍有所成。詩教恰好能撥醒道德實踐的內在資源，是道德實踐達到精微境地不可或缺的外在助緣。詩教意味著詩歌的教化。不過，教化並不僅僅是詩歌的功能，而且是一首好的詩歌的本質。以教化爲詩歌的本質在《詩經》的經學研究中是被認可和堅持的前提，但是必然會受到解構《詩經》經學意義之學者的質疑，認爲這是對詩歌自由創作的束縛，是古代經生沒落的營生。早在清末民國時期，《詩經》的經學研究就已經受到了批判，學者紛紛要求從文學角度並且只從文學角度來理解《詩經》。由此，詩歌創作也不再從教化角度提出要求，而主要從文學修辭角度來窮究力探。然而，《詩經》和詩歌的教化本質是否自此就被消解掉了呢？似乎並不如此。詩歌的教化不是簡單的道德說教，不是用詩歌的形式來宣說道德倫理的內容。這種詩歌是嘔啞嘲哳的文字堆砌，並不符合詩歌教化的本質，

也不具有詩歌教化的功能，反倒會引起人們對詩歌的鄙棄，對道德實踐的厭惡。王夫之詩教思想強調突出了詩歌的教化本質和教化功能，指出了詩教與挺立人道之間本質的、不可割斷的聯繫；也嚴屬批判了詩歌簡單的道德說教形式，澄清了詩教的真實意蘊和為學價值。即使在現代讀之，也難掩其思想的深邃和光華，依然具有前沿性和重要的時代性。

王夫之的《詩經》學為其詩教思想提供了深厚的背景，為了更鮮明的彰顯出其詩教思想的意涵，本文先從文學、美學和中國哲學三個角度概述王夫之《詩經》學的研究概況。這三個角度的劃分併非嚴格依據現代學科分立的標準而進行，文學和哲學可說是中國現代學科的兩大門類，而美學和中國哲學作為哲學的二級學科，是包含在哲學學科之中的。1913 年，中華民國教育部公佈《大學令》和《大學規程》，定立了大學的學科設置及其門類分立，規定大學取消經學科，分為文科、理科、法科、商科、醫科、農科、工科七科；其中，文科又分為哲學、文學、歷史學和地理學四門。從此，文、史、哲的學科分科設置基本奠定了其後幾十年人文學科的分類格局。〔註1〕

作出如此不太標準的區分，主要是根據學術界對於王夫之《詩經》學的研究現狀而採取的權宜之計。最早對王夫之《詩經》學作出評價的是《四庫全書》。此後，魏源在其著作《詩古微》中對王夫之《詩廣傳》大加稱讚，甚至錄用《詩廣傳》萬餘字作為《詩古微》的一部份，以示其尊重和稱賞之意。不過當時還沒有文學、哲學之分，到 20 世紀中國現代學術轉型基本完成後，學界的研究便基本都在學科設置的框架內進行了。從王夫之《詩經》學的研究成果來看，學者的研究角度主要集中於文學理論、文學批評、美學、經學和義理詮釋等方面。其中文學理論、文學批評可歸為文學學科，經學和義理詮釋角度可歸入中國哲學名下。美學雖然和中國哲學都歸在哲學一級學科之下，但美學因其研究關注點以及研究性質、特點和中國哲學有比較大的差異，不能概而論之，最好分開論述。本書是在中國哲學的範疇內，對王夫之詩教

〔註1〕 左玉河在其著作《從四部之學到七科之學》的導論中指出，陳平原先生認為中國現代學術建立在「清末明初 30 年間」，並且以章太炎、胡適為代表，說明中國現代學術確立於「五四」時期；劉夢溪先生則提出，「中國現代學術發端於晚清，確立於五四時期」；朱漢國先生持有類似觀點，認為「中國現代意義上的學科分類，是從 20 世紀初開始的」。由此，左玉河總結道，儘管學者對現代學術轉型的發端時間稍有爭議，但基本認可其完成於五四時期之後。左先生更明確在《光明日報》發表文章，明確指出，中國現代學術轉型「到『五四』時期基本確立，到 20 時間 30 年代最終完成。」

思想的集中研究，爲了反觀文學研究與美學研究對論文的啓發、借鑒意義，筆者根據研究角度的不同，將它們分屬於文學、美學和中國哲學三個角度，以便於進行評介。「王夫之《詩經》學」和「王夫之詩學」這兩個概念是稍有區別的，前者指對王夫之《詩經》學的研究成果；後者則指對王夫之所有詩學理論的研究成果。詩學理論不僅包括《詩經》學，也包括詩歌創作理論、詩評、詩話等文學批評理論，因此，後者的外延更廣，將前者囊括在內。不過，就王夫之的思想本身來說，其詩歌創作、詩評和詩話等文學批評思想中有很多是直接針對《詩經》而進行的論述，二者並不是截然分開的。因此，本綜述中所謂「王夫之《詩經》學的研究」也沒有和「王夫之詩學研究」截然區分開，它意指對所有王夫之《詩經》學理論的研究成果的總括，既包括《詩廣傳》、《詩經稗疏》等《詩經》學專著，也包括其文學批評理論中涉及到《詩經》的理論內容，在綜述中這些都被默認爲王夫之《詩經》學的研究成果。

1、從文學角度對王夫之《詩經》學的研究

從事文學研究的學者一般比較重視王夫之的文學批評思想，相對來說對王夫之《詩經》學的關注就比較少。當然，在二十世紀八十年代以前，大陸對王夫之詩學理論的研究本身就比較少，當時大陸沒有出版過有關王夫之詩學研究的專著。只有一些文學史、文學批評史著作有對王夫之詩學思想的評介，如陳鍾凡先生的《中國文學批評史》、方孝岳先生的《中國文學批評》、朱東潤先生的《中國文學批評史大綱》和郭紹虞先生的《中國文學批評史》，都有對王夫之詩學理論的介紹，他們對王夫之詩學理論也都持肯定態度。其中，方孝岳先生的著作中有一篇文章《王船山推求「興觀群怨」的名理》，專文評論工大之詩論觀點，也涉及到王夫之的詩教觀。方先生評論精卓，對王夫之詩論有著極爲深刻的理解。他認爲王夫之論詩，一切皆以「興觀群怨」爲主眼，其詩論觀點是從孔門「詩教」中闡發出來的。朱東潤先生有類似的觀點，他在書中從文學批評角度簡要介紹了王夫之的興觀群怨論、情景論，與《詩經》學有關的是「興觀群怨」論，不過，朱先生著墨極少，只是提出「船山論詩，上推於《三百篇》之興觀群怨，此爲其立論一大關鍵。」〔註2〕郭紹虞先生對王夫之詩論思想的評價非常高，他認爲「船山論詩頗多精闢的

〔註 2〕　朱東潤：《中國文學批評史大綱》，上海，上海古籍出版社，2001年版，第292頁。

見解」〔註3〕，其論詩既有文學眼光，精警透徹；又有儒家見地，因而切實，較黃宗羲來說更勝一籌。在專節中，郭先生重點評介了王夫之的興觀群怨論、意勢論和情景論，指出其論詩重在讀者方面、領悟方面。郭先生提到王夫之「以文學眼光去讀詩，則於詩能領悟；本儒家見地以論詩，則於詩能受用。」對王夫之詩論思想的把握可謂眼光獨到，見解精闢。就論文來說，解放前，關於王夫之詩學的論文只有悟愚的《再論船山詩學》、中謙的《談王船山之詩話》和晉至的《王夫之論豔詩》等幾篇文章。

根據中國社會科學院文學研究所編撰的《中國古典文學研究論文索引》，1949～1979年間發表的關於王夫之詩學的論文不多，只有十多篇，論文主題多圍繞《薑齋詩話》（道光年間鄧顯鶴將《詩繹》和《夕堂永日緒論》編輯為一本書，即《薑齋詩話》）而進行；而關於王夫之《詩經》學的專文沒有一篇。在這段時間裏，《詩經》研究學者也較少關注王夫之，因而，二十世紀八十年代前既是王夫之詩學研究的冷清階段，更是王夫之《詩經》學研究的冷清階段。

從20世紀80年代以來，王夫之詩學研究的冷清局面有了很大的改變。關於王夫之詩學的研究漸漸獲得廣泛而深入的展開，同時也取得了很豐富的成果。相對於王夫之詩學研究的盛況，王夫之《詩經》學的研究就稍顯平淡，這種狀況的形成大致有兩方面原因，一方面文藝批評領域的學者集中於探討王夫之的文學批評理論，因而，其詩教觀、《詩經》學的思想相對受到冷落。這些學者關注的文本也多為《詩繹》和《夕堂永日緒論》，像《詩廣傳》這種闡釋義理之作，相對也就不受重視。另一方面《詩經》研究領域的學者又不太關注王夫之，因而，其《詩經》學思想在這個領域就不像朱熹《詩經》學思想那樣得到深入而廣泛的研究。舉例來說，《詩經研究叢刊》從2000年第1輯到2012年第22輯，討論王夫之《詩經》學思想的只有4篇，這對於挖掘其精妙的思想是遠遠不夠的。

不過，近幾十年王夫之《詩經》學的研究還是有比較豐富成果的，這裡根據主題稍作介紹如下。

（1）《詩廣傳》成書年代

王夫之沒有注明《詩廣傳》的寫作年代，使得學者對其成書年月產生了頗多推測。張西堂在《王船山學譜》中指出，《詩廣傳》有「故曰性日定心日

〔註3〕郭紹虞：《中國文學批評史》下冊，天津，百花文藝出版社，2001年版，第462頁。

生命日受非赤子之任也」、「此之謂命日受、性日生也」等觀念，這是援引《尚書引義》的明證，可見該書作於《尚書引義》之後。關於《尚書引義》，王夫之也沒有注明寫作年代，張先生則認爲它作於《周易外傳》之後。《周易外傳》可知作於順治乙未年，即 1655 年。因此，根據張先生的簡單推理，《詩廣傳》大致寫於 1655 年之後。

周調陽在《王船山著述考略》一文中指出，該書的嘉愷抄本末頁有「癸亥閏月重定」六個字，癸亥年爲康熙二十二年，由此可知，該書重定於 1683 年。這個時間也就成爲有關《詩廣傳》寫作年代的唯一可確定的時間。

王孝魚先生也對《詩廣傳》的成書時間做出了推斷，他認爲《詩廣傳》大致完成於 1671、1672 年。其原因有三：首先，他認爲《詩經》和《春秋》的關係十分密切，不弄清《春秋》的情況，無法評論十三《國風》，因此王夫之很可能是在完成了關於《春秋》的著作後才研究《詩經》的。其次，他指出 1671 年方以智多次勸說王夫之逃禪，王夫之沒有答應。在《詩廣傳》中有幾處文字是批評逃禪、逃道的，應該是就方以智的逃世作出自己的回應。第三，他指出《詩廣傳》作於《老子衍》之前，因爲書中有十幾處批評《老子》，很可能王夫之在完成《詩廣傳》後對《老子》有更深層的體會，於是重定《老子衍》。《老子衍》一書可確知重定於 1672 年，於是王孝魚先生綜合起來推測道，《詩廣傳》大致完成於 1671、1672 年。

袁愈宗先生認爲王孝魚的結論可能正確，但是證據不足，因而撰寫專文《王夫之〈詩廣傳〉成書年代考》，討論《詩廣傳》成書時間，也將時間大致推定爲 1671 年左右。他認爲《詩廣傳》存在著平實典正和哀婉悽愴兩種行文風格，兩種行文風格的交織透露出王夫之在《詩廣傳》寫作期間和重定期間的不同心理狀態，這種心理狀態又是對不同時代背景的一種反應，因此，通過分析其行文風格可大致推斷出《詩廣傳》寫作時間。袁先生將寫作時間框定在 1669 年以後，1683 年以前，通過分析這個時間段的歷史事件和王夫之的著述情況，推斷出《詩廣傳》大致作於 1670 到 1673 年間，也就是 1671 年左右。

也有學者對袁愈宗的結論持異議態度，如魏春春、李歡撰寫《〈詩廣傳〉成書年代考辨》，對之進行反駁，他們指出，王夫之孤心自持的堅貞是其一貫的態度，並非僅僅是晚年的反省，因此，袁先生的證據不能成立。他們則從王夫之明志歸隱的時間、授徒傳業的方法和著述立說的特點幾個方面，論證

《詩廣傳》非創作於一時，其寫作時間當持續於康熙三年（1664）到康熙二十一年（1682）之間，長達十八年之久。

（2）《詩廣傳》內容研究

近幾十年有一些論文和專著對《詩廣傳》進行了研究，涉及的內容包括情、興觀群怨、「二南」論等專題研究，也有對《詩廣傳》理論特色的總體概論，其中以對情和興觀群怨的研究成果最爲豐富。

眾多學者都認爲，「情」是《詩廣傳》的核心內容或主旨。袁愈宗先生認爲，王夫之在《詩廣傳》中談的最多的是詩情，這也是他對宋代「以理入詩」的批判。徐波先生在《〈詩廣傳〉主旨新探》一文中，更明確指出，「正情」是《詩廣傳》寫作的唯一主旨。他認爲書中所論之情並非「七情」之表層，而是由情及欲、由情及理、由情及性的深層次開掘。其論情方式爲「正情」，具體方法爲以性正情，以理維情，戒欲亂情。陶水準在《船山詩學研究》中指出，王夫之同時繼承、綜合和發展了古典詩學理論中「言志」和「緣情」的兩種傳統，而以「詩道性情」爲詩學本體論，力圖以對「情」的肯定來糾正宋詩的偏頗；以對「情」的規範來糾正李贄、公安末流以及竟陵派的鄙陋；強調「情」之自得，以糾正前後「七子」擬古主義的失誤；追求「情」的本原和超越狀態，實現「寫通天盡人之懷」的藝術審美理想和人生人格理想。

除了情在《詩廣傳》中的地位外，有些學者也就《詩廣傳》論「情」的具體問題進行了研究。韓振華先生對王夫之的「達情」觀進行了探討，在《王船山的「裕於情」的「達情」觀——以《詩廣傳》及其文藝批評實踐爲例》一文中，他首先指明「情」是王夫之在《詩廣傳》中首要的、帶有綱領性的關注點。該文認爲《詩廣傳》集中表達了「裕於情」的詩學主張，這是針對明末清初漢族士人焦戾峻急的時代氛圍而提出的主張，也是傳統儒家「溫柔敦厚」詩教精神的典型體現。不過，王夫之並不能脫離時代的這種「躁競」的風氣，他本人在文藝批評的實踐中並沒有完全遵循「裕於情」的詩教精神，這尤其表現在對杜甫的苛刻批評上。

王夫之的「興觀群怨」論也是廣爲學者關注的主題，學者一般都認可王夫之揭示出「興觀群怨」的內在聯繫、「攝興觀群怨於一爐」的理論貢獻，認爲其思想超越了之前的闡釋者。不過，關於「興觀群怨」是從讀者角度立論還是從作者角度立論的問題，在學者之間產生了理解上的分歧。初時，學者大多認爲王夫之是就讀者欣賞角度而談的，郭紹虞先生在 80 年代前就提出這

個觀點，此後，李中華先生〔註4〕、鄔國平先生〔註5〕和鄧新華先生〔註6〕都持類似觀點。漸漸地，越來越多的學者認為，王夫之的「興觀群怨」論是從讀者和作者兩個角度同時立論的，並且都將其與《詩廣傳》中的相關觀點聯繫起來討論。在這方面比較突出的有陶水準、馬育良、袁愈宗和蕭馳。其中，陶水準認為，「詩道性情」和「興觀群怨」在王夫之詩學理論中都處綱領性地位，「詩道性情」是體，「興觀群怨」是用，王夫之著眼於作者和讀者兩方面的審美情感活動的特點和規律，全面揭示「興觀群怨」作為四種審美情感的內在聯繫，充分闡釋了「詩道性情」和「興觀群怨」的相因相生的關係，使「興觀群怨」思想煥發出新的生命力。〔註7〕袁愈宗基本承襲陶水準的觀點，其貢獻在於根據《詩廣傳》對「興觀群怨」的定義作出了說明，這些概念界定基本是可取的。〔註8〕馬育良則從王夫之的性情論入手，進而論述其「興觀群怨」論。他指出，王夫之以「詩道性情」為其詩學思想的邏輯起點，在此，「性情」之意就是「性行於其中之情」。王夫之的貢獻就在於，以「性」行於「情」、「才」之中，牽動而產生「興觀群怨」，由此來貫通詩歌閱讀和詩歌創作兩方面。〔註9〕可以說，馬育良先生的觀點是對陶水準先生觀點的補充。蕭馳對於這個問題闡釋得十分精彩，他指出，在王夫之的闡釋裏，「興觀群怨」同時涵攝了詩的創作和閱讀兩個方面。王夫之從讀者的接受需要來討論作者在創作時如何使人「隨觸而皆可」的問題，從而建立了一個從作者之「意」，到作品在閱讀中呈現之「義」的圓融的、相對開放的詩歌美學生命存在的結構。〔註10〕

〔註4〕見李中華：《船山詩論中的藝術原則》，載於《船山學刊》1984年第1期。
〔註5〕見鄔國平、王鎮遠：《中國文學批評通史》（清代卷），上海，上海古籍出版社，1996年版，第95頁。
〔註6〕見鄧新華：《王夫之「讀者以情自得」的詩歌接受理論》，載《華中師範大學學報》1999年第4期。
〔註7〕見陶水準：《船山詩學研究》，北京，中國社會科學出版社，2001年版，第一章的第五節《曲寫心靈，動人四情》——對「興觀群怨」的重新闡釋》。
〔註8〕見袁愈宗：《王夫之〈詩廣傳〉詩學思想研究》，北京，中央編譯出版社，2012年版，第四章的第三節《四情論》。
〔註9〕見馬育良：《王夫之對朱熹性情論的反思及其「興觀群怨」新說》，載於《合肥學院學報》，2009年第26卷第3期。
〔註10〕蕭馳：《抒情傳統與中國思想——王夫之詩學發微》，上海，上海古籍出版社，2003年版，《船山對儒家詩學「興觀群怨」概念之再詮釋》。

（3）《詩經稗疏》研究

《詩經稗疏》是王夫之訓釋《詩經》名物、字詞的著作，近幾十年，這本書也得到了一定的研究。研究成果主要集中在對《詩經稗疏》訓詁學、闡釋學方法的探討上，學者對王夫之在《詩經》訓詁上取得的成就基本持肯定態度，也一致認爲，在《詩經稗疏》一書中，與字詞訓釋相比，其名物考釋的成就更大。其次，也有學者對《詩經稗疏》的思想內容進行了考察。

雷慶翼先生撰寫多篇專文分別從訓詁方法和思想內容兩方面對《詩經稗疏》進行研究，《王船山〈詩經稗疏〉治學方法管窺》和《評王夫之〈詩經稗疏〉》兩篇文章基本代表了他的研究觀點。雷先生將王夫之的訓詁方法總結爲三條：考證詳實；察於事理，格於物理，審於文理；以史釋詩。他認爲王夫之在訓釋上貢獻極大，「超越了前人，也無遜於來者」；但是其思想內容則過於保守，因其「衛道」之心而導致不少錯誤，因而限制了他在《詩經》學上的總體成就。

魏春春針對雷慶翼先生的觀點，撰寫《從〈詩經稗疏〉看王夫之的〈詩〉學闡釋方法》一文進行回應。她一一解釋了雷先生指出的「錯誤」，認爲這些所謂的「錯誤」恰恰是王夫之最爲精彩的思想內容。王夫之善於從慣性思維中跳出來，審慎的思考，因而，其立論精當，論述條理。同時，她也對《詩經稗疏》的闡釋學方法進行了總結，將其概括爲：審文辨字，正本清源；依古立意，博採百家；審之以理，求之以意。

此外，高美之的碩士論文《王夫之〈詩經稗疏〉研究》是對《詩經稗疏》的專題考察，主要從研究方法和思想內涵兩方面進行研究，對《詩經稗疏》的考釋方法進行了歸納，並從治學思想、倫理思想和民族思想三個方面對《詩經稗疏》的思想內容予以評述，對《詩經稗疏》這本著作的考察也算比較全面。

（4）王夫之詩學與哲學關係的研究

有些學者自覺地思考王夫之的哲學思想與其詩學思想的關係，並形成了一定的研究成果。其中比較突出的是蕭馳先生，其著作《抒情傳統與中國思想──王夫之詩學發微》試圖解決的就是這個問題。蕭馳自述其學術思考的方向在於中國抒情傳統與中國思想的關係，他提出一個觀念，即「抒情傳統乃以審美理想重述了中國傳統文化的終極信念」〔註11〕。他認爲在中國文化

〔註11〕 蕭馳：《抒情傳統與中國思想──王夫之詩學發微》，上海，上海古籍出版社，2003 年版，《重現抒情傳統與中國思想間一座天橋（代序）》，第 5 頁。

史上，王夫之是「集大哲學家與大文論家於一身的孤例」〔註12〕，「就哲學思想和詩學的直接聯繫的全景而言，船山學幾乎是唯一的標本」〔註13〕，因此，在這本著作中，他選擇王夫之作爲個例來進行研究，並且說明該書的寫作正是爲了證明上述論題。在該著作中，他基於船山詩學的內在理路，從船山詩學中的「現量」觀念、船山天人之學在詩學中的展開、船山以「勢」論詩、船山對「興觀群怨」再詮釋、詩樂關係論與船山詩學的架構、內聖境界與船山詩學理想這幾個方面對船山詩學進行了深入的討論。他的論述有時非常深刻，但是他常運用西方的理論來解釋、闡發王夫之的思想，有時對於船山思想就不是貼近，而是遠離。另一方面，王夫之的《詩經》學著作是探討其哲學與文學關係的重要文獻，但是蕭馳所關注的重點是王夫之的文學批評思想，他分析的文本主要是《夕堂永日緒論》和王夫之的詩評著作，較少涉及《詩廣傳》、《詩經稗疏》等其它《詩經》學著作，這不能不說是一種遺憾。

蕭馳之後，也有其他學者將王夫之的詩學觀念與哲學觀念結合起來研究，如崔海峰的《王夫之詩學範疇論》和袁愈宗的《王夫之〈詩廣傳〉詩學思想研究》。

崔海峰在《王夫之詩學範疇論》書中從才情、神理、興會和意境等方面對王夫之的詩學範疇展開了論述。他同樣以「詩道性情」爲王夫之詩學體系的邏輯起點，力圖展示出王夫之論詩所使用範疇的層次性和邏輯性，對於王夫之詩學研究裨益不小。一般學者都認爲王夫之的詩學理論體現了他的儒家思想，崔海峰先生則在書中強調，在哲學上，王夫之闡發六經，繼承張載的氣化論思想，對老莊和佛學基本上持批判態度；但是，在詩學上，王夫之則相對具有很明顯的儒釋道互補的特徵，且其中「道」的成分比「釋」更突出。他更指出，《詩繹》和《夕堂永日緒論》是王夫之晚年之作，他研究老莊在前，從事詩文評論活動在後，使得老莊思想的精華融入了他對詩學問題的思考之中。

袁愈宗的著作《王夫之〈詩廣傳〉詩學思想研究》於 2012 年出版，該著作將研究範圍限定爲《詩廣傳》中包含的詩學理論，並有意識地對王夫之相關的哲學理論進行了分析。該書有兩個特色，其一，他對「詩言志」觀念的歷史進行了較爲詳細的考察，並以此爲基礎分析王夫之的「詩言志」觀念；

〔註12〕蕭馳：《抒情傳統與中國思想——王夫之詩學發微》，上海，上海古籍出版社，2003 年版，《重現抒情傳統與中國思想間一座天橋（代序）》，第 4 頁。
〔註13〕蕭馳：《抒情傳統與中國思想——王夫之詩學發微》，上海，上海古籍出版社，2003 年版，《重現抒情傳統與中國思想間一座天橋（代序）》，第 5 頁。

其二，將《詩廣傳》中王夫之所談論的「情」進行了歸納和分類，如「白情與匿情」，「貞情與淫情」，「裕情與黏滯之情」，「私情與道情」。作者對之逐一進行了分析，這在以前的王夫之詩學研究中是未曾出現的。此外，作者也對王夫之論興觀群怨、論神、論言意、文質等詩學問題進行了闡釋。袁先生總結王夫之詩學理論為：「從表述形式上看，王夫之詩學思想顯得零亂而不成體系。其實，王夫之的詩學觀自有其『一以貫之』之道，那就是他以氣一元論為基礎的哲學思想。」

崔海峰和袁愈宗先生的研究表現出了深厚的理論深度，豐富了王夫之詩學思想的研究。只是，《詩廣傳》這本著作以及王夫之在四書學著作中表述的有關《詩經》和詩教的思想並非他們研究和著力的重點，因此，相關的內容體現得並不多。

此外，關於王夫之的情景論、意勢論、現量論和神韻說等內容，在文學界也得到了深入的研究，成果極為豐富，但因其主要是王夫之詩學思想，故於此不再贅述。

2、從美學角度對王夫之《詩經》學的研究

美學是哲學的二級學科，其研究對象是人類審美活動的本質、特點和規律。美學也有自己的分支學科，包括哲學美學、審美心理學、審美文藝學、審美社會學和審美應用學科等，其中對中國古典詩歌進行研究的主要是審美文藝學學科，也就是文藝美學。文學批評和文藝美學關係十分密切，也常常交織在一起，二者都會涉及到對審美意識的研究。不過，二者還是有區別的，文學批評主要依據文學理論對文學作品和文學現象進行分析、研究和闡釋；而文藝美學的理論基礎是美學理論、哲學理論，其研究對象是文學藝術的特殊審美本質和審美規律，其具體研究方式則為範疇推演、命題考察等，與哲學一般研究方法類似。在一定意義上可以說，文藝美學是對文學批評的前提和基礎進行研究。從具體的王夫之《詩經》學研究來說，文學批評角度的研究和文藝美學角度的研究也是交織在一起的，相互都有借鑒意義，兩個領域的學者都將對方的研究作為自己研究的理論背景，當然，它們在側重點上也存在著區別。與文學批評角度不同，文藝美學角度側重對船山美學思想的審美基礎、審美範疇和審美主體能力等方面進行考察。當然這不是絕對的劃分，文學批評方面的學者也會對審美範疇進行研究，文藝美學方面的學者也會對作品進行品評，這只是就大致的趨向而言。

　　從王夫之《詩經》學的研究歷史來看，美學角度的研究與文學角度的研究有著基本一樣的情況，以二十世紀八十年代爲分界點而有著前後冷熱之別。自八十年代早期開始，我國興起了美學思想研究、傳播的熱潮，這時，王夫之的美學思想也引起了美學界的關注，因而獲得了比較豐富的研究成果。其中，與王夫之《詩經》學相關的內容集中在三個方面：審美意象；聲情論、元聲論、詩樂合一論；美育思想。

　　錢耕森和趙海琦 1984 年發表於《船山學報》第 1 期的文章《王夫之美學思想簡論》是王夫之美學思想研究出現較早的成果，這篇文章簡略建構了王夫之美學思想的體系結構，認爲其結構包含互爲關聯的三個基本環節：美的哲學基礎，審美心理的機制和詩樂藝術美。不過這篇文章存在較多可商榷之處，程亞林隨後就在《船山學報》1984 年第 2 期發表文章《王夫之美學思想初探——與錢耕森等通知商榷》，意在回應錢、趙二人的文章。這體現了王夫之美學思想從 80 年代初開始就得到持續性的關注，也爲後來的研究奠立了深厚的基礎。

　　葉朗 1985 年在《北京大學學報》發表文章《王夫之的美學體系》，這也是他《中國美學史大綱》中的一個章節。葉朗在這篇文章中非常自覺地將自己定位爲美學研究，他認爲美學研究和文學批評研究雖然常常會面對同樣的對象，但二者的研究方式是不一樣的，美學是對美學範疇、美學命題以及由這些範疇、命題構成的美學體系的研究。他指出王夫之的美學體系是以詩歌審美意象爲中心的，審美意象也就是作者作品中創造的審美、藝術形象。他著重分析了情景和現量範疇，認爲王夫之思想中的情和景是內在統一的，這種統一在直接審美感興中實現，因此，審美意象也就在直接審美觀照中產生，這是審美意象的本質，王夫之用「現量」予以概括。由此，審美意象具有整體性、眞實性、多義性和獨創性，他認爲，正是現量說，使得王夫之對審美意象的分析達到了前人未曾達到的深度。葉朗的論述十分精當，他對審美意象本質、特點的精準概括也有著其他學者難以達到的高度。

　　對聲情論、元聲論和詩樂合一論的關注是研究王夫之美學思想研究的重要成果（這其中自然也有文學領域學者的貢獻）。這三者之間是密切相關的，詩樂合一的根本特性就體現在詩歌中情感和聲律的並重，而元聲又是聲律的根本和源泉。羊列榮撰寫文章《王船山的「元聲」說》，指出在王夫之詩學中，「元聲」是重要概念，王夫之將理學化的元聲概念從樂論援入詩學。在理學

上，他既反對蔡元定以制管候氣之法向外求元聲律度，也反對王陽明只在心上求元聲的觀點，認為元聲既有其客觀的律度，而這種律度又具有先驗性和內在性。因而，王夫之是以誠、渾淪和行止合一三義建構其元聲說。夏建軍也對「心之元聲」進行了專文探討〔註14〕，他認為「心之元聲」是王夫之詩歌美學思想中的核心範疇。「元」字包含了本原之義和美善之義，「心之元聲」所指即是「性之情」，詩歌並不應該去表達所有的情感，而只表達「性之情」，所謂「詩道性情，道性之情」。張節末為較早關注到王夫之詩樂合一思想的學者，他在《論王夫之的詩樂合一論的美學意義》一文中提出，與情景論一樣，詩樂合一論也是王夫之詩歌理論的基本觀點之一。詩樂合一的主張使其詩歌理論呈現出三個特色，首先就是對藝術形式的重視。王夫之集中於對詩歌整體結構和詩歌審美鑒賞心理的分析，對詩歌內容沒有嚴格限制，而要求詩能函情、養氣以達中和。其二，王夫之以「聲情」說解決了詩歌的音樂化問題，將音律和詩的條理內在地統一了起來。第三，王夫之以時間率領空間，以詩的節奏串連詩的意象，解決了詩歌創作中主客、情景統一問題。張文認為王夫之的這些新觀念是對中國古典詩歌的高度理論總結，也是對詩歌審美派理論的發展，更是對前後七子格調說與詩法論的糾正。陶水準的文章《王夫之詩學「聲情」論析要》對聲情說進行了更細緻的分析，對詩歌的音樂性也解釋得更為詳細清楚。他指出，「聲情」就是「穆耳協心」，也就是聲和情的統一。詩歌既要「道性之情」，也要追求完美、純淨的樂章美，這是一種結構婉轉、音響和諧、蘊藉繚繞之美，詩歌的聲情美，使得詩與其它文體區別了開來，其音樂美把欣賞者引入輕微幽潛之中，涵養人的性情，實現了儒家詩學的美學化。這些學者雖然幾乎沒有涉及到王夫之的詩教思想，但是他們對聲情、元聲和詩樂合一的論述，從審美的心理基礎角度給詩教理論提供了支持。

有學者論述了王夫之的美育觀，吳海慶的著作《船山美學思想研究》其中有一節專論王夫之的美育思想，他提出中國古代教育是以道德和知識為核心的，而王夫之的貢獻在於強調道德和藝的教育（也就是美育）相互促進、密不可分。熊考核在著作《王夫之美學》和論文《真善美──船山的人生和諧觀》裏面都提到了王夫之的美育思想，他指出，詩實現了主體和客體的融合，它是對宇宙時空進行審美的情感藝術，它對於詩人不僅是情景的交流，

〔註14〕夏建軍：《「心之元聲」──略論王夫之詩歌美學思想的本質論》，載於《江南大學學報》，2009 年第 8 卷，第 2 期。

也是借助詩中的意象來構造一個審美的空間，傳達審美主體對宇宙人生的情緒體驗和形象認識。主體通過對客觀自然的審美，超越了一般思維方式的局限性，超越了現實人生的煩惱與利害，獲得一種精神上的昇華，實現人在自然中卻又超越自然的眞正自由，這就是詩可貴之處，即妙合主體之情和客體之景爲情景和諧統一的意境美，實現「和樂」教化的詩化人生與現實人生的和諧追求。這些美學角度的研究事實上在一定程度上精彩地闡釋了王夫之詩教思想的內容。

3、從經學、義理角度對王夫之《詩經》學的研究

　　關於王夫之的《詩經》學，更多的是從文學和美學角度進行研究。相對來說，經學、義理方面的研究成果較少。其中，研究論文有武漢大學李中華的《船山〈詩經〉學面面觀》、臺灣高雄師範大學經學研究所黃忠愼的《王夫之〈詩經〉學新探》。此外，唐君毅在《中國哲學原論——原教篇》一書中，用兩章論述了王夫之的人文化成論，並於其中專闢一節分析船山的詩禮樂，有對《詩廣傳》極爲精彩的義理闡析；臺灣學者曾昭旭專著《王船山哲學》中，也有對船山《詩經》學的專文論述；美國學者布萊克（Alison Harley Black）的專著《王夫之哲學思想中的人與自然》（《Man And Nature In The Philosophical Thought Of Wang Fu-Chih》）最後一章《文學表現的性質》（「The Nature of Literary Expression」）也對王夫之的詩學思想進行了分析。就研究專著來說，陳章錫的《王船山〈詩廣傳〉義理疏解》是對王夫之《詩廣傳》的義理進行考察、分析的專著；最近，曾美珠的博士論文《船山的詩禮樂及教化思想研究》對王夫之的詩禮樂與教化思想也進行了詳細的考察。

　　李中華的文章試圖對王夫之的《詩經》學從訓詁、義理和文學藝術角度做出全面的分析。關於《詩經稗疏》，李先生指出其基本原則是「內求通於詩意，外推詳於物理，揆之以情，驗之以事，精思博證，必求其是」〔註15〕，並舉出三例進行說明。其次，在義理方面，他指出：「在王夫之看來，一部《詩經》，可以看做周王朝的興衰史。」〔註16〕因此，他將王夫之對周朝的論述進行撮要並加以簡要分析。此外，他對王夫之的情感論進行了分類闡釋：「王夫之判斷《詩經》中的情感，大致有三個標準：一看詩中表現的是公情還是私欲，二看詩情是專一還是散漫，三看詩情的表達是舒緩還

〔註15〕李中華：《船山〈詩經〉學面面觀》，《船山學報》，1985年第二期，第73頁。
〔註16〕李中華：《船山〈詩經〉學面面觀》，《船山學報》，1985年第二期，第75頁。

是偏激。」〔註17〕至於文學藝術方面，李先生則簡要分析了王夫之的情景論和興觀群怨論。

黃忠慎著有《清代詩經學論稿》，該書第一篇論文是《王夫之〈詩經〉學新探》，黃先生認為之前研究王夫之「詩經學」的著作多集中於《詩廣傳》的研究，相對來說比較忽視《詩經稗疏》、《詩經考異》和《叶韻辨》的考察，更沒有學者從經學角度對其詩經學進行整體考察。因此，他強調自己是以「經學的角度對其〈詩經〉學著作進行論述，並討論其在〈詩經〉學史上的價值、影響及其意義。」

基本上，黃先生認為王夫之《詩經稗疏》、《詩經考異》和《叶韻辨》的成就並不突出。其《詩經稗疏》，相對於乾嘉學派的實踐來說，在文法上的考訂顯得較為薄弱。王夫之的名物考釋多以聞見之證和經驗之證為主，表現出「強烈的實證性格」，以致有時議論「會太過於拘泥」。而對於《詩經考異》和《叶韻辨》，黃先生主張採取寬容的態度對待，雖然《詩經考異》的「校勘成績平平」，但這是因為王夫之身處深山，受客觀環境限制而導致的。《叶韻辨》雖然提出了正確的古音學觀點，但「論點與證據終究有限」，但這是因為王夫之身處僻壤，難以與當時學術接軌所致。

關於《詩廣傳》，黃先生謂「廣傳」，是「表達超越箋注義疏，直接面對經文，而廣其經義的意思。」此書的特點是「以詩篇意旨為起點，引出其對人生哲學、政治制度、文學批評、社會風俗、政教得失、歷史興衰等的論述。」這些論述不為原典所限，因而也就時常有背原典。黃先生對此書評價也不甚高，認為它對於經學意義上的《詩經》學研究，裨益有限。

黃先生的文章可以說是對王夫之《詩經》學研究的一個比較全面的批判，他最終的結論就在於說明，王夫之無論是在考據方面還是在經學典範方面，都沒有太大的成就，因而，就《詩經》學方面來說，其聲名遠過於其成果。不過，黃先生的觀點依然有值得商榷之處。

唐君毅在《中國哲學原論（原教篇）》中對王夫之的詩禮樂思想進行了精闢的論述。他將詩禮樂歸為王夫之的人文化成論思想，並認為，王夫之哲學重氣，則必然重視作為德性形色表現的具體禮儀和威儀，必然重視表現為社會文化的詩和樂。就詩學思想來說，唐先生也指出王夫之對「詩達情」的關注，達情是詩歌的自覺目的，而在達情的過程中，性、理也就自然表現在詩

〔註17〕李中華：《船山〈詩經〉學面面觀》，《船山學報》，1985年第二期，第76頁。

歌當中。他對詩歌的功用總結爲三點：詩歌使人與人之間的情感相感相通而爲仁；詩歌達情後能使人不鬱結旁流而歸於順；詩歌貫通形上形下，通神與人。此外，他對詩禮樂三者的關係也有精鍊的概括，三者相通而各有所重。雖然唐先生並沒有詳論王夫之的詩禮樂思想，但他的概述十分精當，已足以使人對其有基本的認識和理解。

曾昭旭在《王船山哲學》一書中，對王夫之四種《詩經》學著作都有介紹。他認爲《詩經稗疏》、《詩經考異》和《叶韻辨》都是小學，因而主要是引用「四庫全書總目提要」的評論，使讀者對之有概括性的瞭解，介紹十分簡略。

《詩廣傳》是曾先生著墨最多、闡析最爲詳盡的著作。他將《詩廣傳》的內容分爲五個部份：船山之詩論、以義理釋詩意、藉詩以觀風、論情之性質和論治情之道。曾先生指出，王夫之論詩主要以義理爲主，其用則在於觀列國之風以進論治國之道。就詩本身來說，他認爲詩本質上是生命之情的融通表現，詩的功能則在於解化人的執著，使之有餘裕。因此，他對王夫之論情的思想極爲關注，從情爲性之端、情之舒暢性、情之當機性、情之特殊性和情之流蕩五個方面闡釋了船山對於情的分析，很精當地說明了情「顯發幽微，而通神彰性」的特質。

曾先生對王夫之《詩經》學的論述是很恰切的，他對詩「象天人之心」的分析也非常精彩。其論述中多處涉及到了王夫之的詩教思想，只是他並沒有對之展開論述，比如，他指出王夫之「論詩必以義理爲主，其用則在觀國之風以進論治民之道」，但是他並沒有分析王夫之所論「治民之道」；又如，他分析了王夫之「治情之道」，但主要著眼於君子治己之情的角度，而沒有分析君王治民之情的內容。

布萊克的著作《王夫之哲學思想中的人與自然》中第五章《文學表現的本質》，是對王夫之詩歌思想的專文分析。她認爲王夫之的詩歌思想在其整體哲學思想中有著特殊的重要意義，因爲它體現了思考文學的方式和思考宇宙（本體）的方式之間的關聯性和類比性，一首詩就像是個小宇宙，在自身中體現出自然宇宙活動的同樣模態。她特別指出，這種思維在宋明儒學的背景中是未曾出現過的。因而，她很自覺地在王夫之哲學思想的統攝下，對其詩歌理論進行分析和考察。在這章裏，她指出王夫之的詩歌思

想有六個特點〔註 18〕，第一：王夫之在詩歌理論中對「情」表示出了相當的尊重。第二，王夫之詩的概念反映了他自然宇宙的概念，二者之間存在著對應關係。第三，詩歌中的「言外之意」與作者和讀者的情感之間有著密切的關係。第四，一首作品並不是一個完成的事件，它是有生命的實體，經常會包含美學上的隱喻。第五，王夫之非常不喜歡過於雕琢的技巧，門派和格局都是他厭惡的東西。第六，王夫之認可詩歌寫作的天分。應該說，布萊克對於王夫之詩歌理論特點的把握還是很到位的，其中第二點很準確的指出了王夫之詩學理論的精華所在，不過，對於詩歌和宇宙之間何以有這種同構性，還有待根據王夫之的理學思想和詩學思想作出進一步的分析和說明。

陳章錫的《王船山〈詩廣傳〉義理疏解》是關於王夫之《詩廣傳》的專著，陳先生認為《詩廣傳》「細密深入，精意紛呈」，因而，其碩士論文對之進行了專門研究。陳先生指出《詩廣傳》的特色是「隨文引義，因事顯理」，因而，他研究目的就在於對這些義理進行歸納、疏解，突出《詩廣傳》的思想特色和研究重點。他認為，「《詩廣傳》與船山其它著作相較，其特色蓋為盛發船山對情之見解。」在這個理解基礎上，他將《詩廣傳》的內容分作四個部分：《詩廣傳》論性與情之通貫；《詩廣傳》論道德倫理；《詩廣傳》論歷史文化與政治；《詩廣傳》論詩禮樂。通過逐章分析，陳先生得出結論，認為「船山之《詩廣傳》，蓋即就《詩經》之跡，通過自家獨特之見解，以廣論其中所表現之『情』者也。船山由是進論情之性質、其與性之關係及調養治理之道，復以之通於人情治道，旁及家國天下之整體，並上通於天地鬼神」，因而，他強調，王夫之學術體現了「由內而外，由人至天，貫通內聖外王為一體之圓融博厚之精神」。

陳先生對《詩廣傳》所做的義理疏解平實、精當，是瞭解《詩廣傳》的重要資料。該書特色在於將《詩廣傳》的內容按照四個方面進行了歸納，然後在這個框架裏，對摘取的材料做簡要的疏解，但是並沒有做更詳細的分析。此外，他對《詩廣傳》內容的歸納，遺漏了非常重要的內容，首先，《詩廣傳》是對《詩經》的疏解演繹，陳先生卻基本忽略了《詩廣傳》對《詩經》本身的解釋與評述，而僅僅將其作為「涵蓋甚廣」的「義理之作」。其次，陳先生

〔註 18〕 Alison Harley Black：《Man And Nature In The Philosophical Thought Of Wang Fu-Chih》, Washington, University of Washington Press, page 255～257.

也意識到，「氣」的概念對於理解王夫之詩樂理論非常重要，並引用了唐君毅先生評論王夫之詩樂理論的觀點：「則言詩言樂，自始須扣住氣，而始能言」。但其著作中並沒有對這個問題進行分析，而是付之闕如。

　　曾美珠的博士論文《船山的詩禮樂及教化思想》與本書的相關度比較大。在論文中，曾美珠採取先分論、再合論的方式，對王夫之的詩學、禮學、樂學和教化思想都進行了系統的分析。關於王夫之的《詩經》學和詩學思想，她也自覺地意識到王夫之哲學思想、《詩經》學思想和詩學思想三者之間的關聯，並以此爲層級對三者進行論述。就詩和禮樂的關係，曾女士指出了詩樂之理相通的性質，也說明了必須詩禮樂三者合於一致，才有盛大的功效。曾女士也對教化思想進行了較爲詳細的分疏，指出，天地的教化需要人道教化的體承才能得到落實，而人道教化的目的便是恢復天地之道。詩禮樂之教是最重要的教化方式，而這三者之中，又以禮教和樂教爲更重要的部份。曾女士的分疏和論述是比較平正的，全面處理了詩禮樂及其關係、三種教化及其關係等所有問題，使讀者對王夫之這方面的思想可以有一個清晰的概觀。不過，也正因爲這樣，就王夫之《詩經》學思想、詩學思想、詩樂關係和詩的教化這些內容來說，就還有一些重要問題沒有涉及到，有些細緻問題也沒有得到充分展開。

二、研究目的與研究方法

　　研究王夫之《詩經》學理論、詩禮樂思想的學者雖然很多，但自覺關注王夫之詩教思想的人很少。然而，詩教思想其實是王夫之《詩經》學思想的根本與核心，他的詩學理論也是在詩教思想的高度上對詩歌進行的反思，是爲了有效實現詩教而做出的思索，劉人熙論其「與尼山自衛返魯、正樂刪詩之意，息息相通」〔註 19〕，正是此意。本文擬詳人之略、略人之詳，試圖對王夫之的詩教思想進行比較全面的考察。

　　王夫之詩教思想在詩教傳統中實現了兩個突破。首先，他將《詩》教擴展爲詩教，《詩》教指的是以《詩經》爲文本而進行的教化行爲，而詩教則突破了單純的《詩經》文本，意指以所有雅正之詩爲文本而進行的教化行爲。其次，他提出詩樂一理，將詩歌的藝術形式提高到與詩歌內容同等重要的地

〔註 19〕王夫之：《船山全書》第十四冊，長沙，嶽麓出版社，2011 年版，第 879 頁。
　　　　（以下王夫之的原文徵引凡出自《船山全書》的，只標明冊數和頁碼，不再
　　　　標明出版社和版本年份。餘皆類此。）

位，在教化方式上，突破了單純以文本內容進行教化的《詩》教方式，突出了詩歌的音樂形式對於詩教的意義。就第二點來說，王夫之的突破其實是對先秦《詩》教傳統的回歸。

延續中華文化的統緒，重建儒學正統，恢復並發揚嚴正的儒學精神，是王夫之著述的自覺意識。正因為這樣，他才以「六經責我開生面」作為其自我期待，「六經」的系列闡釋活動正是他重新建立儒學正統的重要工作。而在王夫之思想中，「人道」是儒學精神的精髓，挺立人道是他儒學理論體系的旨歸所在〔註20〕。其通過《詩經》研究發展出來的詩教理論自然也不例外。《詩經》研究是王夫之「六經」闡釋系列工作中的一環，而其詩教思想是王夫之《詩經》研究的最重要成果，集中體現了詩教對於人道自立、對於修身治國的意義和價值，構成了王夫之整體哲學體系中不可缺少的必要部分。

因而，本文即以「詩教與人道」為主線，以《詩廣傳》、《詩經稗疏》、《禮記章句‧樂記》、《薑齋詩話》、《古詩評選》、《唐詩評選》、《明詩評選》為主要文本，以王夫之的四書學著作和其它注經著作為理論背景，對王夫之的詩教思想進行系統的研究。

一方面，本文力求全面探討王夫之的詩教思想，在王夫之《詩經》理論的整體框架內，分析詩教對於君子盡人道以成盛德、涵養日新以合天化的意義和價值，以展現王夫之在《詩經》方面所開出的「生面」，從而對於王夫之經學理論體系如何發揮其經世之用，實現其內聖、外王事業提供一個具體的說明。王夫之《詩經》研究的整體框架包括訓詁考釋、義理闡釋和文學批評

〔註20〕 在《詩廣傳》一書中，他發出「大哉人道乎！作對於天」的慨歎，指出人道的地位和意義。《禮記章句》中他提出了自己對於人道的擔憂：「悼大禮之已斬，懼人道之不立。」在《周易內傳‧繫辭上傳》中，他提出即學即占的原則，並指出《周易》的奧義在於「喻斯人於人道之所自立，而貞乎死生休咎之大常」。《周易外傳》論述泰卦時，他指出「道行於乾坤之全，而其用必以人為依，不依於人者，人不得而用之，則耳目所窮，功效所廢，其道可知而不必知，聖人所以依人而建極也。」的觀點，也是強調聖人之道正是為人提供生命的根基和方向，其道乃是人道，而不僅僅是懸空的天道。在《張子正蒙注》中，他認為「貞生死以盡人道」是《正蒙‧太和篇》的「大指」，他對《正蒙》的詮釋方法和方向表明，「貞生死以盡人道」事實上就是他本人的思想「大指」。王夫之的兒子王敔在《船山公行述》中指出，王夫之《思問錄》內、外篇是「明人道以為實學，欲盡廢古今虛妙之說，以返之實。」這其實也適用於王夫之所有的著述。可見，不管是王夫之的自覺還是他人對王夫之思想的總結，「人道」都是其思想的精髓和核心所在。

三個方面，其訓詁考釋有據、義理闡釋精卓、文學批評精闢，使得《詩經》從各個方面都煥發出新的光彩。同時，這三個方面也是相與爲功的，訓詁考釋爲理解、領悟詩意做了最基本的工作，示人以本；文學批評理論詳細說明了可堪進行詩教之詩歌佳作的性質和標準，分析了詩教在讀者身上產生作用的方式和過程，也即詩教的作用機制，示人以進路；義理闡釋則對詩歌進行深入挖掘，將道理貫注在具體的詩情和歷史時境中，指明詩教的精義所在，示人以道。王夫之三個方面的闡釋說明的正是讀者閱讀詩作的三個角度，字詞訓釋是理解詩作的基礎；文學鑒賞是以自己的情思與作者的思致進行感通、遇合，體貼詩意、體會詩境，這是進入詩歌作品意義世界的最眞切的方式；義理思索便是在前二者的基礎上深入學習經典詩歌，以上通天道、天理，當然，對於義理的思索主要是針對《詩經》而進行。正是同時具備了這三個方面，詩教「通經致用」的功效才眞正成爲可能。

　　另一方面，論文在詳細論述詩教作用機制的過程中，將始終貫穿對氣的分析，以客觀體現氣在詩教中的基質地位。對於這點，以前的學者雖然有所意識，但是在對王夫之的《詩經》學研究中基本處於「隱身」的狀態，而筆者則努力使其「在場」，希望能彌補王夫之《詩經》學研究中的一個空白。此外，筆者將王夫之詩教理論和現代文藝批評心理學結合起來，盡力清楚地分析詩教在讀者身上產生作用的方式和過程，以展示出王夫之詩教思想中詩歌內容和詩歌形式雙重協作的特色。

　　在參照理論的對比中，對王夫之的相關文本進行詳細疏解是本書的主要研究方法。首先，在縱向的詩教歷史傳統中，以《毛詩正義》和朱熹的《詩集傳》作爲參照理論。《毛詩正義》和《詩集傳》是王夫之研究《詩經》的重要理論資源和理論參照，因此，本文也主要在三者的對比中，對王夫之的相關理論進行疏解，以突出王夫之《詩經》理論和詩教思想的特色所在。其次，在橫向的理論體系中，以王夫之本人的四書學理論作爲參照。《詩經》文本不同於四書著作，它主要是詩人具體情感和思致的表達，不具備純理論性，因此，王夫之在研究《詩經》時進行的理論建構工作和他在四書學研究中進行的理論建構工作相比，也就體現出了不同的特點。如果說對四書學的詮釋體現爲王夫之理學體系的建構，是他對理學思想進行的精闢論述；那麼，其《詩經》學的理論就經常體現爲將理學思想貫注於對具體歷史問題的分析和明辨。鑒於這個特點，本文也在必要之處，以王夫之四書學的相關理論作爲參

照，對王夫之詩教理論進行疏解和分析，以展現其在《詩經》詮釋工作中的理論特點。

第一章　王夫之《詩經》研究體系

　　《詩三百》在西漢基本完成它的經典化過程，昇華爲《詩經》，成爲儒家道德思想體系的重要經典文本，也成爲歷代儒家學者研究的重要文本。每個時代的《詩經》研究呈現出不同的特色，大致說來，漢代的《詩經》研究著作注重字詞訓詁、名物考釋以及引申經典的微言大義。其研究成果最初表現爲齊魯韓三家的詩說，世稱爲「詩三家」，清代學者王先謙輯錄了三家的遺說，併兼取後人疏解，折衷異同，形成著作《詩三家義集疏》，是瞭解三家詩說的重要文本。繼「詩三家」經典地位衰敗以後，《毛詩》成爲西漢《詩經》研究的標誌性成果。宋代學者對《毛詩》進行了一定反思，並以引申義理爲闡釋《詩經》的重要內容，從而形成了與漢學相異的宋學傳統，朱熹的《詩集傳》對前人的成果進行了總結和批判性吸收，呈現了其重「理」的研究思路，成爲宋代《詩經》研究具有標誌性意義的傳釋著作。在明代中後期，《詩經》研究又表現出了新的特色，《詩經》的經典地位獲得了另一方面的表現，它不再僅僅是表情嚴肅、可敬而難親的經典，學者們開始從文學欣賞、評論的角度對它進行品評、賞鑒，蔚然形成新的研究方向。

　　王夫之身處明清交替的風雲變幻之際，以其深遠之思對前代的思想進行了總結性的反思，在《詩經》研究上他也是如此。他的《詩經》研究體系包括三個部份：訓詁考釋、義理闡釋和文學評論，既含納了前代先賢的研究成果，又從自己的研究角度進行了重新思考。詩教思想是從他的《詩經》研究體系中生發出來的最重要成果，這三個部分各從不同的角度體現了王夫之詩教思想主張。

一、訓詁考釋之學

1、《詩經稗疏》

《詩經稗疏》是對《詩經》中某些字詞、名物、地理進行訓釋、考證的著作。它並不是嚴格的字訓章釋，王夫之只是選擇了他認爲必要的內容進行重新考證和解釋。在書中，王夫之提出了訓釋、考證的基本原則，即合於物理、通於文意。關於訓釋內容是否通於《詩經》文意，王夫之通常以是否合乎微婉溫柔的詩教爲標準和原則。

訓釋、考證的基本原則，首先就是與物理相符合。王夫之有自己的明確表達：

> 凡此類求通於《詩》意，推詳於物理，所謂以意逆志而得之，
> 雖盡廢舊說而非僻也。(《詩經稗疏·有條有梅》)

這主要是針對《詩經》中出現的名物、地理而提出的考證要求。「推詳」是詳細推究、考證的意思，用王夫之自己的話就是「貴乎精思而博證」〔註1〕。在《詩經稗疏》中，王夫之對字詞的訓釋較少，主要是對名物和地理進行詳細考察、廣泛求證。他對《召南·甘棠》一詩中「甘棠」的考釋就體現了這個原則。關於該詩大意，鄭箋解釋爲：「召伯聽男女之訟，不重煩勞百姓，止舍小棠之下而聽斷焉。國人被其德，說其化，思其人，敬其樹。」朱熹在《詩集傳》中基本承襲了鄭箋的解釋。王夫之則認爲「聽男女之訟」、「止舍小棠之下而聽斷」的解釋於物理不合。

王夫之從以下四點對它進行了批判。首先，他指出，侯伯巡行，必有館舍。如鄭箋所解釋，在草舍山麓之旁踞坐舍息，不近人情，過於儉飾，也將造成上下無章的不良後果。其次，召伯如果穿戴朝廷命服，在山麓草舍旁聽訟，無異於朝衣朝冠而坐於塗炭。第三，王夫之採用《毛傳》的訓釋，將「蔽茀」解釋爲「小貌」，與《鄭箋》、《詩集傳》解釋爲「盛貌」不一致。在這個前提下，王夫之提出，甘棠這種植物，不過一丈來高〔註2〕，其下沒有枝葉，

〔註1〕 王夫之：《船山全書》第三冊《詩經稗疏》，長沙，嶽麓出版社，2011年版，第90頁。

〔註2〕 根據《漢書·律曆志》所說：「度者，分寸、尺、丈、引也，所以度長短也。本起於黃鐘之長，以子穀、秬黍中者，一黍之廣，度之九十分，黃鐘之長，一爲一分，十分爲寸，十寸爲尺，十尺爲丈，十丈爲引，而五度審矣。」現代一些專家依據此進行換算，周代一尺相當於現在的23.1釐米，因而，一丈相當於2米3左右。如果從現在計量單位來說，則一丈爲3米3。現在的長度

可供搭建草舍的地方也就幾尺的高度，如果召公不是侏儒，則必須佝僂而入，低頭而坐，情形可笑。第四，鄭箋所說聽男女之頌，尤其無據。在周朝已坐擁天下之時，召伯位列三公，根據周制，只有當周天子意欲免除某人死罪時，三公才會期聽訟。如果召公巡視，聽男女之訟獄，是越職下侵。綜上所述，王夫之認爲，當時情境應是召伯稅駕之館，階除之旁，偶然有甘棠這種植物，召伯在政務閑暇之餘，曾優遊觀賞此植物，因而，後人爲禁約，禁止砍伐這棵甘棠樹，以寄寓懷思之情。

　　王夫之從物理、制度和情理等方面對鄭箋的解釋作出了反駁，應該說，王夫之的解釋是更爲合理的。這也就體現了王夫之所說的，如果當於物理，盡棄舊說也並非不可之事。

　　《詩經稗疏》訓詁、考證表現出兩個特點，一是訓詁依據舊說爲主，王夫之在《詩經稗疏‧黃流在中》的訓詁中提出：「義理可以日新，而訓詁必依古說」。《詩經》文本成書年代不晚於春秋中期，因而，他認爲古訓更易於接近文本原意。反之，訓詁追求新意，就容易陷入流俗，違背經典的原意。王夫之所依據的「古說」是非常豐富的，有《毛傳》、《鄭箋》、《爾雅》、《說文》，也參照《詩集傳》，因訓詁所需，更涉獵及於《神農本草經》、《山海經》、《毛詩草木蟲魚疏》、《說苑》、《新書》等著作。相對來說，王夫之更遵從《毛傳》與《爾雅》，但他並不完全信從其中任何一個文本，而是多方考釋、以求合於詩意，「守一先生之傳而不參考之他經，所謂專己而保殘也。」〔註3〕

　　《詩經稗疏》訓詁、考證的第二個特點，是以實地、實物考證爲根據，「耳聞之不如目見」〔註4〕。雖然王夫之強調「訓詁必依古說」，但他並不強依古訓，而常常根據實地、實物考證來獲得他認爲的合理的解釋。對於《召南‧行露》中「鼠無牙」的考證典型體現了這個特點。

　　《召南‧行露》描述了一位女子以禮自守，因男子求爲室家之禮不足，故而自述己志，表明即使男子致訟於她，也不屈從。該詩全文如下：

　　　　厭浥行露，豈不夙夜？謂行多露。

　　　計量沿用的是明清時的計量單位，不知道王夫之是按照周代的計量單位還是
　　　按照明朝的計量單位。即使以明朝的計量單位，尋丈之樹也就 3 米來高，與
　　　王夫之的論證也不相衝突。

〔註3〕王夫之：《船山全書》第三冊，第93頁。
〔註4〕王夫之：《船山全書》第三冊，第96頁。

誰謂雀無角？何以穿我屋？誰謂女無家？何以速我獄？雖速我
獄，室家不足！

誰謂鼠無牙？何以穿我墉？誰謂女無家？何以速我訟？雖速我
訟，亦不女從！

關於這首詩，雀是否有角、鼠是否有牙，是《詩經》名物考證中一個有
爭議的問題。有學者如王安石認為，雀的頭頂無角，以此類推詩意可知鼠嘴
無牙。王夫之在此表現出注重經驗事實的考證風格，特意剖開老鼠的嘴，從
而證明老鼠是有牙的動物。由此，王夫之指出，「角」字本音是「lu」，意為鳥
喙，後借音讀為「jiao」，意為頭頂之角。詩中所讀應為本音，指鳥喙；此外，
只有鳥喙才能使用「穿」這個動詞，如果採取「頭頂之角」的含義，動詞就
應該用「牴觸」，而不是「穿」。因此，他指出「讀者但知角字正音，則文義
冰釋，自不疑鼠之無牙矣。」因而，根據王夫之的訓詁，這首詩的大意是：
正如雀有喙、鼠有牙這種毋庸置疑的事實一樣，男士如果希望求為室家，則
應該備足室家之禮。否則，即使致訟也不屈從。

注重經驗事實是王夫之考證的重要特點，這和他自年少時的喜好、習慣
也有關係，據王敔《行述》所稱，王夫之「自少喜從人間問四方事，至於江
山險要，士馬食貨，典制沿革，皆極意研究。」因而，《詩經稗疏》中的訓詁、
考證於「人之所忽，必詳慎搜閱之，而更以聞見證之。」〔註5〕以聞見考證《詩
經》名物，體現了王夫之的實證精神。相較於只利用各種文獻轉注、推理歸
納的經生來說，以實證作為根據更具有說服力，也更體現了科學精神。雖然
詩歌創作需要聯想力、想像力和創造力，但考證則更多的需要理性和科學精
神。其實，在明末清初的時候，出現了一批注重科學和實證的哲學思想家，
王夫之並不是個例。這可能一方面與對王陽明後學的反思有關，另一方面與
西方傳教士帶來的科學傳播有關。

訓釋、考證的另一個基本原則是「通於《詩》意」。事實上，在一定意義
上，「推詳物理」、「精思博證」也是為了文從字順、順通文意。所謂「通於《詩》
意」，有兩層意涵：第一層意涵就是最基本的文意通順；第二層意涵是符合微
婉溫柔的詩教原則，不出現違背道德理則的解釋。

就第一層意涵來說，《召南‧騶虞》是一個典型的例子。《毛傳》將「騶

〔註 5〕見王之春：《王夫之年譜‧附錄》之《行述》，北京，中華書局，1989 年版，
　　　　第 138 頁。

虞」訓爲「義獸」，這個訓釋對後世影響很大，《毛詩草木鳥獸蟲魚疏》和《詩集傳》等著作都因襲了這個詁訓，更有其它訓釋以此爲基礎而加以附會，有人將「騶虞」解釋爲虎，有的認爲它是馬，更有人將它解釋爲身具五采的動物。王夫之提出，如果將「騶虞」理解爲「義獸」，那麼將與這首詩的文意不通：

> 夫以義獸比王仁，而禽獸以不多殺而蕃，似也。然獸雖多，安能壹發而獲五？且壹發而五，殺亦多矣。蓋壹發而五者，人爲之也。《詩傳》曰：「虞人克舉其職，國史美之，賦《騶虞》。」申公説曰：「《騶虞》，美虞人之詩。」賈誼《新書》曰：「《騶虞》，天子之圃也。虞者，圃之司獸者也。天子佐輿十乘，以明貴也。三牲而食，以憂飽也。虞人翼五犯以待發，所以復中也。人臣於其所尊敬，不敢以節待之，敬之至也。尊其所主，敬慎其所職掌，而忠厚盡矣。作此詩者，以其事深見良臣順下之志也。」歐陽永叔、楊用修皆以《詩傳》、賈《書》爲正，而辨世無騶虞之獸。（《詩經稗疏·騶虞》）

依據王夫之的反駁，如果「騶虞」是園囿中的動物，就會與「壹發五犯」的詩文不合。即使園囿中這種獸類再多，也不會一箭出鞘，就能射中五頭動物。顯然這是人爲所致，因此，他採用了《詩傳》、《新書》的觀點，將「虞」解釋爲在天子園囿中管理獸群的司職人員，因而這首詩是讚美執掌園囿的官員恪盡職守、忠厚敬主，在天子狩獵之時，將五頭動物連捆，以等待天子之獵。他認爲這種解釋既不違背《詩序》天下被文王之化的詩旨，對於詩意的理解也更爲合理。

符合詩教的原則對於「通於《詩》意」來說是更重要、更根本的意涵。王夫之多次以此爲原則對前人的訓釋進行駁斥，《豳風·鴟鴞》就是一例。他認爲對鴟鴞這種鳥類的考證至關重要，是對詩意進行正確理解的關鍵。朱熹認爲鴟鴞是惡鳥，不過，王夫之不同意這個觀點，他引用《爾雅》、《說文》、《方言》和《廣雅》等書，說明鴟鴞是《莊子》書中提到的鷦鷯，這種鳥比較弱小，有三個特點：築巢比較堅固；窩巢離地面較近，容易被人所侮奪；常常巢於弱枝，容易飄動，這三個特點恰好和詩中「綢繆牖戶」、「今汝下民，或敢侮予」、「風雨所飄搖」的詩句分別相應。鴟鴞的考證之所以重要，是因爲它關涉到在詩中的比喻意。如果鴟鴞是比較弱小的鳥，那麼，鄭玄將它比喻爲「周世臣之子孫以黨屬周公而得罪者」就是正解，這些人是周朝世臣的

子孫中被歸屬於周公黨羽而在武庚之禍中獲罪的人，《鴟鴞》這首詩其實就是他們的自白。反之，如果像朱熹那樣，把鴟鴞解釋爲惡鳥，那麼，它也就被比喻爲以流言誣害周公的管蔡二叔，《鴟鴞》這首詩也就成了周公對管蔡二叔的控訴。王夫之認爲，如果周公以惡鳥指斥管蔡，那就是怨誹而傷，已淪於不仁：

> 自郭璞以鴟鴞爲鴟類，《禽經注》又誤以爲伯勞，已爲淆亂。而《集傳》乃曰：「鴟鴞：鵂鶹，惡鳥。」因不以「我」爲鴟鴞之自我，使詩意怨誹而傷，失忠厚溫柔之旨。……

> 且周公奉王以誅二叔，義也。若斥之以食母之鳥，詠歌而流傳之，是不仁也。故《大誥》、《多士》、《多方》未一言及二叔之罪。《蔡仲之命》以王命臨之，亦止曰「無若爾考之違王命」而已。公於此固有不忍盡言者。故《孟子》曰：「管叔，兄也。周公之過，不亦宜乎！」而何忍以至不仁之妖鳥必其兄哉！鄭氏以鴟鴞比周世臣之子孫以黨屬周公而得罪者，於義極順。《集傳》以一鳥名之誤廢舊說，而陷周公於詛怨天倫之愆。（《詩經稗疏·鴟鴞》）

且不論鴟鴞到底是小鳥還是惡鳥，王夫之以溫柔忠厚的詩教爲論證的根據這個特點確實是十分明顯的。就詩教思想來說，他對朱熹的批判也是有力的，既然《詩經》體現的是溫柔敦厚的教化功效，如果讀者對詩意的理解已經背離了這個教化原則，那麼，詩教的功效必然落空，《詩經》的經世之用也就難以成爲現實。

不僅在名物考證上如此，在字詞的訓釋上，王夫之也強調不可違背溫柔之旨。《小雅·四月》詩中有「先祖匪人，胡寧忍予」的詩句。鄭玄將該詩句解釋爲「先祖非人乎？何爲使我當此難乎？」鄭玄將「匪」訓爲「非也」，而將「人」理解爲與動物相區別之人，因此便得出這種解釋，朱熹在《詩集傳》中也承襲了這個解釋。王夫之對這個解釋提出了嚴正的批評：「以不勝亂離之苦，而遂詈及先祖，市井亡賴者之言，而何以云《小雅》怨誹而不傷乎？」從常識來講，以「非人」非難先祖也是有悖溫厚、孝敬之道德原則的，朱熹自然也意識到了這點，因此，他一方面將其解釋爲「我先祖豈非人乎，何忍使我遭此禍也？」〔註6〕，另一方面，又緊跟著進行了說明，認爲這是「無所

〔註6〕朱熹：《詩集傳》，北京，中華書局，1958年版，第149頁。

歸咎之辭」〔註7〕，意即沒有什麼具體的原因可以歸罪，權且歸責到祖先那，並非有意指責祖先。但是，即使在這種理解下，既然對先祖已經出此怨語，就不能說對其毫無歸咎之意。因此，朱熹的解釋是有欠說服力的，王夫之的批評有他的道理。區別於鄭玄和朱熹，王夫之將「匪人」訓爲「非他人也」，相較於前二人的訓釋來說，王夫之的訓釋更爲恰當，這一字之別，使《詩》意獲得了通暢而合理的解釋，不悖《詩》意，也不悖詩教之旨。

　　由上述可知，王夫子的訓釋、考證原則其實是和他的詩教思想一脈相承的，並非孤立的就考證而談考證，而《詩》意符合詩教原則這個根本意涵是通貫二者的關節點。

　　王夫之寫作《詩經稗疏》，與傳統的分章、訓辭、析句方式不同，他只是就其認爲需要進行考據的字詞、名物、地理等進行考察。《詩廣傳》也並不是逐一對三百零五篇進行闡發，有時一詩用好幾則小文闡述，有時幾首詩用一則小文評述。因而，《詩經稗疏》與《詩廣傳》在內容上並不是完全匹配的，並非是一首詩，首先在《詩經稗疏》中進行名物訓釋，然後在《詩廣傳》中對其進行義理分析。名物考據和義理闡述之間常常會缺乏表面上關聯性。不過，考據縱使不能直接對義理闡述產生影響，但考據是理解《詩經》的前提和基礎，而義理的闡發則是在理解《詩經》文意及主旨基礎上進行的。因而，考據是其義理發揮的前提和基礎。同樣，《詩廣傳》的義理闡釋雖然常常超越《詩經》原典，但其論述依然是以對於詩旨、詩意的理解爲基礎的，而不是天馬行空的馳騁文字，其實名物考據和義理闡述二者在王夫之《詩經》學思想中已融爲一爐。因此，以王夫之爲「漢宋兼治」的觀點是有一定道理的。

2、《詩經考異》與《叶韻辨》

　　《詩經考異》一文處理的是《詩經》經文的異文問題，王夫之於篇首提出自己的文章主旨：

　　　　六藝之旨，斷章可取。然其始製作者必無二三。顧齊、魯之傳各憑口授，古文之變沿及楷隸，則字殊音異，因以差矣。《五經》之傳，於《詩》爲最。輒條記之於篇，亦以見說《詩》不可矜專家之論也。（《詩經考異》）

　　王夫之認爲，雖然後代闡釋「五經」原典的人可以對經文進行斷章取義，但是經文的原創者必然有自己確定的含義。只是後世齊魯兩家在傳授經文的

〔註 7〕 朱熹：《詩集傳》，第 149 頁。

過程中，並非文字傳經，而是口口相傳，因而出現了字殊音異的情況，從而導致對於作者原意出現理解上的偏差。「五經」中，《詩經》這方面的問題最為嚴重。由此，對於有異文的經文，王夫之將經文和它的異文同時列出，並對異詞稍稍進行了解釋，以求更全面、更真實的理解《詩經》之意。不過，王夫之的整理並不全面，就已作出的成就來說，《四庫全書總目》對之則比較認可：「雖未賅備，亦足資考證」。

《叶韻辨》則是對叶韻說的批判。「叶韻」說始於南朝的沈重，據《周書》記載，沈重著有《毛詩義》二十八卷，《毛詩音》二卷。沈重的書已經遺佚不存，我們只能通過陸德明的《經典釋文·毛詩音義》對其有所瞭解。隋代陸德明在《經典釋文序錄》中記載，沈重撰有「詩音義」，應該就是指《毛詩義》和《毛詩音》。《經典釋文》彙集了漢魏經師關於《毛詩》的多種音釋，其中就有沈重的讀音。通過《經典釋文》我們可知，沈重提出「協句」的觀點。如《邶風·燕燕》中的詩句：「之子于歸，遠送于野」，對於「野」字，陸德明注說：「如字。協韻羊汝反。沈云，協句，宜時預反。」其中，沈就是沈重。「協句」也就是這句為叶韻；所謂「叶」即「協」的意思，為相合之意，因此「叶韻」即是指在讀《詩經》時，對於某個字的讀音，如果以時音讀與該詩的詩韻不合，則將這個字的字音進行改讀，以求合韻。

自沈重開始使用叶韻的方法，此後如顏師古、李善等人都承襲了這種方式，並盛行於後世。朱熹的《詩集傳》便大量使用了叶韻，隨著朱熹學術地位的提高，《詩集傳》權威的不斷提高，《詩經》的叶韻音也得到了廣泛流傳，並獲得了不可置疑的地位。不過，輾轉至明代中後期，叶韻法漸漸遭到了質疑，王夫之的《叶韻辨》就是對叶韻說的質疑。

《叶韻辨》是一篇極短的文章，在這篇小文章中，王夫之開篇指出「古今異理」，「聲色聽人之習易，豈容以今而證古哉！」王夫之認為古今讀音是有變化的，不能以後世之讀音去證明《詩經》創作時各字的讀音。既然「古音不同於今音，則古韻必殊於今韻」，因而，以「今韻」為標準，將《詩經》中不合於「今韻」的字臨時改讀，以求合於「今韻」的叶韻說「其蔽凡十。而自十以往，雕琢穿鑿，尤不勝紀焉。」王夫之歷數叶韻說的十弊，認為此十弊，既不合六書之準則，於六藝也沒有裨益。只有去除叶韻，真詩才能呈現，後世才能真正瞭解「古韻易簡之元聲」。破除叶韻說的第一人

應該是明代的焦竑，焦竑在《焦氏筆乘》中指出：「詩有古韻今韻」，由於古韻不傳，學者皆以今韻讀古詩，不合韻就用叶韻的方式解決，一字改讀多種讀音以求合韻，「如此則東亦可音西，南亦可音北，上亦可音下，前亦可音後，凡字無正呼，凡詩皆無正字矣。」其好友陳第對此深表贊同，認爲「時有古今，地有南北，字有更革，音有轉移，亦勢所必至。」並在焦竑的基礎上，考證了《詩經》古韻，著有《毛詩古音考》，固然此書在古音的確定上還有缺陷，但其創始之功，實不可沒。王夫之在《叶韻辨》中沒有提到這兩個人，卻提到了王肯堂，王肯堂與焦竑、陳第幾乎是同時人，在其著作《鬱岡齋筆塵》中也考證了部份《詩經》的古音，頗得王夫之認可。可見，在明末時已經有不少學者開始反思叶韻說的弊端，而王夫之亦在此列。

二、義理闡釋之學

1、《詩廣傳》版本淺探

目前，國內可查的《詩廣傳》版本有如下幾種：衡陽劉氏抄本，嘉愷抄本，守遺經書屋所刻《船山遺書》中的《詩廣傳》（以下簡稱守遺經本），金陵節署所刻《船山遺書》中的《詩廣傳》（以下簡稱金陵本），太平洋鉛印《船山遺書》中的《詩廣傳》（以下簡稱太平洋本），中華書局排印的繁體字標點單行本《詩廣傳》（以下簡稱中華書局本），嶽麓出版社《船山全書》中的《詩廣傳》（以下簡稱嶽麓本）。

其中，劉氏抄本中的「劉氏」指的是王夫之生前好友劉近魯，劉近魯家住衡陽，與王夫之過從甚密，且有聯姻關係。劉家與王家世代相交，劉近魯曾受業於王夫之的父親王朝聘先生，與王夫之關係更是十分密切。據王夫之《小雲山記》所說：「予自甲辰始遊，嗣後歲一登之不倦。友人劉近魯居其下，有高閣，藏書六千餘卷，導予遊者。」由此也可見劉近魯與王夫之交遊之頻繁。甲辰年是康熙三年，即1664年，王夫之與劉近魯也在這年結爲姻親，王夫之兒子王攽迎娶劉近魯的女兒爲妻。

周調陽先生在《王船山著述考略》中指出，除了王夫之的兒子王敔較爲集中完整地保存了船山著作外，也有很多親友抄錄其副本，保存在各自家中，其中以劉崐映和劉近魯收錄抄本最多、保護最爲嚴密。劉崐映是劉近魯的兄長。也就是說，王夫之的著作，劉家保存的抄本最多。劉氏後裔劉審吾在他

所作《衡陽劉氏珍藏王船山先生遺稿記》中提到，他家藏有王夫之所著數目四十八種之多。〔註8〕

可以說，劉氏抄本的《詩廣傳》是比較值得信賴的版本之一，因而是研究《詩廣傳》的重要文獻。關於劉世抄本，周調陽先生在《船山餘稿校閱記》中提到：「《詩廣傳》分五卷，與刻本核對，發現鈔本多四篇，其中有一篇鈔本在文後有這樣一個批註：『原本有此，改本不錄』，可見《詩廣傳》這一鈔本，已是根據改本繕寫的，由於鈔書者不忍割愛，又將改本刪去之文字，依照原本鈔錄下來。」〔註9〕此外，胡漸逵先生在《詩廣傳編校後記》中也指出，劉氏抄本末頁也有「癸亥閏月重定」六個字。根據兩位編校人的說明，大致可以推斷，劉氏抄本至少參照了兩個底本，一個是原本，一個是癸亥年的改本。從《船山全書》版《詩廣傳》中附於正文後的校勘記錄來看，劉氏抄本有四處提到原本與改本的差別，都是抄錄、補充原本有而重定本沒有的內容，如《詩廣傳·論抑四》這篇評述，在「無不礙焉」上，劉氏抄本注眉批：「『天下之廣，古今之遙，皆其困也。弗獲已而欲逸出之，如風鳶之失其縆也。』以上二十八字，舊在『無不礙焉』之下。」也就是說在原本中，「無不礙焉」以下還包含了這二十八個字的內容，但重定本沒有了。可以說，這個抄本是目前可見版本中，相對時間較早、內容也更為豐富的版本，它包含了很多原本的內容在內，也沒有因為政治方面的原因進行改寫。根據這個抄本，可以瞭解王夫之關於《詩廣傳》部份思想的變化軌跡。

嘉愷抄本發現於二十世紀五十年代，根據周調陽先生的《王船山著述考略》所載，1951 年湖南進行土地改革時，湖南省文物委員會在邵陽縣東鄉大平村收得船山抄本十一種，詩學方面的著作有《詩經稗疏》和《詩廣傳》。周調陽先生寫道：「《詩廣傳》五卷，分裝五冊。每卷第一面二行有『明王夫之撰』、『嘉愷錄』字樣。末有『癸亥閏月重定』字句。」因此，這次所得的抄

〔註8〕劉審吾在《衡陽劉氏珍藏王船山先生遺稿記》中敘述了劉家與王家的世交關係，並指出劉崐映、劉近魯其其十一世祖：「吾九世祖登甲字起潛，與先生（筆者案：指王夫之）之父武夷先生友善。武夷先生嘗教授於小雲山，弟子眾多，十世祖紹賞字去華亦從學焉。明崇禎末，流寇張獻忠陷衡州，先生由南嶽遷徙菊花園，著書明志。十一世祖永公字崐映、永侯字近魯與為莫逆交。」見《船山學報》1915 年版第 5 期《說苑》之一。

〔註9〕轉引自胡漸逵：《詩廣傳編校後記》，見《船山全書》第三冊，第 520 頁。

本《詩廣傳》就稱爲嘉愷抄本。據某些專家稱〔註 10〕，王嘉愷是王夫之兄長的五世孫，也就是王夫之的五世從孫，嘉愷本是根據王夫之遺稿進行抄錄的，因而最接近王夫之底本。嘉愷抄本大概依據的底本就是 1683 年的重定本，它和劉氏抄本的差別其實不是很大，主要體現在兩個方面：一是沒有劉氏抄本中補充進來的原本內容；二，有一些字詞與劉氏抄本有出入，不過，這些字詞所佔比例並不高，只是小部份。可以說，劉氏抄本和嘉愷抄本都是較可信賴的版本。

《詩廣傳》的守遺經書屋本現藏於湖南省博物館，守遺經書屋本《船山遺書》由王世全在道光二十年（公元 1840 年）出資而刻，道光二十二年（公元 1842 年）時基本完成。王世全是王夫之的裔孫，他見王夫之的六世孫王承佺家裏藏有王夫之各種著作的抄本，因此與之謀劃刊行。其中，《詩廣傳》也在這次刊行之列中。這次《船山遺書》的刊刻，由鄧顯鶴等人審閱，鄒漢勳等人編校。它的缺點在於鄒漢勳對原文進行了纂改，至於這種纂改有沒有出現在《詩廣傳》中，因湖南博物館不對外開放刻本，目前不得而知；此外，根據胡漸逵的《編校後記》，守遺經本的《詩廣傳》書後沒有「癸亥閏月重定」的字樣，因此，王承佺所依據的底本也不確知。

金陵本《船山遺書》是由曾國藩兄弟出資而刻的，該套《船山遺書》於同治二年（公元 1863 年）開始刻板，歷時兩年完成，由劉毓崧等人擔當校勘。金陵本以守遺經本爲底本，又參考了其它稿本。據劉審吾先生所說，

〔註10〕劉鐵軍在《建國初十年王船山研究述評》一文中指出：「1951 年全國廣大農村進行著轟轟烈烈的土地改革運動，當時在湖南省邵陽縣大平曾家進行土改工作的湖南省文物管理委員會工作人員，根據馬宗霍教授提供的線索，進行尋訪，發現了船山研究史上最值得誇耀、最具價值的船山遺著──曾嘉愷、嘉怡手抄本。這批抄本共十一種。包括《周易外傳》、《周易內傳》、《尚書稗疏》、《尚書引義》、《禮記章句》、《詩廣傳》、《春秋世論》、《春秋家說》、《讀通鑒論》、《宋論》共 60 冊。《讀通鑒論》和《宋論》都有「石齋五世孫嘉怡」的印章。其餘均有嘉愷抄的字樣。專家們通過考證得知王嘉愷爲王夫之之兄王介之的五世孫，應爲王夫之的五世從孫，王嘉怡爲王嘉愷叔伯兄弟。這些抄本的抄寫年代在有些本子裏也有記載。《周易外傳》附《發例》末有「丙寅仲秋癸丑朔畢」，丙寅爲乾隆十一年，此時離王夫之逝世六十四年。學術界將這批抄本定爲清乾隆初抄本。從這些抄本上鈐印的藏書印「邵陽曾祖植」、「皇考號余曰曾驌」、「皇考號曾驌藏」可以明確得知藏書者爲曾祖植，曾氏祖先與王夫之爲世交，同爲當時學者，王氏後裔有女嫁入曾家。所以專家一致認爲這批珍貴的抄本是根據王船山家藏稿本抄錄，最接近稿本。」見《船山學刊》2006 年第 4 期，第 34 頁。

曾氏搜刻《船山遺書》時，他家曾提供稿本四十八種，其中就有《詩廣傳》抄本，也許就是上文提到的劉氏抄本。就《詩廣傳》來說，金陵本以守遺經本為底稿，又參考了劉氏家族所提供的抄本，因此，金陵本對守遺經本的一些缺漏進行了補充，但是並不完整，有的篇章沒有完全補充完整；有的篇章守遺經本缺失，金陵本也沒有根據抄本補充進來。此外，金陵本還有一個特點，為了避諱而對文字進行了刪改，這對於更真實的理解王夫之的思想也是不利的。

上海太平洋書店於 1930 年鉛印《船山遺書》，1933 年得以出版。此次鉛印本比金陵本的原刻本多十二種書目，比光緒十二年的補刻本多六種書目，金陵本已有的書目，則太平洋本基本以金陵本為底本，周調陽先生更說，它就是金陵本的翻版。所以，就《詩廣傳》來說，太平洋本的可借鑒性也不是太大。

中華書局於 1964 年初版單行本《詩廣傳》，據其《點校說明》，該書是以金陵本為底本，並參照周調陽先生依據嘉愷本所作的校勘記進行勘正（目前，周調陽先生的校勘記被中華書局收藏），也根據校勘記補入了四篇未刊稿。根據周先生的校勘記可知，他其實也曾親見劉氏抄本，並作了一些校勘，因此，其校勘記所依據的文本其實不僅僅是嘉愷本，還有劉氏抄本。可以說，這也是比較完整的版本。不過，中華書局當時並沒有親見嘉愷抄本和劉氏抄本，而周先生的校勘記也有疏漏之處，這不能不說是中華書局本的遺憾。此外，中華書局本《詩廣傳》在標點上有一些錯誤。

嶽麓出版社於 2010 年再版《船山全書》，其中第三冊是王夫之的詩經學著作，包括《詩經稗疏》、《叶韻辨》和《詩廣傳》。嶽麓本《詩廣傳》所依據的稿本包括以上六種，此外，還參照了馬宗霍的校勘記，該校勘記是根據邵陽曾氏所藏的舊鈔本校對金陵本而得；也參考了魏源《詩古微》下編的《詩外傳演下》，魏源自述，該部份皆取自王夫之的《詩廣傳》。就實際編輯來說，嶽麓本《詩廣傳》以中華書局本為底本，而以其它的稿本和參照本作為校勘依據。可見，嶽麓本《詩廣傳》所依據的稿本是目前來說最為完整的，其隨文所附的校勘記也是比較細緻的，異文處將各版本採用的文字都標明出來，使得讀者一目了然，也可以根據原文與各版本情況作出更符合王夫之思想的選擇。該版本也糾正了中華書局本《詩廣傳》的一些標點錯誤和校勘訛誤，不過，嶽麓本《詩廣傳》的標點依然有可待商榷之處。

就本書版本採用情況來說，基本依據嶽麓本《詩廣傳》，較爲信任劉氏抄本，其次是嘉愷抄本，因而，在異文處，會優先考慮劉氏抄本和嘉愷抄本的文字。

2、《詩廣傳》傳經體例

在王夫之的《詩經》學著作中，《詩廣傳》最集中地體現了他的詩教思想。所謂「詩教」，意指以詩爲教，它包含了三個意涵，第一，讀者通過吟誦雅正溫厚的詩歌，受其所化，陶養性情以歸於中和；也包括在位者以之陶養百姓，教化民眾。第二，讀者在學習雅正溫厚的詩歌，主要是《詩經》的過程中思考、抽繹出理與道，以之作爲修身、齊家、治國的準則。第三，主要指《詩經》中的《頌》在祭祀中所產生的教化功效。就「詩教」的這三個意涵來說，第一點最容易爲人所意識到，也是詩教思想中最爲人關注，得到最多研究的內容。第三點在禮崩樂壞後，就已經失去了它的實質性意義。第二點也是詩教思想中非常重要的內容，歷來也爲學者所重視，對於那些重視《詩經》經世致用功效的學者來說，這個意涵尤爲受到重視。當然，在不同的時代，學者所抽繹出的理與道也有著不同的內涵。就《詩廣傳》來說，它包含了《詩經》研讀過程中，王夫之對民風民情的體察探索，對治國之道、修身之道和父子君臣之道等的考究和分析，可以說，《詩廣傳》就是「詩教」思想第二個意涵的具體體現。這和王夫之的寫作方式也有著密切的關係，本節主要分析《詩廣傳》的寫作方式，以便於後文詳細分析王夫之的詩教思想。

《詩廣傳》之「廣」意味著廣衍義理，即推衍、挖掘《詩經》中所蘊含的、所可衍伸的義理。此義理並不一定是《詩經》中的詩歌本身所意欲抒發的詩旨或本身所具有的道理，但依然可以說是對詩歌合理的挖掘和衍伸。廣衍義理的寫作方式與王夫之通經致用的治學旨歸是相通貫的，換句話說，廣衍義理的寫作方式正是爲了實現通經致用的治學旨歸。

從《詩廣傳》義理推衍與《詩經》經文的關係角度來講，《詩廣傳》的寫作方式有如下五種：

第一種方式爲：緊扣經文，疏解詩意。以《衛風‧木瓜》爲例，《毛傳》認爲這首詩是「美齊桓公」，衛國敗於狄人，齊桓公作爲霸主，將楚丘之地封予衛國，並遣贈車馬器服，於是，衛國人作《木瓜》，抒發厚報的心願。王夫之在評論這首詩時，表示遵從《毛傳》，不過，他從另一個角度對詩歌進行了重新解讀。他提到：

　　　　厚施而薄償之，有余懷焉。薄施而厚償之，有餘矜焉。故以瓊
　　　琚絜木瓜，而木瓜之薄見矣。以木瓜絜瓊琚，而瓊琚之厚足以矜矣。
　　　見薄於彼，見厚於此，早以挾匪報之心而責其後。故天下之工於用
　　　薄者，未有不姑用其厚者也，而又從而矜之曰：「匪報也，永以爲好
　　　也。」報之量則已逾矣。好者，兩相好者也。夫安得不更與我而永
　　　好乎？授之以好而不稱其求，憎惡仍之而無嫌，聊以間塞夫人之口，
　　　則瓊琚之用，持天下而反操其左契，險矣。（《詩廣傳‧論木瓜》）

　　從《毛傳》的解釋看來，衛國人厚報之心是眞誠的，但是，從王夫之的
解釋來看，這是衛國人的陰謀。在《詩經稗疏》中，王夫之指出，木瓜是木
刻的小物品，與作爲佩玩的瓊琚相對。因此，這首詩其實是極言投贈之微，
以襯托回報之厚。在詩旨上，王夫之認爲如果以木瓜和瓊琚的強烈對比形容
男女相贈（朱熹的觀點），在詩意理解上顯得不合理，因此，他認爲這首詩應
該以《詩序》爲正。但是，王夫之對衛人的心理作出了另一種解讀，他指出，
衛人以瓊琚之厚反襯木瓜之微，有驕矜之態，更暗藏了「匪報之心」，認爲瓊
琚之厚已經足以回報木瓜之薄恩。因此，「匪報也，永以爲好也」，其實暗藏
的是「吾之報以逾量」的用心，衛國陰慝的民風也於此可見，所謂「誣上行
私而不可止」。雖然王夫之對這首詩完全從不同的角度作出了詮釋，但是在解
釋方式上還是緊扣詩文，不離詩旨。

　　第二種方式爲：以義理爲據，對詩文進行理論反思和評述。這種評述既
表達了王夫之對經文的理解，又不是僅僅停留在闡釋詩意的層面上，而是在
義理的高度上對詩進行反思和評論，所以，論述又包含了王夫之的理學思想。
例如，他評論《王風‧君子于役》，極力闡釋役之病民，既表達了王夫之對於
君子行役沒有期限之詩意的理解，也體現了他從理論上對於繁役之疲民亡國
的反思。他指出：「『君子于役，不知其期』，非不爲之期也，雖欲期之而不得
也。東周之失民，宜其亡矣。秦、隋、蒙古之瓦解，賦未嘗增，天下毒悶，
胥此也夫！」〔註11〕

　　第三種方式：以詩文作爲所論義理的例證。這種論述通常以聖人的胸懷、
境界觀照天下，闡述哲理，而以《詩經》經文作爲例證。這也可以說是興觀
群怨的「觀」。這種哲理多以聖人、君子爲典範，指明人立身行事的原則和矩

─────────────

〔註11〕王夫之：《船山全書》第三冊，第 341 頁。

範，體現了王夫之的價值立場。他對《鄘風・牆有茨》的評述比較典型的體現了這種寫作方式。根據《詩序》，《牆有茨》是衛國人諷刺公子頑與君母宣姜相通之事，國人痛恨而不願明言，因而詩中有「中冓之言，不可道也。所可道也，言之醜也。」的詩句。

在評述《牆有茨》這首詩時，王夫之開篇即強調君子處亂世，應該自愛自治以全己。所謂「全己」，與其說是保全自己的安全，不如說是保全自己的德行。在「全己」中他重點說明了不言人惡，全己於言。不言人惡，不是為了避害，而是不忍天下有此事，不忍吾心有此言。不言而靡爭，乃君子以神道設教。文中最後，王夫之以《牆有茨》這首詩為例證，說明這首詩的作者守護了他不欲長言人惡之心，可見衛國尚有君子存在。

第四種方式：以詩旨為起點，衍伸義理。在這種論述中，王夫之所闡釋的義理，與他理解的詩旨相合，當然，他對詩旨的理解並不是在《詩序》和《詩集傳》中進行二選一的選擇，經常自取新意。就《秦風・車鄰》和《秦風・駟驖》來說，《詩序》和《詩集傳》對於詩旨的觀點有一致之處，都認為是誇美秦國開始有車馬之盛、禮樂之美；不同之處在於《詩序》將其時間落實為秦仲之時，而朱熹以為不必然如此。

王夫之沒有說明他對《詩序》或《詩集傳》的態度，而是提出秦國無「燕婉藝情之詩」，而重殺伐之習，以此作為他對《秦風》詩旨的總體觀點，並以此為起點，說明殺伐與情慾都屬於陰的品性，且都是不可禁絕的，因而，治民者應該慎重引導民眾的這兩種習尚。他更由此衍伸開來，將漢唐與周秦做了對比，指出：

> 漢唐都周秦之故壤，其民一也。漢教近周，唐教近秦，而聲詩之作亦異焉。西京之制，夷猶婉娩，雖以李陵之駈，息夫躬之戾，猶然其無促絞也。三唐之作，迫矯而無餘思，雖北里南部之淫媒，且有殺伐之氣焉。（《詩廣傳・論車鄰與駟驖》）

王夫之指出，漢、唐風教分別與周、秦相近，因而，漢、唐的詩歌風格也呈現出不同的特點，而其根源在於治國者對民眾的引導。漢教近周，以情為尚，因而，詩歌也呈現出婉轉含蓄的風致。唐教近秦，以殺伐為尚，因而，詩歌便呈現出迫絞之氣。王夫之的評論確實有其偏見，不過，他意在說明，治國者應該在情慾和殺伐之間對民眾進行合理引導，以利於興國、教民的功業。雖然他對《車鄰》和《駟驖》詩旨的把握有些粗疏，不過這是因為在他看來，

研究《詩經》最重要的問題不在於詩旨的本意是什麼，不是在《詩序》和《詩集傳》中作出非此即彼的選擇，而在於讀者能從中獲得怎樣的教益。

第五種方式：截取詩文的某些文句進行闡釋，並衍伸義理。這些義理與詩旨無關，更多的是王夫之表達他由此詩文而興發的思考。如其論《小雅‧魚麗》，著重於闡發衣食足和禮樂興的關係，指出「衣食足而後廉恥興，財物阜而後禮樂作」〔註12〕的觀點是管商逐末的託辭，先王之道導民以從容而節之以時，因此，《魚麗》詩中所說的「多」，並不失其「嘉」；其「有」乃是因為其「時」。

就《詩廣傳》傳經體例來說，第一種寫作方式並不多見，對義理的推衍、廣釋是本書的重點，其中包含了天道、人道、心性、治國、修身等各方面的內容，它們正是王夫之以詩為教，抽繹出的經世致用之道。

《詩廣傳》傳經體例與今文經學有類似之處，都強調通經致用，引申、發揮《詩經》之大義，其中，《詩廣傳》與《韓詩外傳》的體裁尤為接近。魏源曾師事清代今文學家劉逢祿，其著作《詩古微》在當時今文經學中頗有影響。該著作節錄王夫之《詩廣傳》內容，將其併入《詩古微》的下編，取名為《詩外傳演下》，並自稱「此卷皆取衡陽王夫之《詩廣傳》」，稱譽《詩廣傳》為「精意卓絕」，這體現了魏源從今文經學立場上對《詩廣傳》內容的肯定，也體現了魏源將《詩廣傳》的體裁認同為「外傳」類的形式，類同於《韓詩外傳》。這有其合理性，不過，《詩廣傳》與今文經學其實有著很大的差別，首先，在理論系統上，《詩廣傳》與漢代、清代的今文經學都有著根本的差別，漢代的今文經學善於以讖緯言事，而《詩廣傳》承續的是濂、洛、關、閩之理學。其次，在內容上，《詩廣傳》比今文經學的很多著作範圍都要寬廣，除了政治層面的內容外，王夫之還思考和闡析了有關心性、人道、祭祀等方面的內容，而這些方面的內容，在《韓詩外傳》與《詩古微》中都相對較為少見。

王夫之在《詩廣傳》中所闡發的義理與他的理學思想是一脈相承的。唐君毅在《中國哲學原論‧原教篇》中將王夫之的思想分為天道論、性命天道關係論、人性論、人道論和人文化成論幾個部份，並在人文化成論部份闡釋了王夫之的詩禮樂思想。這種劃分是有道理的，詩禮樂是人文化成世界中的文明成果，因而學者對詩禮樂的思考也會關涉到人文化成世界中的各種具體

〔註12〕王夫之：《船山全書》第三冊，第 394 頁。

問題，這與四書學的理論建構是不同的。如果說四書學的理論建構可以暫時撇開人文化成世界中的具體問題，而對理學概念、範疇進行探究演繹，那麼，對於詩禮樂的思考則往往不能離開具體的歷史時代和歷史情境。不過，在王夫之的理論體系中，理學思想建構和具體歷史問題從來就沒有截然分離過，因此，他在詮釋四書等理學經典時，常常對歷史問題進行具體的分析，使理學思想能貫注、落實在人文化成世界之中。另一方面，他在論述詩禮樂思想時，又總是站在理學的高度對具體問題進行反觀和思考，因而，他對具體問題往往有精準的把握和精彩的分析。可以說，這也是《詩廣傳》解經的一個特色，王夫之的論述體現了義理在具體現實中的落實，而正是有了這種落實，通經致用才眞正成爲可能。

朱熹《詩集傳》是集眾家之長以傳釋《詩經》，他突破了《詩序》的限制，採取「以詩說《詩》」的原則，兼採漢、宋各家之長，重視《詩經》中的情感問題，並努力從文學角度解讀《詩經》，力求理解《詩經》的原意。總體上，《詩集傳》還是宋學的系統，其對《詩經》的解讀注重對理的抽繹。王夫之則在朱熹「集傳」的基礎上，更推闊了一步，既從理學的高度來審讀《詩經》，反思《詩經》中所蘊含的問題，推衍《詩經》所可挖掘的義理；同時也突出了傳經通經以致用的目的，使得經學精意卓然而義理無空疏之蔽，人道彰顯而士人無空談之習，從這個角度來說，經學有益於世道、人心與邦國。王夫之對《詩集傳》的推演，開拓了既不完全同於今文經學、又不完全同於宋學的經學方向，這也正是其注經之生面。

三、《詩》評《詩》論之學

《詩》評和《詩》話分別源於詩評、詩話兩種詩歌批評方式。「詩評」是詩歌批評的一種形式，意指對具體的詩歌加以點畫，並進行議論和評點。王夫之的《古詩評選》、《唐詩評選》和《明詩評選》都是詩歌評點的著作。詩文評點的方式始於唐代，至宋代而漸盛，到明末則形成了前所未有的繁榮氣象。《詩》評與「詩評」的寫作方式一樣，只是把評點對象限制爲《詩經》。

「詩話」則是詩歌批評的另一種形式，主要指以詩歌本身爲對象進行概念分析、演繹論述，涉及到詩歌鑑賞、詩歌創作、詩派評論等多方面的內容，如王夫之的《薑齋詩話》便是這種形式。「詩話」也會對某些詩句進行評議，

類似於「詩評」，不過，它不以評點詩句為其專一的目的，「詩評」則是評點詩歌的專門著作。同樣，《詩》話是把對象限制為《詩經》的「詩話」形式。

如果說《詩廣傳》主要構成了「詩教」的第二個意涵，那麼，王夫之的詩評、詩論則主要構成了「詩教」的第一個意涵。在詩評、詩論中，王夫之對「詩」的內容、形式進行了詳細的分析，也對詩教形成的心理過程和宇宙論基礎進行了詳細的論述，它們構成了他「詩論」和「詩教求於性情論」的重要內容，這將在後文予以詳論。王夫之非常重視詩歌的藝術形式，他認為詩歌的形式並不是依附於詩歌內容的附庸，它有獨立的價值。在他的詩學思想中，詩歌的藝術形式主要是指詩歌在形式上具有音樂美，形式優美的詩歌能夠以其聲情感動讀者，向讀者打開一個流動的、生機萌動的意義世界。王夫之也從藝術賞鑒的角度對《詩經》的一些詩篇進行了品鑒，觀點頗為新鮮，但又貼切實際，見解精卓。本節便對王夫之的《詩經》品鑒進行評析，以便於全面展現王夫之的《詩經》研究體系。

《詩譯》和《夕堂永日緒論內編》這兩個文本，比較集中的體現了王夫之以詩話、詩評的形式對《詩經》從文學、藝術角度進行的評賞。在這一點，王夫之典型地體現了明代《詩經》研究的重要特點。明代中晚期之時，研究《詩經》的學者突破了經學研究的傳統形式，開始以一種藝術心態去欣賞《詩經》，紛紛從文學、藝術角度去研究《詩經》，這在《詩經》學史上是一件值得稱述的事情。對傳統經學研究模式的突破，意味著讀者面對《詩經》的態度產生了變化。如果僅僅將《詩經》視為承載聖人精意的聖典，讀者易於對它懷有敬畏之情，不過，也容易產生因敬畏而導致的疏離感，在挖掘聖人微言大義的同時，可能會忽略了對詩人情感的體味和感通。由此，讀者在獲得詩歌精意的厚重感的同時，喪失了對詩歌真實情感和詩歌藝術形式的品鑒。而如果同時還將《詩經》看作作者情志的表達，就會以一種藝術的心態去品味《詩經》，由此，則可以彌補上述缺陷。正如顧頡剛稱讚姚際恒《詩經通論》所說的：「其以文學說《詩》，置經文於平易近人之境，尤為直探詩人之深情，開創批評之新途徑。」〔註13〕這種轉變在明代蔚然成風，從明萬曆年間到明亡國的七十餘年，出現了數百種《詩經》專著，這些專著很多都是從文學角度對《詩經》進行的研究，而且方式也出現了多樣化的趨勢，有《詩》評、《詩》

〔註13〕見於林慶彰、蔣秋華（主編）：《姚際恒研究論集》（中），臺灣中央研究院文哲所，1985年版，第372頁。

話、章節評議等多種研究、評述方式。王夫之採用的主要是《詩》評和《詩》話。

　　《詩譯》和《夕堂永日緒論》都收在《薑齋詩話》之中，《詩譯》本來附在《詩經稗疏》後，寫作時間大概與《詩經稗疏》相差不遠。不過，《詩經稗疏》和《詩譯》都沒有注明寫作時間，無從確論。後來，《詩譯》被編入《薑齋詩話》當中。對於王夫之詩評、詩論作品的成書年代，大致可以確定的是，《夕堂永日緒論內外編》和各種詩評都作於王夫之晚年。王夫之在《夕堂永日緒論・序》中談道：「閱古今人作詩不下十萬首，經義亦數萬首。既乘山中孤寂之時，有所點定，因論其大約如此。」「有所點定」指的就是《古詩評選》、《明詩評選》、《唐詩評選》和其它詩評、文評和詩論之類的著作。王夫之在《夕堂永日緒論・序》的末尾點出該《序》的寫作時間：「庚午補天穿日，船山老夫敘。」「庚午」是指康熙二十九年，即公元 1690 年，據王之春《王夫之年譜》，這年王夫之七十二歲。「補天穿」是古代民間習俗，南宋陳元靚在其著作《歲時廣記》中簡單介紹了這個習俗：「《拾遺記》：江東俗號正月二十日爲天穿日，以紅縷繫煎餅餌置屋上，謂之補天穿。」〔註 14〕並引用李白的詩句「一枚煎餅補天穿」以爲例證。但是，筆者查閱《拾遺記譯注》〔註 15〕，並沒有發現對「天穿日」的說明，不知是現有《拾遺記》版本有疏漏，還是陳元靚記憶有誤。此外，「一枚煎餅補天穿」也不是李白的詩句，而是出自宋人李覯的詩《正月二十日俗號天穿日，以煎餅繫屋上謂之補天，感而爲詩》。也許，關於《拾遺記》的記載爲陳元靚之誤也是有可能的。不管怎樣，民間有以正月二十日爲「補天穿日」的習俗是可確認的。由此可知，王夫之是在 1690 年的正月爲《夕堂永日緒論》作序。根據習慣，一般是在著作完成後作序，那麼，王夫之的詩評、詩論著作大概作於 1690 年的前一兩年，可確定爲他的晚年之作。《詩譯》共十六條，《夕堂永日緒論內編》共四十八條，在這些短文中，王夫之闡釋了詩歌創造、詩歌鑒賞等十分精彩的觀點。對於這些思想的研究，近幾十年的文學批評研究已經有了很豐碩的成果，本節就不再贅述，而主要分析王夫之對《詩經》的藝術賞析。

　　《王風・采薇》是「遣戍役之詩」，對於這首詩，王夫之在《詩廣傳》中從兩個角度進行了闡發。首先，他從「我戍未定，靡使歸聘」和「豈敢

〔註 14〕陳元靚：《歲時廣記》，北京：商務印書館，1939 年版，第 10 頁。
〔註 15〕本文查閱的版本是（晉）王嘉著，孟慶祥、商嫩妹譯注的《拾遺記譯注》，哈爾濱，黑龍江人民出版社，1980 年版。

定居，一月三捷」兩句詩出發，引申討論了抵禦邊疆夷狄時的戰守問題，指出「《采薇》之詩，迭言戰守而無成命，斯可以爲禦夷之上策矣。」其次，他從「昔我往矣，楊柳依依。今我來思，雨雪霏霏」兩句詩出發，引申討論了詩教的問題，指出《采薇》之詩「導天下以廣心」。在《詩譯》中，王夫之則從寫作方法上對「昔我往矣，楊柳依依。今我來思，雨雪霏霏」進行了評論：

> 「昔我往矣，楊柳依依。今我來思，雨雪霏霏」以樂景寫哀，以哀景寫樂，一倍增其哀樂。知此，則「影靜千官裏，心蘇七校前」與「唯有終南山色在，晴明依舊滿長安」，情之深淺宏隘見矣。（《詩譯·四》）

前往他鄉戍役，對於離家的士兵來說是件悲傷的事，往戍途中，寓目而來的竟是楊柳依依，和風綠意。垂柳搖曳的怡人春色，不禁將內心的憂傷反襯得更加淒涼。戍役歸家，本是一件愉快的事，歸家途中，卻是滿目白雪霏霏，寒風多涼。漫天飛雪，四望茫茫，回顧往事淒涼，不禁喜極而痛。王夫之在這裡強調的便是這種反襯所帶來的強烈對比，使得詩人的情感得以充盈地蘊含在詩中。

從這個角度來說，王夫之非常欣賞杜甫的「影靜千官裏，心蘇七校前」。這兩句詩出自《喜達行在所》的第三首：

> 死去憑誰報？歸來始自憐！
> 猶瞻太白雪，喜遇武功天。
> 影靜千官裏，心蘇七校前。
> 今朝漢社稷，新數中興年。

在《文苑英華》中，這首詩的題目是《自京竄至鳳翔喜達行在所》，從這個題目更能感受杜甫詩中的情感。該詩的背景爲安史之亂，公元 757 年，杜甫冒險乘隙逃出被安史叛軍佔據的長安，投奔在鳳翔的唐肅宗，這首詩表達的就是他到達肅宗行在時，驚魂初定的喜悅。詩中「靜」和「蘇」反襯的是避難途中的倉皇與不安，到達行在，回顧當時的慌亂，此時的蘇靜顯得更是不易與後怕，何樂如哉！「影靜千官裏，心蘇七校前」生動地描寫了杜甫到達行在後，收拾心情、歸入官員之列的景象，其倉皇之餘的喜悅躍然紙上，讓讀者也爲之又驚有喜。王夫之強調，如果不是有避難途中的慌忙作爲對比，千官之靜便不會顯出它的力量，也就不足爲道了：「悲喜亦於物顯，始貴乎詩。

『影靜千官裏』，寫出避難倉皇之餘，收拾仍入衣冠隊裏，一段生澀情景，妙甚。非此，則千官之靜亦不足道也。」

　　王夫之從藝術角度賞鑒《詩經》詩篇的另一個經典例子就是《小雅・出車》。這是「勞還率之詩」，在《詩廣傳》中，王夫之從征婦之怨的角度，分析了詩教與陰陽、性情、男女、悲愉、治亂之理之間微妙的關係。在《詩譯》中，王夫之則從寫作手法的角度對《出車》的詩句做出了精彩的評鑒：

　　　　唐人《少年行》云：「白馬金鞍從武皇，旌旗十萬獵長楊。樓頭
　　　　少婦鳴箏坐，遙見飛塵入建章。」想知少婦遙望之情，以自矜得意，
　　　　此善於取影者也。「春日遲遲，卉木萋萋；倉庚喈喈，采蘩祁祁。執
　　　　訊獲醜，薄言還歸。赫赫南仲，玁狁於夷。」其妙正在此。訓詁家
　　　　不能領悟，謂婦方采蘩而見歸師，旨趣索然矣。建旌旗，舉矛戟，
　　　　車馬喧闐，凱樂競奏之下，倉庚何能不驚飛，而尚聞其喈喈？六師
　　　　在道，雖曰勿擾，采蘩之婦亦何事暴面於三軍之側邪？征人歸矣，
　　　　度其婦方采蘩，而聞歸師之凱旋，故遲遲之日，萋萋之草，鳥鳴之
　　　　和，皆為助喜；而南仲之功，震於閨閣。室家之欣幸，遙想其然，
　　　　而征人之意得可知矣。乃以此而稱「南仲」，又影中取影，曲盡人情
　　　　之極至者也。

關於「春日遲遲」一段，《毛詩正義》的解釋一切都落在實處，認為每一句詩詞表現的都是實際發生了的事情：「此序其歸來之事，陳戍役之辭。言季春之日，遲遲然陽氣舒緩之時，草之與木已萋萋然茂美，倉庚喈喈然和鳴，其在野已有采蘩菜之人，祁祁然眾多。我將帥正以此時，生執戎狄之囚可言問者及所獲之眾，以此而來，我薄言還歸於京師以獻之也。說其事終，又美其功大。言赫赫顯盛之南仲，伐玁狁而平之於王，是將帥成功，故勞之也。」〔註16〕《毛詩正義》的解釋影響了後代《詩經》訓詁的思路，朱熹在《詩集傳》中基本認可孔穎達的訓釋，並引用了歐陽詢的觀點：「述其歸時，春日暄妍，草木榮茂，而禽鳥和鳴。於此之時，執訊獲醜而歸，豈不樂哉！」可見，歐陽詢的訓釋思路也如出一轍。王夫之認為這些訓詁家並不能領會這首詩的精妙之處。訓詁家的這種解釋有兩處失誤，首先，它與事實並不符合。一方面，大軍凱旋，車馬喧闐，音樂競奏，黃鸝鳥定然會驚飛，又怎麼會聽到它們的鳴叫聲？另一方面，六師行軍，采蘩的婦人不會暴面在三軍之側。

〔註16〕孔穎達：《毛詩正義》，北京，北京大學出版社，1999 年版，第 602 頁。

其次，訓詁家將一切視為實際發生的事實，表明它未曾領略到該詩「影中取影」的妙處。所謂「影中取影」，表明詩歌所吟是虛寫，而非實述。該詩有兩重虛寫的地方，其一，「春日遲遲，卉木萋萋；倉庚喈喈，采蘩祁祁」是南仲的想像。他遙想其婦人於采蘩之際，親聞歸師凱旋。春日暖陽、卉木盛密、倉庚和鳴都是為「親聞歸師凱旋」這個情境而進行的背景渲染。其二，「赫赫南仲，玁狁於夷」也是南仲的想像。他進一步遙想凱旋歸來，其軍功赫赫震於閨閣之中，其室家具有的欣喜愉悅之情。在這重想像中，南仲的得意也躍然紙上。王夫之指出，第二重想像其實非常真實、也非常細膩地把凱旋將士的情感、心態描畫了出來，「曲盡人情之極至」。

王夫之的賞鑒也可謂是「曲盡人情之極至」。他並沒有從詩歌的訓詁上著眼，而是從現實生活中的人情、物理出發去領悟詩之意境。這種欣賞方法和他在《稗疏》的考據上一樣，相對於前人所述，更注重以現實、事實為依據。正如戴洪森在《薑齋詩話箋注》中對王夫之的肯定那樣：「船山『影中取影』（詩非實敘凱旋，而是寫出征歸來途中的戰士想像妻子即將面臨凱旋場面的欣幸心情，而『赫赫南仲』更是代婦設想其心目中對己之觀感）之說，所解雖似新奇，細思實切近人情，遠較舊說可信。原因非他，不過能較多的聯繫生活實感，不拘執字句為舊說所囿而已。」〔註17〕

在詩歌欣賞中，王夫之反感訓詁家埋沒在字訓句釋的閱讀、研究方式中，強調要與詩人的情感相溝通、相遇和，在詠言和聲中獲得感通、理解與提升。這種情感的溝通需要讀者仔細領會人類的情感現實，而不是拋開這些現實，抽象的進行詩歌理解與解釋。正因為王夫之極為重視詩歌的藝術美，才使得其詩教理論更真實、更有力量。

四、小結

王夫之的《詩經》研究體系是他詩教思想產生的最主要、也最重要的源頭。他的《詩經》研究體系分作三大部分：訓詁考釋、義理闡釋和詩話詩評。訓詁考釋的著作是《詩經稗疏》、《叶韻辨》和《詩經考異》。義理闡釋的著作主要是《詩廣傳》，《四書訓義》、《讀四書大全說》、《禮記章句》和《正蒙注》等著作也涉及到一些重要的相關內容。值得一提的是詩話詩評類的著作，有關《詩經》的詩話詩評類著作主要是《詩譯》、《夕堂永日緒論內外編》。在這些作品

〔註17〕戴洪森：《薑齋詩話箋註》，北京：人民文學出版社，1981年版，第13頁。

中，王夫之既對《詩經》進行了品鑒，也對興觀群怨、詩的源流等問題進行了論述。但是，王夫之詩評詩話著作並不僅僅針對《詩經》而作，其詩評著作還有《古詩評選》、《唐詩評選》和《明詩評選》，在這三部詩評中，王夫之對漢朝以來至明末的很多詩歌進行了評點，也在其中闡述了自己的詩學觀點。在《詩譯》和《夕堂永日緒論內外編》中，除了有關《詩經》的內容，王夫之還涉及到了詩學思想其它的很多內容，也有對明代詩壇的反思和評論。不過，王夫之並沒有越過《詩經》去論述自己的詩學思想，事實上，《詩經》對於他來說，是標準和典範，他在評點《詩經》以後出現的詩歌時，總是別雅正、辨貞邪，以風雅正宗衡量詩歌之良莠，「與尼山自衛反魯、正樂刪詩之意，息息相通」〔註18〕。而他在論述詩學思想時，也是以溫柔敦厚的詩教爲其旨歸。因此，在這個角度上可以說，王夫之在詩評詩話著作中的詩學思想從未遠離過他的《詩經》研究範圍，它們依然可以囊括入他的《詩經》研究體系之中。

　　這三個部分與詩教思想的關係是不一樣的，訓詁考釋是提煉詩教思想的基礎工作，一方面，它爲《詩經》文意的合理詮釋提供了根據；另一方面，訓詁考釋的恰當與否，又以經文文意是否符合溫柔敦厚的詩教爲標準。由此，在王夫之的詩教思想中，訓詁考釋爲詩教經世致用的實現提供了基礎的保障。王夫之的「詩教」概念有三個意涵：第一，讀者通過吟誦雅正溫厚的詩歌，受其所化，陶養性情以歸於中和；也包括在位者以之陶養百姓，教化民眾。第二，讀者從詩中思考、抽繹出理與道，以之爲自己行爲的準則；也包括在位者以之作爲民眾的行爲準則。第三，主要指《詩經》中的《頌》在祭祀中所產生的教化功效。其中，義理闡釋著作《詩廣傳》是「詩教」概念第二個意涵的具體體現，《詩廣傳》一書正是王夫之以《詩》爲教，抽繹出理與道的典型文本，其中包含了他對人道、君子修身、治國的思考。此外，書中也論述了《頌》在祭祀中產生的教化功效，包含了詩教的第三個意涵。詩評詩話著作則主要體現了「詩教」的第一個意涵，王夫之在這些著作中既詳細論述了詩教產生功效的心理過程和宇宙論基礎，也有對經典詩歌的精彩評點，爲讀者理解「詩教」概念的第一個意涵提供了具體的實例。

　　綜上所述，王夫之《詩經》學研究體系是很完備的，從名物訓釋、義理闡釋到《詩經》品鑒無不涉及，且往往都提出了具有獨到見解的卓見妙論。歷代以來，鮮有理學家對《詩經》的研究會同時兼顧這三方面內容，尤其是

〔註18〕劉人熙：《古詩評選‧總序》，引自《船山全書》第十四冊，第 879 頁。

對《詩經》的義理演繹和文學批評同時研究的更是少之又少。反觀王夫之，作為一名理學家，既在義理方面對《詩經》有深入的思考，又在文學藝術角度的品評和賞鑒方面達到了極高的水準，無怪乎蕭馳稱其為：「集大哲學家與大文論家於一身的孤例」。那王夫之為何會產生這麼完備的《詩經》學研究體系呢？為何會自覺地研究詩歌的藝術創作和藝術形式？這和他對詩教的理解是有關係的。在他看來，詩教絕不是簡單的道德灌輸，他非常不喜歡直接在詩文中表達道德觀點的風格，像王陽明「個個人心有仲尼」這樣的詩句就遭到了他嚴厲的批判。他認為，詩歌的文學藝術形式是詩教不可或缺的組成部份。詩教是通過舒緩平和的節奏調養人的情性，通過悠遠雅正的情志向人打開一個如鳶飛魚躍般鮮明生動的、盎然生機的本體世界，它既是天道自然，也是人所稟賦的天命之性，引導人對本性反觀自覺，並產生情感上的認同，從而涵養人道。可見，王夫之詩教思想強調的是涵養、引導，在潛移默化中受溫柔敦厚之教。由此，王夫之才在詩歌的藝術品鑒、文學批評上也著力進行了研究。

第二章　王夫之、朱熹《詩經》經文評價異議

　　經典常常意味著不可置疑性，這也是《詩序》、《毛傳》和《鄭箋》對待《詩經》的態度。《詩序》以「美刺」為解釋學原則，對《詩經》進行歷史的和政治的詮釋。所謂「歷史的」，是因為它將每一首詩都標上具體的歷史時間；所謂「政治的」，是因為它將每一首詩都賦予政治的寓義，從政治角度詮釋詩旨。在《詩序》的解釋系統中，《詩經》經過聖人刪削，每一首詩都隱含聖人精意，經文本身自然是無可置疑的，整部《詩經》都合乎「發乎情，止乎禮義」的美學理念。《詩序》對後世的影響很大，以至於一度出現知有《序》而不知有《詩》的局面。至宋朝時，歐陽修、王安石等人開始質疑《詩序》，試圖突破《詩序》的束縛。朱熹經歷了由宗《序》到疑《序》的過程，最後提出「以《詩》說《詩》」的觀點，主張廢棄《詩序》，直接玩味《詩》詞。在這個思想的主導下，朱熹提出了「淫詩」說，對「變風」中的一些詩文提出了否定的評價，認為並不是所有的詩篇都達到了「發乎情，止乎禮義」的理念，這對於以新的視角和更開放的態度重新理解《詩經》有巨大的意義。

　　朱熹對《詩經》經文的否定性評價一般出現在他所謂的「淫詩」中，其它詩篇基本上還是持肯定態度。較之朱熹，王夫之的態度更為開放，他對朱熹的「淫詩」說不持必然的可否立場，他有自己新的立論角度，這個角度決定了他對《詩經》經文的評價立場，也構成他詩教思想關注的核心主題，它就是人道。從王夫之和朱熹對於經文的不同評價，我們可以比較清晰的理解王夫之新的立論角度。因此，本章選取了二者評價迥異的典型詩篇，從大夫、貞婦和君王三個角度來審視王夫之詩教思想關注的核心主題。

一、大夫之道

　　所謂對經文的評價，是指對詩中所表達情志進行的價值評判。《詩廣傳》在價值評判上，時常有與《詩集傳》迥異的「驚人」之論。這些看似十分驚人的議論，其實典型地體現了王夫之的詩教理念，而他的詩教理念和他的哲學理念是一脈相承的。

　　關於《邶風‧北門》，《詩序》、《詩集傳》和《詩廣傳》大致都認可是衛國士大夫「不得其志」而悵賦此詩。該詩大意為君主將眾多王事一併交與此士大夫去處理，而不體恤他的貧窶、艱難。因此，家中妻子也不斷責備於他，無可奈何之下，他只能呼天而歎。

　　《詩序》和朱熹都對該士大夫抱以同情，而對衛君斥以不滿。《詩序》指出，這首詩是：「刺仕不得志也。言衛之忠臣不得其志爾。」〔註1〕言下之意，詩中的士大夫是忠信之臣，卻在仕途之中志意受阻。鄭玄對這首詩的箋解基本沒有偏離《詩序》的價值判斷，認為該士大夫「仕於暗君」、「君不知己志而遇困苦」。朱熹對此序也十分認可，並在《詩集傳》中對序意進行了補充，指出：「衛之賢者，處亂世，事暗君，不得其志，故因出北門而賦以自比。」〔註2〕此外，朱熹更引用了楊時一段對該士大夫充滿同情與稱讚的議論：「忠信重祿，所以勸士也。衛之忠臣，至於窶貧而莫知其艱，則無勸士之道也。仕之所以不得志也。先王視民如手足，豈有以事投遺之而不知其艱哉？然不擇事而安之，無懟憾之辭，知其無可奈何而歸之於天，所以為忠臣也。」〔註3〕此外，詩三家對這首詩也沒有異議。可見，關於這首詩，傳統的觀點大致都認為此士大夫的埋怨是理所應當。但是，王夫之則對之做出了截然相反的評價，認為此士大夫顧念妻子飢寒，悲歎居室簡陋，憤懣交遊炎涼，他所呼天以責者都是貨利之欲：

　　　　意之妄，忮懟為尤，幾幸次之。欲之迷，貨利為尤，聲色次之。
　　貨利以為心，不得而忮，忮而懟，長言嗟歎，緣飾之為文章而無怍，
　　而後人理亡也。故曰：「宮室之美，妻妾之奉，窮乏之得我」，惡之
　　甚於死者，失其本心也。由此言之，恤妻子之飢寒，悲居食之儉陋，
　　憤交遊之炎涼，呼天責鬼，如銜父母之恤，昌言而無忌，非殫失其
　　本心者、孰忍為此哉！（《詩廣傳‧論北門》）

〔註1〕孔穎達：《毛詩正義》，第169頁。
〔註2〕朱熹：《詩集傳》，第25頁。
〔註3〕朱熹：《詩集傳》，第25頁。

「人理」指人之爲人所應遵循的理則,「人理亡」即指人丟棄了作爲人所應當遵循的理則。王夫之指出,該士大夫身爲人臣,對於自己的職分不提不顧,不盡人事,卻呼天叫地以求私欲之滿足,甚至不知羞恥地反覆吟歎,修飾成文而長言無忌,因而,「人理亡也」。

王夫之對《小雅・北山》的評價也迴異於《詩序》和朱熹。《詩序》認爲這首詩是「刺役使不均,己勞於從事而不得養其父母焉」。大家耳熟能詳的句子「溥天之下,莫非王土;率土之濱,莫非王臣」,就出自《北山》這首詩,它本是大夫的不平之辭,並非天子宣佈對於天下的所有權。該詩大意爲大夫埋怨天子擁有土地之廣,臣民之眾,偏獨役使他一人,使其貽父母之憂。對於這首詩,朱熹同樣認可《詩序》的觀點,對詩人流露的埋怨之情,他也表示同情,並認爲詩人在遣詞用字上委婉含蓄,有忠厚之風。在「大夫不均,我從事獨賢」的詩句下,朱熹稱賞詩人「不斥王而曰大夫,不言獨勞而曰獨賢,詩人之忠厚如此。」

王夫之既不認爲詩人的埋怨值得同情,也不認詩人遣詞用字委婉含蓄,相反,他認爲詩人「知己之勞,而不恤人之情;知人之安而妒之,而不顧事之可」,其埋怨是詞誣而情私:

> 奚以言其詞誣而情私邪?詞苟誣而情或私,反詰之而不窮者,鮮也。「溥天之下,莫非王土」,則彼猶是踐王之土也。「率土之濱,莫非王臣」,則彼猶是爲王之臣也。「大夫不均,我從事獨賢」,以爾爲賢而爾不受,假以溥天率土之臣庶更取一人而賢之,而又孰受也?可謂端居者之風議,無當於國也;不可謂但端居風議,而即無當於國也。夫惡知燕燕居息者之必有寧寢處乎?故曰:不有居者,誰守社稷?不有行者,誰扞牧圉?然則將分爾輂掌以均敷之在廷,與行百里者,未聞使百人而各一里之能至也。抑將使斗粟而百人舂之?必且爲塵,而得有全粟乎?(《詩廣傳・論北山》)

在王夫之看來,《北山》詩中的大夫情注於一己之私而不顧事理之公,其哀鳴怨歎之辭根本經不起推敲反詰,於是,他對朱熹稱賞的詩句進行了反詰駁斥。不過,王夫之在反詰時轉換了概念的含義。對於詩中「我從事獨賢」的「賢」字,王夫之在《詩經稗疏》中將其訓爲「勞」的意思,同於孟子「我獨賢勞」之意。《鄭箋》將其解釋爲「賢能」之意,王夫之則在該書中針鋒相對地提出

「以爲賢不肖之賢,則於文義不通」。〔註4〕但是,很明顯,在這段文字中,他使用的就是「賢不肖」之「賢」的含義。事實上,當王夫之批評該大夫「知己之勞,不恤人之情」的時候,他使用的依然是勞苦之意。可見,他在這段評論中是有意地進行了意義的轉換,目的在於強調身爲臣子,就應該盡臣子的職分,而不是妄臆他人之安富,憫恤一己之貧苦。

那麼,什麼是作爲臣子的職分呢?王夫之在對《柏舟》的議論中批判了《北門》的士大夫,同時也就表達了他對於臣子職分的觀點:

> 《北門》之大夫,能安其心、行其素、輯睦其家、勤幹其國,奚天之必困之哉?天授以窮,而非授以逆,已弗能盡人焉,於天何有哉?(《詩廣傳‧論柏舟》)

顯然,在王夫之看來,《北門》的士大夫應當敦篤其心志,和睦處家,勤勉事國。如果自己的職分已盡,而依然不幸遭遇艱困,則素患難、行於患難。值得注意的是,王夫之是在天與人的關係中對士大夫進行嚴詞批判。他指出,天可能會使人遭遇環境的困頓、勞苦,但天並不是將人拋入理則顛倒的悖理境遇中。因此,當人面臨困境時,不是怨天尤人、悖理棄義,而是挺立人道、盡人之事。他接著說道:

> 君子之言化,有天化,有人化,化凝於人而人道起矣。君子以人事而言天,有在天下之事,有在我之事。在我之事,天在我也。在天下之事,天在化也。(《詩廣傳‧論柏舟》)

天化運行凝於人,則人道隨之而起。「人道」即前文之「人理」,不過二者在重點上稍有不同。「人理」重點在「理」上,突出了人所應當遵循的理則。「人道」重點在「道」上,「道」即《中庸》「率性之謂道」的「道」,朱熹解釋爲:「道,猶路也。人物各循其性之自然,則其日用事物之間,莫不各有當行之路,是則所謂道也。」〔註5〕王夫之對朱熹的訓釋既有承襲,也有改變。相對來說,「道」在朱熹的訓釋中是靜止的、供人依循的「路」;王夫之則賦予了「道」健動性和主動性,它不僅是「路」,還蘊含著依循當行

〔註4〕 關於這句詩中「賢」字的含義,《毛傳》直接訓爲「勞」,鄭箋卻並沒有採納《毛傳》的訓釋,而將該詩句解釋爲:「王不均大夫之使,而專以我有賢才之故,獨使我從事于役。」鄭箋是將「賢」解釋爲賢才之意。朱熹在《詩集傳》中採用的是《毛傳》「賢勞」的訓詁。從這首詩的整體詩意來看,「賢」應該解釋爲「勞」,王夫之在《詩經稗疏》中,有意識地批評了鄭箋的解釋。

〔註5〕 朱熹:《四書章句集注》,北京,中華書局,2008年版,第17頁。

的路徑完成此路程的主動精神。這種健動性和主動性只有人才會具有，因此，王夫之指出，「性」可以是人和其它生物共同具有的，但「道」是人才能使用的概念。這與朱熹也是不同的，朱熹在解釋中並沒有特別將人與物區別開來，王夫之則提出：「即可云物有物之性，終不可云物有物之道」〔註6〕物之有道，其實只是人應事接物之道而已，「是故道者，專以人言也」〔註7〕。人秉受陰陽五行而生，形生而理即在其中，人「智足以知此理，力足以行此理者曰人道」〔註8〕，因此，「人道」作為人因循性之自然而所當行之路，既包含了足以完成此當行之路的能力和主動性，也包含了人應該遵循它、完成它的責任，這就是完全、充分地實現天命之性，使性的可能性得以充分地發揮出來。在此，「人道」應盡的責任就是盡心操持「在我之事」，即我應該承擔、應該完成之事。對於大夫來說，就是承擔他們應盡的職分。任何境遇都是人實現「人道」的時機，《邶風‧北門》、《小雅‧北山》的大夫在應該盡心完成「在我之事」的時候，妄自怨天尤人，浸心於一己之私欲、勞苦，這是放棄人道的鄙陋行為。因而，王夫之作出了與《詩序》、《詩集傳》完全不同的評判，不僅不認可這兩位大夫為賢臣、忠臣，反而以極為激烈的嚴詞加以斥責。

王夫之不滿意這兩首詩表達的情志，其實有著更為深層的憂慮，他認為這兩首詩廢卻人事、乞食求欲，本就無當於詩教。更甚者，杜甫等人不察，承襲這種乞食求欲的詩風，以之為宗祧，這對真正的詩教其實是毀滅性的危害。他指出：

> 嗚呼！甫之誕於言志也，將以為遊乞之津也，則其詩曰「竊比稷與契」，迨其欲之迫而哀以鳴也，則其詩曰「殘杯與冷炙，到處潛悲辛」。是唐虞之廷有悲辛杯炙之稷、契，曾不如嚄蹠之下有甘死不辱之乞人也。甫失其心，亦無足道耳。韓愈承之，孟郊師之，曹鄴傳之，而詩遂永亡於天下。是何甫之遽為其魁哉？求之變雅亡有也，求之十二國之風不數有也。「終窶且貧」，室人交讁，甫之所奉為宗祧者其《北門》乎？故曰「其政散，其民流，誣上行私而不可止」，《北門》當之矣。

〔註6〕王夫之：《船山全書》第六冊，第462頁。
〔註7〕王夫之：《船山全書》第六冊，第462頁。
〔註8〕王夫之：《船山全書》第七冊，第105頁。

> 是《北門》之淫倍於《桑中》，杜甫之濫百於香奩，不得於色而
> 悲鳴者，其蕩乎！不得於金帛而悲吟，蕩者之所不屑也，而人理亦
> 亡矣。（《詩廣傳・論北門》）

王夫之憂慮的根由在於，這種厭棄人職、哀貧憫勞的詩風流傳，致使眞實的詩教泯滅，最終將導致的是「人理亦亡」。因此，他對這種詩風的「宗祖」抱以強烈不滿。「政散民流」句出自《禮記・樂記》〔註9〕，《樂記》認爲，音生於人心，反過來，又生人之心，因此，聲音之道，與政相通。通過一國之音，可知一國之政。鄭、衛之音，情戾政乖，爲亂世之音；商紂「桑間濮上」之音，淫逸流蕩，爲亡國之音，「其政散，其民流，誣上行私而不可止也。」事實上，在《樂記》中「政散民流」句是形容商紂時的音樂，但因爲桑中、濮上在周朝時即是衛國之地，因此，王夫之藉以用來形容衛國之音。

在《禮記章句》中，王夫之對《樂記》這句話有詳細的解釋：

> 「政散」者，徵聲濫。「民流」者，角聲蕩也。音之所感，人心
> 應之，下欺其上，各營其私，而不相輯睦，成乎風俗，雖有峻法，
> 莫能禁止也。〔註10〕

在《樂記》中，宮、商、角、徵、羽五個基本音調分別對應君、臣、民、事、物。從現代音樂角度來理解，則它們分別對應簡譜中的1、2、3、5、6。徵音是「5」，用它譜出來的音樂，通常傳達出熱情、熱鬧的情感；而當這個音沒有節制的時候，熱情便成爲了繁亂，同時也就意味著政煩事亂的情狀。角音是「3」，用它譜樂，通常傳達了歡快的情感，蘊含著生機發生；而當這個音流蕩無歸的時候，歡快便流爲散亂無紀，同時也就意味著百姓流散不能凝聚，各生其心。人們聽到這種音樂，久而久之，心靈便與之相應，於是上下不應，各營其私，風俗也由是傷敗。可見，音樂感人之深，足以影響一個時代的風俗，詩歌的長吟詠歎也有類似的功能，而後世雅樂消亡，王夫之遂極爲重視詩教的作用。他提出，「詩之教，導人於清貞而蠲其頑鄙，施及小人而廉隅未刓，其亦效矣。」〔註11〕

〔註9〕 《禮記・樂記》：「桑間濮上之音，亡國之音也。其政散，其民流，誣上行私而不可止也。」
〔註10〕 王夫之：《船山全書》第四冊，第894頁。
〔註11〕 王夫之：《船山全書》第三冊，第326頁。

從這個角度上，王夫之認為《北門》之詩反覆嗟歎飲食之不足、妻妾之怨貧，並緣飾為文章，是導人以私情、移人於鄙陋，比《詩經·桑中》〔註12〕之詩更易於敗壞風俗。杜甫「殘杯與冷炙，到處潛悲辛」的吟歎與《北門》無異，都是失其本心而有的悲嗟，其體現的是人理的亡失，也就是人道的遺棄。王夫之遺憾地認為，在杜甫逝世之後，韓愈、孟郊等人大力推揚杜甫的詩歌成就，如此，導致的結果便是詩永亡於天下。由此可知，王夫之這裡所指的「永亡於天下」的詩，其實是導人於清貞的詩教，或者說，是有導人於清貞之詩教功能的詩，而這個詩教是與人道相關聯的，目的在於導人以情性之正。

王夫之對《北山》之詩的批判與《北門》極為相似：

> 故夫為《北山》之詩者，知己之勞而不恤人之情；知人之安而妒之，而不顧事之可。誣上行私而不可止，西周之亡不可挽矣。故節其哀者戒其復；飭其亂者懲其促；治其誣者窮其連累之詞；革其欺者禁其迫切之響。王者以之化民，君子以之自淑，保天下於和平，此物此志焉耳。唐宋之末流以詩鳴者，不知其為變雅之淫詞而祖述之曰「以起衰也」。以哀音亂節而起衰，吾未之前聞！（《詩廣傳·論北山》）

在王夫之看來，《北山》同樣是誣上行私，移人以向於鄙陋，以至於影響了西周後期的風俗，使得西周的敗亡成為不可挽回的態勢〔註13〕。韓愈等人推崇古文運動，而以《北山》為古詩之典範，王夫之對此深感不滿。除了在內容上批評《北山》的私情鄙陋之外，他還批評了《北山》音聲複雜哀傷、節奏迫促繁亂，並根據此提出了解決的方法，即減少詩歌複雜的音律，以平復其哀傷；制止詩歌節奏的急遽，以整飭其繁亂；並禁止私情誣衊之辭和迫切燥急的音聲。這麼做的目的不僅僅是為了達到詩歌藝術上的美，更重要的是詩教上的意義，王者以之化民成俗，君子以之修身自善，保天下於和平溫厚。

王夫之在批判《邶風·北門》、《小雅·北山》詩中的大夫時，一再強調「人理」、「人道」、「在我之事」，他擔憂哀音亂節、悲辛杯炙的詩風流傳，影響民俗，將人導向鄙陋之習，最終將導致人理亡、人道棄、人事廢，真正的

〔註12〕《詩經·桑中》之詩，《小序》認為刺淫奔之詩，《詩集傳》則認為是淫奔者自述之辭。

〔註13〕據《小序》，這首詩是刺幽王。

詩教亡失於天下。這指示出王夫之的詩教理念就在於明人理、立人道，導人清貞，化民成俗。在這點上，王夫之的詩教主旨與其整體的哲學思想主旨是一脈相承的。為了實現詩教的主旨，王夫之提出了內容和形式兩方面的要求，在內容上，不可誣詞以行私情；在形式上則不可迫促以無節。

王夫之對《邶風·北門》和《小雅·北山》士大夫的批評是以極高的道德要求為標準的，根據這種極為嚴正的道德標準，人在自己的職業生活中即使遭遇不公平待遇，也應該盡心完成自己的職責，不能使自己陷入怨懟哀貧的境地之中。當然，這並不意味著他要求人逆來順受。面對這種不公平，人還可以有一個出處、離合的選擇，君臣以義合，如果不能從在上位者那裡得到應有的尊重和公平，在下位者還可以選擇離開，但即便離開，志於為己之學的君子也會秉持坦蕩雍容的態度，不為所擾，不會產生哀貧憫窮的心態。如果懷有這種心態和情感，那就是把生命的追求從「道」的層面降到了「食」的層面，這不是一個君子所應該身處的人生境界，所謂「君子謀道不謀食」。王夫之的評判看似過於嚴苛，但是，這確實是對嚴正的儒家道德哲學的堅持。在「食」的層面，各種因素交織的條件和限制太多，常常不能求而有得，當求而不得的時候，人難免會有憂憤不平的情緒，伴隨著這種情緒，人有可能會放棄道德追求、做出過激行為、甚至導致不可彌補的過失。因而，對這種情緒保持警醒的自覺，並將其節制為合理的程度，是君子必要的修身工夫。詩教的主要功效恰好是對情感情緒的調養，憑仍其易於傳唱、感人深切、容易移風易俗的特點達到化民醇俗的理想。如果詩歌不僅無法調養人的合理情感，反而抒發、唱歎憂憤不平的情緒，使大家相互共鳴於這種情緒情感之中，導致民風敗壞，則是對社會、國家難以彌補的傷害。這種傷害常人不易察覺，但是王夫之有感於晚明文風和社會氛圍的相互影響，對此卻十分敏銳，並對此予以激烈批判。

二、貞婦之道

「人道」並不僅僅只是男子的性分，也是女子的「在我之事」。王夫之對《谷風》、《碩人》和《氓》的論述就體現了王夫之對於女子盡性分、立人道的觀點。

人道是人日用生活之中所當行之路，所以，人總是在各種日常人倫中實現自己的性分、職分，如父子、君臣、夫婦、兄弟、朋友等，在不同的關係

中，人有著不同的身份、地位，便承擔不同的責任。王夫之指出，人不可以利用自己的身份或應盡的責任去挾持關係的另一方。如，君臣關係之中，君王應該使用自己的威勢「敬大臣」、「體群臣」，但不能利用自己的威勢，挾持大臣、士夫相從於有害國家之事；臣子應該忠誠以事君，盡才以治國，但不能用忠誠和才能挾持君王以謀利。在夫婦關係之中，夫婦也各有自己的本職，自然不可以有挾制之心，以挾制之心求相容相保，必然不可能實現相容相保的本願。因而，王夫之說：

> 悮人之情，君挾勢，臣挾能，友挾力，人理盡矣，未有夫婦而挾者也。悍婦之情競，豔妻之情狃，婦道亡矣，未有以挾而求固者也。（《詩廣傳·論碩人與氓》）

所謂君君、臣臣，父父、子子，即是在對應關係中，正視自己的名份、承擔自己相應的責任。利用自己的身份、責任去挾制對方，其實是放棄了自己應當承擔的責任，背離了應當遵循的道德理則，因而王夫之認為「挾」意味著「人理盡矣」。婦人以悍求固，或以豔求容，都是挾制之心，失去了身為婦人之道，丟棄了自己的責任和職分。王夫之認為衛國的婦人普遍的懷有挾制之心：「而衛之婦人，上自宮闈，下迄圭竇，賢者、妬者、奔者無之而不挾。」〔註14〕

　　《衛風·碩人》詩盛道莊姜族類之貴，容飾之美。這首詩在《春秋傳》裏有記載：「衛莊公娶於齊東宮得臣之妹，曰莊姜。美而無子，衛人所為賦《碩人》也。」〔註15〕「得臣」是指齊國太子，太子居於東宮，所以又稱「齊東宮」。《碩人》詩中有「齊侯之子，衛侯之妻，東宮之妹，刑侯之姨」的稱貴之語，與《春秋傳》的記載的身份基本符合。因此，這首詩的詩旨基本沒有什麼疑議，《詩序》、《詩集傳》和《詩廣傳》都認可它是為莊姜而賦之詩。

　　《詩序》認為這首詩是「閔莊姜。莊公惑於嬖妾，使驕上僭。莊姜賢而不答，終以無子，國人閔而憂之。」〔註16〕依《詩序》之意，《碩人》詩的成因是國人憫憐莊姜無子，憂慮莊公受嬖妾所惑，因而賦詩盛讚莊姜的尊貴和美貌，希望莊姜能得其所願。《詩集傳》對莊姜也充滿了同情，指出這首詩「首

〔註14〕王夫之：《船山全書》第三冊，第337頁。
〔註15〕孔穎達：《春秋左傳正義》，北京，北京大學出版社，1999年版，第79頁。
〔註16〕孔穎達：《毛詩正義》，第221頁。

章極稱其族類之貴，以見其爲正嫡小君，所宜親厚，而重歎莊公之昏惑也。」
並指出其後幾章分別從容貌之美、車馬之盛和禮儀之備等方面美贊莊姜，都
是「首章之意」。

《衛風·氓》是一位棄婦自悔自憐之詩，關於這首詩，《詩序》認爲是：
「刺時也。宣公之時，禮義消亡，淫風大行，男女無別，遂相奔誘。華落色
衰，復相棄背。或乃困而自悔，喪其妃耦，故序其事以風焉。」〔註17〕《詩
序》認爲這首詩中的棄婦可刺可美，刺其淫洗無禮，美其知悔歸正，因而又
說：「美反正，刺淫洗也。」《詩集傳》則認爲是這首詩是「淫婦」見棄，自
述其悔恨之意。朱熹在章解句釋中，流露了對詩中棄婦的不屑，「蓋一失其身，
人所見惡，始雖以欲而迷，後必以時而悟，是以無往而不困耳。」

王夫之在《詩廣傳》中，將《碩人》與《氓》結合起來評論，雖然在詩
旨觀點上與朱熹相同，對莊姜與棄婦的態度則與朱熹有較大的差別。王夫之
認爲從一定角度上來說，莊姜並不比《氓》中的棄婦更有賢德：「夫莊姜者，
所謂賢也。《碩人》之挾富豔，與《氓》之詩一爾，其挾同，其見棄同，未見
其愈也。」

王夫之所論述的角度便是挾持之心，他說：

> 嗚呼！容色之飾，族姓之榮，姻婭之勢，魚菽之資，有無之求，
> 禦冬之蓄，車賄之遷，食貧之久，興寐之勞，孰不可得之於婦人，
> 而一相齟齬，歷言申說以相詰？苟其有丈夫之情，而不爲之刺骨者
> 鮮矣。況夫《終風》之主，洸潰之夫，二三之士，而欲其相容以相
> 保也，烏可得哉？何知仁義？貨賄而已矣。何知綢繆？脅持而已矣。

（《詩廣傳·論碩人與氓》）

這段話涉及到了三首詩：《衛風·碩人》，《衛風·氓》和《邶風·谷風》，也
提到了三個見棄之婦：《碩人》中的莊姜，《氓》中棄婦和《谷風》棄婦。根
據《詩序》，《谷風》是「刺夫婦失道」，其批判矛頭指向的是衛國統治者，認
爲夫婦失道的根源在於統治者的淫風敗習，致使「衛人化其上，淫於新昏而
棄其舊室，夫婦離絕，國俗傷敗焉。」因此，《詩序》對《谷風》中的棄婦是
持同情態度的。《詩集傳》認爲從這首詩本身來看，不見得必然是「化其上」，
因而，他認爲這首詩僅僅是「婦人爲夫所棄，故作此詩，以敘其悲怨之情。」

〔註17〕孔穎達：《毛詩正義》，第 228 頁。

〔註 18〕他對棄婦的態度也是同情的，並認爲她「今雖見棄，猶有望夫之情，厚之至也。」〔註 19〕

　　王夫之則對三個見棄的婦人一併進行批評，「容色之飾，族姓之榮，姻亞之勢，魚菼之資」指的是莊姜，這些華麗的形容是對《衛風·碩人》的概括；「《終風》之主」也就是衛莊公。「有無之求」語出《邶風·谷風》：「何有何無，黽勉求之」，乃婦人自陳勤勞治家，不計有無，皆勉力求之。「禦冬之蓄」也語出《邶風·谷風》：「我有旨蓄，亦以禦冬。宴爾新婚，以我禦窮。」，這是婦人悲怨之辭，意指我之所以儲蓄美菜，是爲了防禦冬天菜果匱乏之時；比喻君子也只是以我防禦困窮，一到安樂的時候，便爲了新婚而厭棄我。王夫之對這句話的解釋其實是斷章取義，意爲儲蓄美菜以防禦寒冬，並沒有採用它的比喻意。「洸潰之夫」便是遺棄《谷風》婦人的男子。「車賄之遷」語出《衛風·氓》中的「以爾車來，以我賄遷」，婦人謂相期之日，爾用車來迎，己便以財物隨之往遷。「食貧之久」出自《衛風·氓》「自我徂爾，三歲食貧」，婦人陳述自從往遷夫家，便食貧茹苦。「興寐之勞」出自《衛風·氓》「夙興夜寐，靡有朝矣！」婦人自謂勞於家事，早起夜臥，沒有一朝的閑暇。文中「二三之士」便是遺棄《氓》詩婦人的男子。

　　王夫之認爲，衛莊公是諸侯王，一國之君，因而，從夫婦關係上說，莊姜的尊貴和美貌是衛莊公分內中可求而得的。固然莊公受嬖妾所惑，冷落莊姜確實有過錯，但莊姜並不能以自己的尊貴和美豔作爲挾制莊公的資本，以求其相容相親。同理，《谷風》婦人與《氓》婦人所行之事，也是妻子分內之職，即使見棄，這些分內之職也不可用來挾制其夫，以求相保不棄。本著這種挾持之心以求相合，如果對方有丈夫的感情，定然爲之寒心而合不可求；如果對方是莊公或有二三之德的男子，這種挾持之心更不足以栓繫其心。

　　在夫婦關係中，妻子有其分內之職，丈夫也有其分內之職。身爲人夫，不能縱情自恣、離棄其妻，而應勤奮齊家以成夫婦之和。身爲人婦，勤於家務、黽勉持家也是應當承擔的責任，縱然有心求夫婦之相容相保，也要求之有道，不能以分內之職作爲怨憤之資，進行挾制。對於夫婦相處，求而得夫婦之合，自然是美事；求而不得，也有自處之道。王夫之說道：

〔註 18〕朱熹：《詩集傳》，第 21 頁。
〔註 19〕朱熹：《詩集傳》，第 21 頁。

信而見疑，勞而見謫，親而見疏，不怨者鮮也。雖然，未可怨也。……

故夫君子之欲居厚也，則有道矣。信無能不盡，吾盡吾性焉。勞無能不庸，吾庸吾才焉。親無能不敦，吾敦吾情焉。我性自天，不能自虧；我才自命，不能自逸；我情自性，不能自薄；雖欲仇我而不得，而況得而不仇。無仇之心而歸於厚，厚以躬焉耳。

若夫君子之處不肖也，抑有別矣。不幸而與其人爲昆弟，或不幸而與其人爲夫婦，盡其所可盡，無望知焉，無望報焉，其所不可盡者，以義斷之也。乃與其人爲君臣，去之可矣。如與其人爲朋友，絕之可矣。去而有懷祿之情，絕而無比匪之戒，則悁悁然怨昔者之徒勞而歎其不仇，固君子之所不屑也。唯然，而君子之怨天下也鮮矣。（《詩廣傳・論谷風》）

在這段論述中，王夫之並沒有將婦人摒棄在君子的範圍之外，可以說，君子沒有性別之分。「盡其所可盡」也就是承擔人倫中的人道之責，敦篤我可盡之情，發揮我可盡之才，實現我可盡之性，這便是君子自處之道。即使君子不幸與不肖之人結爲夫婦，也不會哀怨挾制，而是盡其人道之責，自處居厚，溫惠淑愼。因此，王夫之對詩中婦人的批評看似非常嚴苛，其實和前文對士大夫的批評一樣，意在強調，不管關係對方的行爲、態度怎樣，人本身都有自己的人道之責要承擔，不能因爲對方的過失，而放棄自己的性分和職分。對性分、職分沒有條件的承擔，體現了人道的尊嚴，其中蘊含了「以乾自強」的剛健精神。雖然說婦德是坤德，應該柔順以承陽之施，但是，坤德也有其剛健之行，所謂「坤至柔而動也剛，至靜而德方」。所以，即使婦人見棄，依然有當循之人理，應盡之人道，自立自強。

三、君王之道

王夫之在對周宣王的評論中表述了他對君王所盡人道的觀點。根據《大雅・嵩高》和《大雅・烝民》詩中的自述可知，這兩首詩是周朝卿士尹吉甫所做，都是他「美宣王」之作。《詩序》認爲《嵩高》是美宣王「天下復平，能建國親諸侯，褒賞申伯焉。」〔註20〕而《烝民》是美宣王「任賢使能，周

〔註20〕孔穎達：《毛詩正義》，第1206頁。

室中興焉。」〔註 21〕朱熹對此稍有異議，他認爲這兩首詩並不是專爲美宣王而作，《崧高》是吉甫爲申伯送行所作，不過讀者由申伯赴謝建邑可見宣王中興之業。《烝民》是吉甫爲仲山甫送行所作，不過讀者可由仲山甫之懿德和功業見宣王中興之美。雖然《詩序》和朱熹對於詩旨的理解存有異議，不過，他們也有相同之處：一，他們認爲宣王賞申伯往赴謝地建邑，任仲山甫以要職而寄之重望是可稱道之事；二，雖然他們沒有直接稱美詩人吉甫，但對詩篇都持有肯定和欣賞態度。

　　王夫之則從這兩首詩中讀出了幾乎完全不同的內容，一方面，他認爲宣王褒賞申伯、重任仲山甫是極爲堪憂之舉，另一方面，他認爲吉甫無所疑慚，他所作的《崧高》、《烝民》只是黃稗之《雅》。先從吉甫作詩來說，王夫之評論道：

　　　　古今遙矣，其學於六藝者眾矣，苟操舺而殫心，各有所遇焉。何居乎吉甫之自賢，即人之稱之者蔑以加與？吾以知人之稱之者固不然也。《文王》、《大明》，其「碩」矣乎！《鹿鳴》、《四牡》，其「好」矣乎！《關雎》、《葛覃》，「穆如清風」矣乎！爲彼者未嘗自居也，而天下不可揜也。雖然，猶獨至而無攝美者乎！攝美而均至之，洵唯吉甫矣乎！我知吉甫之靡所疑慚者，貌取而無實也。文侯之命，黃稗之書也，舉文王之明德而加之義和，無慚焉。《崧高》、《烝民》，黃稗之《雅》也，躋申伯、仲山甫於伊、呂、周、召之上，無慚焉。古今遙而不能屆，則寸晷爲長。四海廣而不能遊，則尋丈爲闊。陸雲且可賤貨以奉馬穎，潘岳且可發篋以遺賈謐，吉甫亦奚靳而不能哉？（《詩廣傳‧論崧高與烝民二》）

他批評吉甫「靡所疑慚」，原因有二：其一，吉甫自居無慚。《崧高》詩最後一句是：「吉甫作誦，其詩孔碩，其風肆好，以贈申伯。」《烝民》詩最後一句是：「吉甫作誦，穆如清風。仲山甫永懷，以慰其心。」吉甫自認爲他所作的詩意蘊美大，且深長溫和，如清風之化養萬物。王夫之對此不以爲然，針鋒相對地提出，《大雅‧文王》、《大雅‧大明》才可稱之爲「碩」，《小雅‧鹿鳴》、《小雅‧四牡》才能稱之爲「好」，《周南‧關雎》、《周南‧葛覃》才可稱之爲「穆如清風」。雖然這些詩歌的作者都沒有如此自居、自美，但它們的光彩並沒有就此被埋沒。更重要的是，即便這些膾炙人口的詩篇，也只能獨

〔註21〕孔穎達：《毛詩正義》，第 228 頁。

得某一種美，而不能兼得所有的美好。兼具所有美好的只有自居無慚的吉甫。

其二，吉甫稱頌無慚。《嵩高》詩首段有「維岳降神，生甫及申，維申及甫，維周之翰。」吉甫稱頌申伯是岳山降其神靈和氣而生，著實能成為周朝之楨幹、蕃屏。文中有「不顯申伯，王之元舅，文武是憲。」點出申伯高貴的身份，並將其躋身於文王、武王之側。《烝民》詩首段為：「天生烝民，有物有則。民之秉彝，好是懿德。天監有周，昭假於下。保茲天子，生仲山甫。」吉甫極盡稱美之語，開篇即點明仲山甫之生不同尋常，乃上天以昭明之德護祐周朝，故而生他以為賢佐。詩中其它地方不乏各種盛讚之語，如「令儀令色」，「王之喉舌」，「夙夜匪懈」等等，將其媲美為周公和伊尹。王夫之認為這些稱頌似是而非，言之無慚，「其稱引也曼，其條理也龐，煩而不飾，鉅而不經」〔註 22〕，早已失去了《大雅》的中正疏達。更為嚴重的是，王夫之指出，在這種張大其辭的驕縱和誇美下隱藏的是衰敗之氣，即所謂「衰至而驕」。驕縱者往往是粗有所至便牢牢執為己能，不顧內裏的中梧之勢，無所疑慚地驕視天下。衰者而驕，驕者無所取益於天下而益衰，國家中衰而罔顧，於是，國運不昌、國祚不長就成為漸變的趨勢。因此，他認為《嵩高》和《烝民》雖然列為《大雅》，但是已經沒有了《大雅》所應該有的平正、廣遠和疏達，「《大雅》之體，廣大疏達而通於變」，詩中隱藏的是周朝衰敗之跡，東周之詩降為王風，其最初之幾微就體現在吉甫的詩中。

對於宣王，王夫之則提出三方面的批評，首先，宣王無德，「末王而尸制作之功」。就治國策略來說，宣王立國，治內依靠仲山甫，治外則依靠申伯。根據吉甫之詩，仲山甫「柔嘉有則」、申伯「柔惠且直」，都以柔而見稱，可見，宣王是有意識地改厲王暴戾之政而以柔道承之。王夫之以弓箭為喻，分析道，宣王其實不應該以柔道立國，譬如一把陳舊的弓，當用力張開它時，這把舊弓尚不至於斷裂，而一旦此時將張開的弓鬆弛下來，則此弓必定損毀。同理，周厲王的暴政將周朝引至極為緊張的局面，此後，周宣王突然一改厲王之政，國家頓然鬆弛，則其綱維不復能收。也就是說，當國家的臣民高度緊張，一旦陡然放鬆，以柔治國，則臣民其實很難再振起精神。從這點來說，宣王重用仲山甫和申伯是失誤的政治策略，仲山甫和申伯也只能以其「曖姝媚斌」邀一時之譽，而無益於國家之穩固和國祚之長久。就用人來說，申伯是宣王之舅，因其高貴的身份而獲得宣王的重封，吉甫也盛讚他為「維周之

〔註22〕王夫之：《船山全書》第三冊，第 474 頁。

翰」、「戎有良翰」，但是事實上，申國不僅無所裨益於周朝，反而給周朝的衰滅畫上了濃墨重彩的兩筆。首先，西周時，聯合繒國、西戎進攻周王室，殺幽王、滅西周的是申國；其次，東周時，被楚文王所滅，而折入楚國，成為楚國一個縣的也是申國。可見，宣王所崇信的人非其應當崇信的人。此外，就對外軍事來說，徐國稱雄於淮夷，宣王親征卻征之不下，周朝之恩已呈微薄之象，周朝之威已顯熸滅之征。在這內憂外患交加之際，宣王不自危懼，反而自我矜誇，作《大雅》以顯德，把《大雅·吉日》、《大雅·車攻》、《大雅·崧高》、《大雅·烝民》等詩篇列於《大雅·大明》、《大雅·皇矣》之間，與文王、武王之功媲美，無德而僭作，這是「末王而尸制作之功」。王夫之指出，宣王失德、失禮，導致的後果便是中興之不永，周朝衰敗的加劇。

第二，宣王失禮，贈賜諸侯之物躐等。《大雅·韓奕》這首詩講述了宣王賜命韓侯之事，詩中有「玄袞赤舄，鉤膺鏤錫；鞹鞃淺幭，鞗革金厄」一句，詳細地鋪陳了宣王給予韓侯的恩賜。王夫之對「鉤膺鏤錫」進行了考辨，解釋道：

> 鏤錫者，馬面當盧，刻金為之，惟王之玉路有焉。金路鉤，象路朱，革路龍勒，皆無錫。臧哀伯曰：「錫、鸞、和、鈴，昭其鳴也。」錫蓋鈴屬，動則鳴者。昭者，別也。唯天子之路有錫，諸侯鸞、和、鈴而已。所以昭貴賤之等也。韓，侯爵，唯得有金路以下，而遠為四衛之國，故錫以革路，且不得有鉤，而況錫乎！施鉤錫於革路之馬，既尨雜而不成章，以玉路之飾予諸侯，則是以器假人，而鳴不昭矣。周衰，典禮紊亂，宣王因之，不能革正。（《詩經稗疏·鉤膺鏤錫》）

「路」即是車的意思，「錫」是馬額頭上的飾物，「鏤錫」即馬額頭上雕刻的金屬飾物，呈半月形，馬走動時振動有聲。依據周禮，只有周王的玉路才能使用鏤錫。韓侯身為侯爵，只能配革路、用龍勒。「革路」是指覆以獸皮的車，「龍勒」則是黑白雜色的馬絡頭，「膺」指胸，「鉤膺」即是指金飾的馬胸帶。革路不能用鉤，更不能有刻金的錫。但是宣王所賜，「鉤膺鏤錫」，既有鉤又有錫，是以器假人而失於典禮。

第三，宣王無道，以利導臣。《崧高》詩中描述了宣王賜申伯謝地的事件：「我圖爾居，莫如南土。錫爾介圭，以作爾寶。往近往舅，南土是保。」大意為宣王為申伯謀劃，賜以豐饒的南土作為他的封地。王夫之批評宣王，崇

舅之封，爲人而擇地，有失天子賜命諸侯之道。天子選賢任能，不能因尊高而賢之，以私寵而任之。封國建侯，是爲了使諸侯牧民、教民，而不是爲其圖度土地之肥瘠，授以樂土，使之安享尊榮。天子如此賜命，不僅無法有效治理國家，更有極爲深遠的危害。爲私寵謀劃私利，是以利導臣，其後果將誘導天下爭奪於利益之中，以致人道亡於天下：

> 爲地擇人，未聞爲人而擇地也。君以利導臣，而臣不趨於利者蔑有矣。「我圖爾居，莫如南土」，豔稱之而上下不以爲慚。故「皇父孔聖，作都於向」，「不憖遺一老，俾守我王」，習以爲然，而謂擇地者之果聖也，又奚怪乎？君以是厚其臣，父以是厚其子，故蹙父爲女相攸，擇山川魚鳥、文皮堅革之淵藪，厚植以快閨房遊燕之資，慶令居焉。父子夫婦以利相接，沉湎於貨賄食色之中，而人道之異於禽呼魚呴者無幾矣。（《詩廣傳·論嵩高與韓奕》）

孟子提出「人之所以異於禽獸者幾希」，這「幾希」即是人「能有以全其性，爲少異耳。」〔註23〕性爲人的仁義之性，與利相對。人和禽獸都有食色之好，禽獸唯知食色之欲的滿足，而人在滿足食色之欲的過程中，還能在義與利之間作出合乎人之性的選擇，正是這種選擇體現出了人的尊嚴和高貴。人道就在於將人與禽獸的區別警存於心，守護並擴充人的仁義之性，挺立人的尊嚴和高貴，正如王夫之所說：「故得天之秀而最靈者爲君子，則時凜其近於禽獸之戒，而於其所以異者存之於心，而人道以立。」〔註24〕

　　在一定程度上，人與禽獸的區別也就是擇義與就利的區別。君王之道應該是導民以擇義，君王的行爲對臣民的行爲具有導向作用，因而，君王的選擇對於習俗的偏向就極爲關鍵，君王擇於義，臣民可日進於善；擇於利，臣民就會漸趨於享樂、利貨之中。王夫之提出「習以爲然」，「習」在王夫之思想裏是一個重要概念，他主張性日生日成，而影響性之生、成的重要因素就是習，所謂「習與性成」，習的薰染會決定人之性的實現情況。王夫之的擔憂也就在此，當君、臣、民都習利以爲常時，天下之人以利相接，沉湎於利貨食色之中，人與動物相區別之「幾希」便無以保，如此，則是天子率天下以失人道，亂不可挽。

　　關於《嵩高》、《烝民》和《韓奕》等詩，王夫之幾乎推翻了《詩序》和

〔註23〕朱熹：《四書章句集注》，第 193 頁。
〔註24〕王夫之：《船山全書》第八冊，第 511 頁。

朱熹《詩集傳》的觀點而重新立論。由於史料不足，無從證知申伯、仲山甫是否眞不堪爲宣王之良翰。從王夫之的立論中，更引人思考的是王夫之讀詩的方式和評詩的立腳點。在對《大雅·嵩高》和《大雅·烝民》的評論中，王夫之提出讀詩應該「即其詞，審其風，覈其政，知其世」，正是在這個基本原則下，他從詩詞的風格和宣王朝的時世兩方面對宣王時的《大雅》詩作出了迥異於前人的評價。王夫之對吉甫和宣王的批判，都是立足於人道、禮常及其對國家命運、世道人心的影響來進行思考，這正體現了王夫之詩教思想的核心：立足人道，著眼國家命運和世道人心之陞降，如此，詩教才能眞正在現實生活中得到落實，通經致用之實學才不是經學家的空談。

四、小結

　　從王夫之與朱熹的《詩經》經文評價異議可以知道，王夫之詩教思想關注的核心主題是人道的問題。對於《邶風·北門》和《小雅·北山》詩中的士大夫，王夫之提出，士大夫應該恪盡臣子之職，勤於國事。哀貧怨勞、并緣飾爲文章的行爲將導致人道之亡。對於《邶風·谷風》、《衛風·碩人》和《衛風·氓》詩中的婦人，王夫之提出，在夫婦人倫中，人婦有其本盡的職分，不能以應盡的職分爲挾制之資，求君子的相容相合；即使見棄，也有敦篤吾之性情的自處之道。對於《大雅·嵩高》和《大雅·烝民》稱美的周宣王，王夫之指出，君王如果以利導臣，會將天下臣民引向趨利之習，習以爲然，則天下人以利相接，沉湎於利貨食色之中，如此，將導致人與禽獸相異之幾希不保，天子率天下以失人道。

　　王夫之《詩經》注釋作品的特點是依文廣義，因此，受《詩經》經文所限，他只是通過大夫、婦人和君王三種身份點明詩教和人道的本質關聯，並沒有系統論述各種人倫關係中的人道問題。但是，它們提供了線索，便於我們尋繹王夫之詩教思想的旨歸。他指向的這些《詩經》人物及其表達的情志，在傳統的評價中，基本都是對之持以同情或稱美的態度，但是他推翻了傳統的觀點，從人道的角度重新立論、重新評價，不能不說，他有著深沉、嚴肅的思考。人道與人之性不可分離，它意指依循性之自然所當行之路，意味著在日用人倫中承擔職分、充分實現人之性。因此，立人道要求人在人倫世界中發揮健動、主動的精神，承擔「在我之事」，以有益於國家之興盛和民俗之淳良。這是他面對明朝滅亡的事實，對心學空疏之病所作出的反思。就詩教

思想來說，詩教挺立人道是《詩經》經世之用的核心體現，王夫之《詩經》學研究也正是圍繞這點而展開的。以下各章便從《詩》論、詩論、詩教論、詩教求於性情論、人道論、修身論和治國論七個方面來論述王夫之的詩教思想，展現其思想的內在理路。

第三章 《詩》論

　　《詩經》與天道、天運有密切的關聯，對於二者的關係，很早便有學者關注，並進行了闡釋。早期《詩》學文獻在這方面提供了豐富的內容，它們通過徵引、解釋詩篇，並將對《詩經》的解釋與其闡釋的主題關聯起來思考，從而建立了心與天道的聯繫，使心中所具的德性獲得了天道上的根據，也使天道得以落實在生命和世界之中。〔註1〕如《中庸》第二十六章闡釋天地之道至誠無息，所以能載物、成物，無爲而成，其中徵引《詩經》的「爲天之命，於穆不已」來解釋天道之生生不息，並進而引用《詩經》的「於乎不顯，文王之德之純」，說明文王德性純良，正是天道至誠不息的具體而微，從而將天道貫注到人的德性上，建立了天道與人道的內在聯繫。《中庸》中徵引《詩經》的例證由此可見一斑，《詩經》中的詩句與文章主題息息相關，是文章結構有機的、必要的部分，共同構成了早期學者對天道的思考內容。此外，三家詩中的齊詩也關注人與天道的關係，不過其特點是雜陰陽五行之說於詩學，喜言災異。王夫之也很關注《詩經》與天道、天運的關聯，並對此作出了許多思考，他不採取齊詩陰陽、讖緯的思路，但他與早期《詩》學文獻的思路也有所不同，他並非通過引用、詮釋《詩經》建立心與天道的關係，而直接思

〔註 1〕 王博教授在《天道之兩維——早期儒家〈詩〉學與〈易〉學的變奏》一文中，解釋了「《詩》學文獻」的含義，他指出，作爲《詩》學文獻的特徵，其一是形式上的，即文獻本身對《詩經》的稱引和解釋；其二是內容上的，即該文獻討論的主題與《詩經》的解釋之間有內在的聯繫。根據這種標準，《中庸》、《五行》和《孔子詩論》等文獻均可稱爲早期的《詩》學文獻。見《中國文化》，2012 年第 2 期。

考的便是《詩經》中的詩歌與天道、天運的內在關係。他從以下三個方面對之進行了思考和論述：詩辭與誠的關係、詩辭與天運變化之幾的關係、詩辭與幽明之際的關係，正是這些思考深度挖掘出《詩經》的形而上意義。

一、修辭立其誠

「修辭立其誠」出自《易傳·文言》：「君子進德修業，忠信，所以進德也；修辭立其誠，所以居業也。」在《文言》中，「修辭立其誠」的「辭」意指「文教」〔註 2〕的意思，並不是詩文之「辭」。不過，它提出了一個問題，即修辭與立誠的關係，這個問題後來被延伸到詩文創作之中，成爲一個重要問題。這句話中，比較關鍵的是「誠」字的理解，關於「修辭立其誠」之「誠」，王夫之有如下解釋：

> 誠者何也？天地之撰也，萬物之情也。（《詩廣傳·論板一》）
>
> 誠者，足而無虛之謂也。（《詩廣傳·論維清二》）
>
> 誠者，心之所信，理之所信，事之有實者也。（《周易內傳·文言》）

在第一個解釋中，王夫之指出了「誠」的客觀性，它是天地的客觀規律，萬物的眞實情狀。第二個解釋指出了「誠」的主觀性，它是指內心情志的眞實、無妄。第三個解釋則從客觀、主觀，內、外兩個方面對「誠」進行了規定，它既指內心眞實的情志，也指客觀眞實存在的理、事。就詩文之「辭」來說，誠應該既是內心眞實情志的表達，也要合乎客觀眞實的理和事。修辭和立誠的關係是相互的，一方面作者應該立誠以修辭，另一方面是修辭而後作者之誠可立。

立誠以修辭強調了立誠對於修辭的必要性和重要性，從「誠」的客觀性來說，要合乎天地規律、萬物情感，其辭才能使人悅繹，王夫之說道：

> 誠者何也？天地之撰也，萬物之情也。日月環而無端，寒暑漸而無畛，神氣充於官骸而不著，生殺因其自致而不爲，此天地之撰也。曼而不知止則厭，無端而投之則驚，前有所詘後有所申則疑，數見不鮮而屢涸之則怒；無可厭而後歆，無所驚而後適，無所疑而後信，無可怒而後喜，此萬物之情也。天地之妙合，輯而已矣。萬

〔註 2〕孔穎達：《周易正義》，北京，北京大學出版社，2000 年版，第 18 頁。

物之榮生，懌而已矣。輯而化洽，懌而志寧，天地萬物之不能違，
而況於民乎？「辭之輯矣，民之洽矣；辭之懌矣，民之莫矣」；立誠
之謂也。（《詩廣傳·論板一》）

日月運行、寒暑漸移，天化流行、神氣充周，這也就是天地運化的規律，總
而言之，即是天地妙合。天地妙合體現爲「輯」，也就是「和」的意思。以曼
爲厭、以簡爲歆，無端而驚、合理而適，前後不一則疑、始終有序則信，屢
次瀆犯則怒、久而敬之則喜，這便是萬物情感的常態，總而言之，萬物以榮
生爲「懌」，也就是「悅」的意思。不管是天地萬物，還是百官民眾，和便能
融洽通達，悅便會志定情安。因此，撰文、修辭要合乎天地運化之和、達於
萬物榮生之悅，如此，人才能融洽而無不安。

　　從「誠」的主觀性來說，只有表達內心真實無妄的情志，其辭才能平直
而無所慚作，暢達而無所疑惑。王夫之說：

耳所不聞有聞者焉，目所不見有見者之矣。聞之如耳聞之矣，
見之如目見之矣，然後顯其藏、修其辭，直而不慚，達而不疑。《易》
曰：「修辭立其誠」，唯其有誠，是以立也。卓然立乎前，若將執之
也。

「文王在上，於昭於天」，孰見之乎？「文王陟降，在帝左右」，
孰聞之乎？直言之而不慚，達言之而不疑，我是以知爲此詩者之果
有以見之，果有以聞之也。我是以知見之也不以目，聞之也不以耳
也。我是以知無聲而有其可聞，無色而有其可見，不聆而固聞之，
不視而固見之也。（《詩廣傳·論文王一》）

「文王在上，於昭於天」、「文王陟降，在帝左右」出自《大雅·文王》篇，
該詩爲周公追述文王之德，兩句詩的大意是，文王在上，昭顯於天；文王之
神一升一降，無時不在上帝左右。文王之神是否昭顯於天，是否在帝左右，
本是無可見聞之事。但是王夫之認爲，周公如此直言而不慚，達言而不疑，
使人相信他確實在耳所不聞之中真實有所聞，在目所不見之中真實有所見，
這首詩是他真實情志的表達。如何知道人在不聞不見之中能真實有所聞見
呢？王夫之認爲這其實有理可循，他指出：

形有數，理未有數；理無數，則形不得而有數；氣有類，神未
有類；神無類，則氣不得而有類。是故由形之必有理，知理之既有
形也。由氣之必有神，知神之固有氣也。形氣存於神理，則亦可以

數數之、類應之也。故曰：「文王在上，於昭於天」，覯其形，感其氣之謂也，是以辭誠而無妄也。(《詩廣傳・論文王二》)

理寓於形之中，神行於氣之中，神理之中蘊含著形氣。因此，如果一件事在神理上知其必然存在，人也就能在形氣上對其真實有所聞見。根據此理，既然鬼神之理為實有，那麼，人必然也能夠秉持誠心感格鬼神，察鬼神之形，感鬼神之氣。王夫之在這裡沒有解釋為什麼鬼神之理必然存在，但這可以從他的理學思想中推論出來。他認為神是「陰陽相感，聚而生人者」〔註3〕，當神合於人身，久之便會神隨形蔽，「蔽而不足以存，復散而合於氤氳者為鬼」〔註4〕。神自幽而明，與天相通，並成乎人能；鬼自明而幽，與人相感，也曾成為人之能，由此，鬼神與人在理上是能相感通的。當然，感格鬼神並不一定能實現在每個人身上，但作為一種理想情況，是可以相信其存在的。當祭祀之時，主祭之人齋明盛服，以誠敬之心思慕先祖、聖人，就能夠與聖人復歸於太虛的氤氳之氣相感通，如《禮記・祭義》中所說：「祭之日，入室，僾然必有見乎其位；周還出戶，肅然必有聞乎其容聲；出戶而聽，愾然必有聞乎其歎息之聲。」〔註5〕可知，對於周公來說，「文王在上」，其形、其氣宛在目前，辭誠而無妄。

修辭而後誠可立強調的便是修辭的必要性和重要性，王夫之指出，只有曲盡其當、達人之情的修辭，才能感人之誠，由此才可以說作者之「誠」得到了真實地表達和呈現。反之，辭不修，則人易受其病。王夫之尤其提到了戾氣之害，他提出：

辭也者，非必有損於天下之實也，而如戾氣之以屬民，視無可見，聽無可聞，觸無可喻，而民已病矣。《詩廣傳・論板一》)

「戾氣」與「和氣」相對，是指乖戾之氣。戾氣之辭不一定違背實情，但是它常以危言聳動人的聽聞，有悖天地之和，人一旦受其薰染，也就容易失去中和的節度。明朝末期的社會彌漫著一股戾氣，士人厲行德操，忠義之士滿懷氣節，但是，德操、氣節之中充斥著躁競、不平之氣，使社會陷入緊張、乖戾的狀態，甚至激成禍變。就像東林黨禍，東林人士諷議朝政，要求振興吏治、革除積弊，反對權貴貪縱枉法，不可謂不正義，但是，最

〔註3〕 王夫之：《船山全書》第十二冊，第33頁。
〔註4〕 王夫之：《船山全書》第十二冊，第33～34頁。
〔註5〕 轉引自王夫之：《船山全書》第四冊，第1103頁。

後發展為與宦官集團的相互攻擊，最終導致東林黨禍，則不僅沒有為社會帶來一股清流，反倒給社會帶來了更大的動盪和不穩定。這種現象引起了王夫之的反思和批判，他認為很多禍變是被「激」出來的，言辭之激就是其中很重要的一個因素。因此，他極力宣導溫柔敦厚的詩教，表彰「抑氣使平」的平和之詩。就文辭來說，他認為修辭之道在於「辭不以意興，意不以氣激，盡其心以達人之心」，也就是說，文辭不應該表達為一時之氣所激成的意念，而應該充分表達自己內心的情感，沒有偏伸、偏屈，推心之所以然，婉轉成語，以通達他人之情。如果恃氣而言，出之以屬，則父不能喻之於子，師不能喻之於弟子，臣不能喻之於君，難以達成真正的溝通。正因為這樣，王夫之多次強調：「修辭而後誠可立也」〔註6〕、「抑必辭修而後誠乃立」〔註7〕。

對修辭和立誠的強調實際上是從內容和形式兩個方面對詩辭作出了規定。一方面，它要求詩辭內容要合乎事理、情志，如果徒逞僞辯之才，將會導致鄙陋之風薰染民俗，「士乃以賊，民乃以牿，盜夷乃以興，國乃以亡，道乃以喪於天下。孰為此者？而『不實於亶』之禍亦酷矣！」〔註8〕「亶」就是「實」的意思，「不實於亶」也就是辭章不符合實情、實理，不是立誠以修辭，這樣作的後果就是辭風浮誇，導致士風偷滑，相率於僞，以至於國亡道喪。可見，在王夫之看來，詩辭其實有著重要的社會意義，它對風俗教化、國家興亡和天道喪立有重要的影響，正因為如此，詩教也就顯得十分重要，也十分必要。事實上，風俗教化、國家興亡和天道喪立正是他思考詩教問題的歸宿，詩教的最終目的就在於挺立人道，化民醇俗，從而興邦固業。這種詩教主旨的確立源於他對明朝滅亡的持續反思。明亡後，反思明亡教訓貫穿著他的哲學思考和經學闡釋，成為他追求通經致用之學的一個思想背景。另一方面，它要求詩辭的形式要平徐、舒緩，在筆力上能忍，將胸中丘壑從容道出，於平淨處張顯雄豪之力。這樣，詩辭不躁競，雖平緩但意蘊深長，詩人之「誠」才能躍然紙上。究其原因，詩辭、文辭的平徐或急迫體現的不僅僅是文風的問題，其中隱藏的是詩人德性、品性的差異。程子在評價孔子、顏回和孟子三人的聖人境界時就提到：「仲尼，元氣也。顏子，春生也。孟子並秋殺盡

〔註6〕 王夫之：《船山全書》第三冊，第460頁。
〔註7〕 王夫之：《船山全書》第十冊，第916頁。
〔註8〕 王夫之：《船山全書》第三冊，第461頁。

見。……仲尼，天地也。顏子，和風慶雲也。孟子，泰山岩岩之氣象也。觀
其言皆可見之矣。」〔註9〕也就是說，在程子看來，三人言語風格的差異體現
的其實是德性醇熟程度的不一。通過孔子、顏回和孟子三人的言論，即可看
出：孔子就像天地元氣般沒有造作，渾淪溥博，自然而然；顏回像春風和氣，
溫柔優裕；孟子則像泰山巍峨，英氣十足，但也棱角分明。固然孟子有亞聖
之德，但是天地和氣才是聖人的最高境界。因此，孟子依然稍遜幾分。這種
觀點也為王夫之所認可，他甚至認為，顏回也還有英氣。由此可知，修辭也
是學者的修己工夫，修辭的過程也就是融化盛氣、滋養和氣的過程。正是從
這個角度，王夫之強調詩文不能恃氣成言。如果沒有恰當的形式，詩辭所道
之誠也就難以呈現，詩教的功能事實上也就得不到實現。

二、《詩》占治亂之幾

太虛氣化流行無時暫息，呈現出天地日新，四時相繼，人事恒變的天地
運行現象。因而，「時」的概念就顯得非常重要。事實上，儒家經典對於變化、
對於「時」相當重視，《易經》的重要主題就是變易；《春秋》既是經，也是
史，「時」毫無疑問是其重要的思考維度。王夫之指出，《詩經》也揭示了治
亂之際的變化之幾：

> 《易》有變，《春秋》有時，《詩》有際。善言《詩》者，言其
> 際也。寒暑之際，風以候之。治亂之際，《詩》以占之。極寒且燠，
> 而暄風相迎，盛暑且清，而肅風相報。迎之也必以幾，報之也必以
> 反。知幾知反，可與觀化矣。（《詩廣傳・論民勞一》）

「際」指分際，也就是事物轉變的臨界點。事物變化之際會呈現出幾微的徵
兆，所謂《詩》以占治亂之際，指的就是《詩》能夠表現事物變化之際呈現
的幾微的、細小的徵兆。一般來說，事物的變化並非陡然出現的，它有其漸
變之勢。但是，變化的微小徵兆常常被人忽略，不容易為人所察覺。例如，
亂極而治，並不是一蹴而成，極亂之時已經有求治之心在醞釀，有求治之事
在悄然進行。就像寒冬時節，某天霜雪的正午，一縷暄風迎面，其實就是天
氣即將轉暖的幾微迹象。同樣，治極而亂也不是一旦猝發的後果，極盛之時
已經有衰亂之跡顯露，有傷敗之事在悄然發生。就像盛夏時分，某個驕陽的

〔註9〕朱熹、呂祖謙（編），張京華（輯校）：《近思錄集釋》，長沙，嶽麓書社出版
社，2010年版，第963頁。

白日，一陣涼風吹過，便是清秋將至的細微徵兆。可惜的是，一般人通常會因為憂亂而急或怙治而驕，忽略顯露出來的幾微迹象，漠然無覺。

當然，並非所有的人都處於漠然無覺的狀態。王夫之指出，《詩經》在這方面就彰顯了它的敏銳，他說：

> 夫覿其所不可見，覺其所不及喻者，其惟幾與響乎！而幾與響，亦非乍變者也。《詩》之情，幾也；《詩》之才，響也。（《詩廣傳·論瞻卬一》）

天化和人心相紹、相感，時時相通。因而，天地運化之微、風雲際會之幾，人心本來都可以敏銳地把握住，產生相應的反應。只是面對時世變幻，很多人常常會將產生的細微情感反應忽略掉。但是，詩人在這方面的敏銳卻往往非常強烈，「《詩》之情」其實就是詩人之情，「《詩》之才」，也就是詩人之才。詩人的敏感使得他能捕捉到常人忽略的細微徵兆，並產生強烈的情感回應，以至不吐不快、長吟感歎，這便是詩人之情。而詩人以優美的藝術形態（如詩的文采、修辭、節奏、韻律等）將自己的情感表達出來，呈現於世，便是詩人之才。既然詩人之情是對世事變幻的敏銳把握與反應，因而，詩之情通常蘊藏了世事變幻的幾微之跡；而詩人藝術形式的表達便是對幾微之跡的顯露和呈現。海德格爾也指出，詩人的詞語能使萬物欣榮生輝，在詩人的詩意經驗裏，有真正值得思考的東西，一些細膩敏銳的詩是我們理解存在、理解世界的路標。當然，如果想創作這種能占治亂之際、藝術與敏銳融合為一的詩歌，詩人之情與詩人之才都是必不可少的條件，《詩經》就是這種詩歌的典範。

一國之詩可以顯露一國治亂的徵兆，王夫之在闡析《大雅》時，多處分析詩以占治亂的性質。他認為，《小雅·鹿鳴》笙瑟合鳴以樂君子之情，《大雅·文王》辭誠而無妄，這兩首詩溫和典雅，昭顯的是盛世之音。但是，周穆王以降就不再有正雅之詩，其後的《大雅》詩作都是變雅。他指出，「屬王之世而變雅作，述先王之旨用以諷刺，反正者之變，弗敢與正者伉也。」〔註10〕也就是說，《小雅·六月》、《大雅·民勞》是變雅之始，清晰體現了王道之衰的現象，為衰世之音。漸衰漸弱，以至周平王東遷，周朝形同諸侯，周朝

〔註10〕王夫之：《船山全書》第三冊，第473頁。王夫之不是說變雅作於周屬王之世，是指變雅所述之事始於周屬王。這採用的是鄭玄的觀點，鄭玄在《詩·小大雅譜》中說道：「《大雅·民勞》、《小雅·六月》之後，皆謂之變雅。」孔穎達疏：「《勞民》、《六月》之後，其詩皆王道衰乃作，非制禮所用，故謂之變雅也。」《民勞》、《六月》之詩都是針對周屬王而作。

之樂遂不再稱《雅》，而稱爲《風》。於是《王風》出現。《王風・黍離》的哀吟正是周朝衰敗的顯明迹象。這些詩篇都是時世變化的轉捩點上產生出來的詩歌，鮮明體現了特定歷史階段的情勢。王夫之更進一步指出，其實在這些特定歷史階段之間並沒有明確的界限和明顯的跳躍，而是漸變漸化。如其所說：「何以謂之陵夷？陵之夷而原，漸迆而下也。故陵之與原，無畛者也。」〔註11〕因此，讀者要有辨察《詩》中幾與響的才識，才能審識治亂的變化之微。王夫之通過審辨詩歌的幾與響，詳細分析了從《大雅》到《黍離》的陵夷之勢：

> 因詩以知陞降，則其知亂治也早矣，而更有早焉者，故曰《雅》降而《風》，《黍離》降而哀周道之不復振。然則《黍離》者風雅之畛與？閱《黍離》而後知《黍離》，是何知之晚也！《風》與《雅》，其相爲畛大矣，而《黍離》非其畛也。

> 《菀柳》而下，幾險而響孤，《瞻卬》而降，幾危而響促。取而置之《黍離》之閒，未有辨也。故《瞻卬》之詩曰：「心之憂矣，寧自今矣。」生於心，動於氣，淒清拘急，先此而若告之，早成乎風以離乎雅，迆以漸夷，而無一旦之區分。《黍離》之爲《黍離》，寧自今哉？《節南山》雖激而不隘，《板》、《蕩》雖危而不褊，立乎《菀柳》、《瞻卬》之世，泝而望之，不可逮矣。

> 雖然，更有早於《菀柳》、《瞻卬》者，密而察之，漸迆之勢，幾愈微，響愈幽，非夔曠之識，誰從而審之哉？（《詩廣傳・論瞻卬一》）

詩人敏銳感受到時勢變化之微，並將其形於歌詠，讀詩人便能從其詩歌中察識治亂發展之幾。有時，詩人只是認眞地表達自己面對當時境遇而產生的情感，並沒有自覺地揭示當時的世事情變，但是，時事發展的態勢依然能從詩中表現出來。詩人的情感生於心，便動於氣，從而詩人之氣的緩急、危和就會通過詩歌表現出來。當他將情感、體驗與思考形諸詩歌時，其情、其思、其氣便在詩歌中被凝固了下來，得到了一定程度的保存。而這些被凝固的情思、氣律作爲當時境遇的反應，便含藏了當時情事的發展之勢。因此，讀者研讀《詩經》，既要諷誦吟詠，體察詩人之情、之氣，也要詳察歷史、瞭解時政，才能從幾與響中尋繹出歷史變化之微、治亂發生之際，這便是讀者的敏

〔註11〕王夫之：《船山全書》第三冊，第473頁。

銳。王夫之對周朝陵夷之勢的解讀，就體現了他作爲讀者的敏銳。《詩經》中的篇章常常含藏了時世變化的徵兆，《黍離》爲周王室東遷之後，大夫行至宗周，閔念周室顛覆而產生的詩作。「彼黍離離，彼稷之苗」，傷歎昔日的宗廟、宮室盡爲禾黍，這首詩很明顯地表現了周道之不振。但是，從《大雅・文王》到《王風・黍離》並不是突然下滑的陡坡，而是一個漸變的過程，其間沒有明確的界限；就像從山頭到平原是迤邐而下的趨勢，而不是陡降的山崖。早在《黍離》之前，就已經有詩篇諷吟了周室的衰敗、周道的遺失，如《小雅・菀柳》刺王者暴虐，諸侯不朝，詩人之情險迫，自述不敢獨自朝王，以免周王責之無已，反爲所辱。這首詩也已經顯露了周天子與諸侯之間的隔離與渙散，王朝衰亡之跡明顯。《大雅・瞻卬》刺周幽王寵幸褒姒、任用閹人以致亂，詩人之情危迫而怨怒，憤書幽王寵信婦人、寺人的危害，急歎邦國危亡的處境，並勸諫幽王改過自新。這首詩文辭激烈，韻腳狹促，所謂「幾危而響促」。王夫之認爲，將這兩首詩放在《雅》與《風》之間，已經難以明確分辨是《雅》還是《風》。當然，這兩首詩外，還有更早揭露周朝衰亡的詩篇，如《小雅・節南山》言辭雖激烈但情感並不狹隘；《大雅・板》、《大雅・蕩》言辭透露出危機意識，而情感依然通達不褊狹，時間越早，詩歌所顯露之幾就越爲隱微，其徵兆就隱藏得越深，更需要讀詩人細聞密察的敏銳了。

　　《詩》占治亂之際，要求詩人有情感感受的敏銳和語言表達的才能，而察識《詩》所占顯的治亂之際，就需要作者細聞密察的敏銳了。《詩經》固然是占顯治亂之際的典範，但並不是唯一。只要詩人有情有才，他的詩就同樣有此幾與響，因此，王夫之對《詩》占治亂之際的分析也適用於其它有情有才之詩。

三、《詩》者幽明之際

　　「《詩》者，幽明之際」陳述的是《詩經・頌》在祭祀中產生的教化功效，這種教化其實是詩禮樂交相爲功的盛業，王夫之說：

> 惟《昊天有成命》可以事上帝，於戲！微矣！禮莫大於天，天莫親於祭，祭莫效於樂，樂莫著於《詩》。《詩》以興樂，樂以徹幽，《詩》者，幽明之際者也。（《詩廣傳・論昊天有成命》）

王夫之主張有幽明而無有無，天下萬物沒有孤陰也沒有孤陽，陽顯則陰隱、陰顯則陽隱，幽明、隱顯之間時通消息，並沒有一定的疆界。王夫之以《詩》

爲幽明之際，其內涵有二：首先，「際」指邊界、際畔，它意謂《詩》在幽與明的邊際，《詩》是以文字爲載體的有質之物，有質、有象之物不可以徹入幽空，但是，載《詩》之樂可以入幽，因而可說，《詩》處於幽與明的邊際。其次，「際」指交會、際合，它意謂《詩》可以使幽與明產生交會、際合，「幽其明」而「明其幽」，這正是詩教在祭祀中的體現。

《頌》是祭祀時詩禮樂交相爲功之詩。「禮」別尊卑、序群品，而天尊地卑的位序正是禮所法象的根源，因此，王夫之說「禮莫大於天」。一方面，天處高而位尊，另一方面，人在祭祀中可以與天產生精神上的直接感通、感格，因而，「天莫親於祭」。在詩禮樂中，只有樂可以徹入幽境，感召鬼神之來格，因而，「祭莫效於樂」。雖然《詩》本身不可以通入無可見聞的幽境，但是，《詩》可以彰顯樂的意蘊、內涵，樂徹入幽境時，《詩》所表達的意蘊也就隨樂同時入空，以此感召鬼神之格。

對於《詩》能感召鬼神來格，王夫之指出，《詩》象心，而心與神、命相通，他提出：「命以心通，神以心棲，故《詩》者，象其心而已矣」〔註12〕。「象」是形容、模象的意思，也即是說，詩描摹、表達的是人心所產生的情感、志意。因爲心與天命、性、鬼神相通，故而，詩所描摹的志意、情感不僅可以隨樂以入空，而且其本身就是可以與鬼神相感通的。王夫之認爲，鬼神是二氣之良能，神是氣變化的神妙本性和內在動力，當太虛之氣凝聚成人的時候，太虛之氣的神也隨之凝聚在人體內，成爲人的精神、神智；而當人逝世的時候，人身所聚之氣復歸於太虛，便成爲鬼。在祭祀的時候，後人與先人的鬼神感格相通的管道便是心，象心之《詩》可以事上帝、事先祖。

詩歌如果意欲與先祖之神相通，就應當摹寫先祖之神：「祀文王之詩，以文王之神寫之，而文王之聲容察矣。祀武王之詩，以武王之神寫之，而武王之聲容察矣。」〔註13〕所謂先祖之神，就是先祖之氣象、性情與功業。《詩》以充盈的情感描摹先祖當時的形象、事蹟，回溯其功業建立的過程而詠言唱歎，引入空微，即此以求先祖來格，而先祖之神便能與之相爲感通，而有來格的契機。

王夫之對樂之所以能徹入幽境的原因也進行了分析，他說：

〔註12〕王夫之：《船山全書》第三冊，第 485 頁。
〔註13〕王夫之：《船山全書》第三冊，第 490 頁。

　　　　聲與臭者，入空者也。聲入空，空亦入聲，兩相函而不相捨，
　　無有見其畛也。臭雖入空者也，而既有質矣，居然與空有畛域也。
　　吹之而徙，是抑有來去也。來去者不數數矣，無定即矣。畛域者猶
　　自以其材質立於空之中、而與空二，不徧察矣。則惟臭入空而空不
　　入臭也。昭明焄蒿悽愴之氣，固與空爲宅而質空者也。空之所入，
　　固將假之；空之所弗入，亦弗知之；所以求者至乎神，而神不至乎
　　其所以求，故蕭艾脂膋之氤氳，誠不如鞉鼓磬筦之昭徹也。(《詩廣
　　傳·論那一》)

在聲音與臭味的對比中，王夫之指出了聲音沒有質體的性質。因爲沒有質體，
與幽微之境就沒有邊界，音樂與太虛也就能相互包涵，相互通達。因此，一
方面，後人能夠以特定的音樂爲媒介，將自己的情志、心意、祈求等向上傳
達給先祖之神；另一方面，虛明之中的先祖之神也能通過音樂感知後人的情
志、心意和祈求，即所謂「來格」。雙方由此建立了相互感通的關係。據《禮
記·郊特牲》所說：「殷人尙聲，臭味未成，滌蕩其聲，樂三闋，然後出迎牲。」
由此可知，殷朝人的祭祀禮儀是先奏樂，「搖盪虛明以生起歆淶」，〔註 14〕音
樂鼓蕩、振動太虛，隨處充滿融淶。在盛大的音樂之後，才將祭祀用的犧牲
奉獻給祖先。王夫之讚歎殷商的這種祭祀方式符合「神道」。正是由於殷朝人
考慮到了音樂的特殊性質，樂爲人所創作，而爲「神之所依」，從而在祭祀時
將其作爲與神相感通的途徑。從這個角度來說，《商頌》所表現的「殷道至矣」。
其「衎我烈祖」，爲誠衎之；「綏我思成」，爲誠綏之。

　　雖然詩樂有這種天然的性質可與神相通，但詩樂並非天然的就能實際的
達到與神相通的效果。王夫之強調，這需要祭祀者全身心的投入，也就是誠：

　　　　神非神，物非情，禮節文斯而非僅理，敬介紹斯而非僅誠。……
　　績不可見之色如絺繡焉。播不可聞之聲如鐘鼓焉。執不可執之象如
　　瓚斝焉。神皆神，物皆情，禮皆理，敬皆誠，故曰而後可以祀上帝
　　也。(《詩廣傳·論昊天有成命》)

當祭祀草草完成的時候，神沒有來格，陳列的物品也沒有貫注祭祀者的眞實
情感，祭祀之禮有可能並不符合天理節文，而祭祀之敬也有可能沒有發自內
心無妄之誠。而當祭祀者誠敬地對待祭祀過程中的每一個細節時，其所祭祀
之神、用以祭祀之物、祭祀之禮就都獲得了其應有的意義。在這個時候入廟

〔註14〕王夫之：《船山全書》第三冊，第 510 頁。

踐位以行禮奏樂、吟唱歌詠，才能確實使聲樂合於冥漠而與神融浹，在明而有誠，入幽而不慚，先祖之神的來格才確有可能成為現實，幽與明的際會才確有可能獲得真正的實現，而《詩》教的功業也就由此能得以體現。王夫之感歎道：

> 嗚呼！能知幽明之際，大樂盈而《詩》教顯者，鮮矣，況其能效者乎？效之於幽明之際，入幽而不慚，出明而不叛，幽其明而明不倚器，明其幽而幽不棲鬼，此《詩》與樂之無盡藏者也，而孰能知之！（《詩廣傳·論昊天有成命》）

事實上，通於幽明之際是《詩》禮樂共同協作而成的盛業，只不過，在幽明際會問題上，樂與《詩》更突出了它們的性質和功效。「效」即是使之產生功效，樂載《詩》而入幽，使幽來格，因此，幽與明都獲得了充分的實現。幽藏於明，則明不僅僅是形而下的器具、器物，更獲得了它的神聖性和形上性，成為載道之器。明入於幽，則幽不再是隔絕的幽棲之物，而獲得了它的具象性和實在性。因此，幽明之際是幽與明的際會、道與器的融浹、形上與形下的一貫。《詩》與樂通貫幽明、道器、形上形下，其功業也不再局限於祭祀，而擴展出無盡之藏。

四、小結

　　王夫之從修辭立誠、《詩》占治亂之幾和《詩》者幽明之際三個方面論述了《詩經》與天道、天運的關係。總的來說，《詩經》中的詩篇能夠呈現天道、天運，所以，《詩經》蘊含著天化運行、世事變異。而《詩經》之所以有此功能，其中的關鍵就在於詩人之情和詩人之才。在王夫之看來，心體可以說是具體而微的宇宙，人心與天道時時相通，因而，人心能夠感應捕捉到天運、世事的微小變化。在這方面，詩人通常有著更為敏銳的感受，又渴望通過文字來表達自己的感受，這就有了詩歌創作的情感內容和心理需求。然而，對於一首堪稱經典的詩歌來說，這還不夠，還需要詩人以其筆力和才氣，恰如其分地將情感表達出來。詩人的筆力和才氣主要體現在兩個方面，第一，表達真實的情感和客觀理事。詩人的情志和客觀理事都是天道之「誠」的一種體現；而詩人之「辭」既是內心真實情志的表達，也要合乎客觀真實的理和事，它是「誠之」工夫在詩歌創作中的體現。當修辭與立誠融浹在詩歌當中時，詩歌便能達人之誠，通天之道，合乎天地之和、人情之悅。其二，用合

適的藝術形式表達情感，不能恃氣成言，而是以一種平淨、舒緩的詩歌形式呈現詩人體悟天道、感慨時運的情志。正是由於情才兼備，才造就了《詩經》的典範意義。在這裡，王夫之已經透露出，詩人的情志不是針對個人境遇而發，而是源於對天道時運的敏感和憂患意識。因此，讀者通過這樣的詩歌，通過與詩人情志的溝通，生發的也是對天道時運的關注和感慨。對於王夫之來說，這樣的詩歌才具有價值和意義。當然，《詩經》雖然具有典範意義，但並不是唯一具有這種品質的詩歌。只要達到了情才兼備的條件，都可以創作雅正的詩歌。

　　此外，王夫之還強調了《詩經》的形上意義，《詩》者幽明之際本是指在祭祀中產生的教化功效，但是它又遠遠不止於此，它更體現了《詩經》的形而上學性質。《詩》與樂本是一體不離的，樂載《詩》而入幽，使幽來格，從而幽與明都獲得充分的實現。幽出處於明，則明不僅僅是器具、器物，而獲得了它的神聖性和形上性，成為載道之器。明入於幽，則幽不再是隔絕的幽棲之物，而獲得了它的具象性和形下性。因此，幽明之際是幽與明的際會、道與器的融浹、形上與形下的一貫。正因為此，王夫之極為強調詩歌的音樂性，這將於下章詳論。

第四章　詩　論

　　王夫之的詩論思想主要體現在《薑齋詩話》、《古詩評選》、《唐詩評選》和《明詩評選》等詩評、詩話類著作中，這些思想與他的氣論等理學思想是一脈相承的，其詩論常常以其理學觀念作爲思想基礎。這使得王夫之的詩論既有文學的敏銳和細膩，又有儒家思想的精闢和切實，二者相得益彰，不愧其爲集哲學家與文論家於一身的思想者。

　　王夫之的詩話、詩評思想內容豐富，對《詩經》以及漢魏唐宋元明的詩歌進行了評點，對文學創作、文學鑒賞等問題進行了論述，對明朝詩門派別進行了評述等等，其思想表現出了對溫柔敦厚詩教的嚴格遵從，本章也就選擇其中與詩教密切相關的根本問題進行闡述。

一、詩道性之情

　　「詩道性情」是王夫之詩學理論的基本主張〔註1〕。他常常將詩與其它經書（如《尚書》、《周易》、《春秋》等）以及訓詁、典冊等文體形式進行對比，以點明詩歌文體的特殊性。在評點庾信《詠懷》詩時，他提出，一首詩如果

〔註1〕　「詩道性情」是王夫之詩學的基本理論這個觀點爲學界所共同認可，陶水準先生在《船山詩學研究》中指出，「詩道性情」是王夫之的詩學本體論；蕭馳認爲王夫之所承繼並發展的是中國的抒情詩傳統，見《抒情傳統與中國思想》；此外，袁愈宗也指明，王夫之提出詩歌的基本特點是表現情感，見《王夫之〈詩廣傳〉詩學思想研究》；崔海峰同樣認爲詩達情是王夫之一貫堅持的本體論意義上的詩學主張，見《王夫之詩學範疇論》。諸如此類，學者都從不同角度闡釋了王夫之詩學理論對情感的重視。不過，「詩道性情」與「詩言志」並不矛盾，後文會對之進行分析。

僅僅有「好思理」，並不能稱爲好詩，甚至不能稱其爲詩。因爲詩的特點在吟詠情性，而不是直述天道、人事和物理。正是詩的這個特性才將它與其它文體區別開來。他說道：

> 如可窮六合，互萬匯，而一之於詩，則言天不必《易》，言王不必《書》，權衡王道不必《春秋》，旁通不必《爾雅》，斷獄不必律，敷陳不必箋奏，傳經不必注疏，彈劾不必章案，問罪不必符檄，稱述不必記序，但一詩而已足。既已有彼數者，則又何用夫詩？（《古詩評選》之庾信《詠懷》）

王夫之意在說明，詩歌文體有自己的特殊性。在內容上，它不以談理論道爲尚，這些工作是《尚書》、《周易》和《春秋》等經書所承擔的；在形式上，它不以明書直陳爲尚，這是箋奏、注疏等文體應該遵循的書寫形式；在風格上，它不以雄健縱橫爲尚，這是符檄、章案才會具備的特點。

詩歌的產生源於人有表達情感的需求，正如王夫之所說：「元韻之機，兆在人心，流連跌宕，一出一入，均此情之哀樂，必永於言者也。」〔註2〕人性中具有喜怒哀樂之理，當人遇到外物相感，並對之產生反應，就會生出喜怒哀樂之情。情感在心內激蕩，不吐不快，便長吟感歎行諸文字，於是就產生了詩。詩是人表達情感的基本方式。王夫之指出，《詩經》三百篇都是關情之作，《風》「微動含情以送意」，《雅》「廣引充志以穆耳」，《頌》「歆鬼豫人，流歡寄思」，無詩不含情。因後代《頌》聲少作，王夫之尤爲強調《風》、《雅》，認爲言情乃是《風》、《雅》所繫。因此，他評價先人詩作時，常常以「大端言情，《風》《雅》正系」〔註3〕、「大端言情，《國風》正系」〔註4〕以示讚譽。王夫之對詩以道情的特點進行了描述：

> 詩以道情，道之爲言路也。情之所至，詩無不至；詩之所至，情以之至：一遵路委蛇，一拔木通道也。……古人於此，乍一尋之，如蝶無定宿，亦無定飛，乃往復百歧，總爲情止，卷舒獨立，情依以生。（《古詩評選》之李陵《與蘇武詩》）

「道」意指表達情感的方式，不管是往復曲喻還是鋪陳胸臆，詩與情都是洽浹融合爲一體的。詩的可貴之處就在於它和情感具有天然的一體關係，情至

〔註2〕 王夫之：《船山全書》第十五冊，第 807 頁。
〔註3〕 王夫之：《船山全書》第十四冊，第 650 頁。
〔註4〕 王夫之：《船山全書》第十四冊，第 654 頁。

詩至，詩至情至。在這個觀念基礎上，王夫之提出，詠史詩和詠物詩也要善於表達情感，否則，詩不成其爲詩。他認爲「詩有詩筆，史有史筆」，詠史詩也不能像史書一樣直陳史實，而是「以史爲詠，正當於唱歎寫神理，聽聞者之生其哀樂」。他常批評杜甫有些詩刻畫過於肖似，於史有餘而於詩不足，甚至認爲「足知以詩史稱杜陵，定罰而非賞」。詠物詩也是如此，他提出「古之詠物者，固以情也，非情則謎而不詩」，因而，他認爲「詠物詩步步有情，而風味不刻露，殆爲絕唱」。

　　雖然王夫之十分強調詩歌表達情感的特性，但他並不認爲詩與理呈水火不容之勢，「詩源情，理源性，斯二者豈分轅反駕者哉？」性情一體而不相違背，因而，分別源出於情性的詩與理自然也不相違背。事實上，王夫之認爲詩應當「內極才情，外周物理」，也就是說，於內，詩歌要曲寫情懷，將詩人的心靈、情感和志意以完美的藝術形式表達出來；於外，詩歌要眞實的再現所吟詠的人情、物理、和事理，而不能有違背和虛構。這其實就是「立誠以修辭」的詩意表達，立誠要求詩辭於內達於眞實情志，於外合乎事理、規律。

　　王夫之論詩的一個重要概念是「現量」，他指出「現量」有三種含義：現在、現成和顯現眞實。「現在」義意味著「不緣過去作影」，也就是說詩歌所表達的不是對過去的回憶，而是當前直接感知到的景象、情事，所謂「即景會心」。「現成」義意味著「一觸即覺，不假思量計較」，即是說詩歌所表現的景象、情事是當下直覺所獲得的審美體驗，而不是經過思考、比較和推理所重構的內容。他批評賈島「僧敲月下門」的詩句是「妄想揣摩，如說他人夢」，即使描摹酷似，也已經不是內心的眞切感受，不曾毫髮關心。對於詩人來說，即景會心，因景生情，或「推」或「敲」，必居其一，根據當時直覺體驗而如實表達，會有自然靈妙的效果。像賈島那樣費神「推敲」，使得詩歌彷彿與己無關，而是去揣摩他人心思，這已經失去了詩歌的本眞意義。「顯現眞實」義意味著「彼之性體本自如此，顯現無疑，不參虛妄」，即詩歌所表達的意象要如實的顯示客觀景象、客觀物理、事理和情理，不能將詩人的思想和情感附加在客觀事物之上。王夫之對陶淵明「良苗亦懷新」和杜甫「花柳更無私」詩句的批評比較典型的體現了他的這個觀點，在評點陶淵明《癸卯歲始春懷古田舍》一詩時，他談道：

　　　　「良苗亦懷新」乃生入語，杜陵得此遂以無私之德橫被花鳥，
　　不競之心武斷流水，不知兩間景物關至極者如其涯量亦何限，而以
　　己所偏得非分想推。良苗有知，不笑人之曲諛哉？（《古詩評選》之
　　陶淵明《癸卯歲始春懷古田舍》）

「以無私之德橫被花鳥」指的是「花柳更無私」；以「不競之心武斷流水」批評的是杜甫另一句詩「水流心不競」。王夫之認為，天地之間的景物自在的存在，人也各有自己的情懷，因此，天地景物與人相值相取的可能性也是沒有涯量、際限的。但是，陶淵明「懷新」之論、杜甫「無私」之句都是將一己偏得的感受強加於「良苗」、「花柳」之上，而沒有將它們真實的再現於詩中，這就有悖於「顯現真實」義。

　　「顯現真實」義，其實就是「外周物理」的另一種表達，強調詩歌要詳察物理情事，將它們真實再現於詩歌之中。從王夫之「內極才情，外周物理」的主張和以「現量」論詩的觀點來看，他十分重視詩與理的關係，強調詩要真實顯現物理、情理，「要以俯仰物理而詠歎之，用見理隨物顯，唯人所感，皆可類通」〔註5〕，「古之為《詩》者，原立於博通四達之途，以一性一情周人倫物理之變而得其妙」〔註6〕。但是，他並不主張詩歌直白的表述道理，詩人應該通過狀物、達情，使理自然呈現。因此，「通人於詩，不言理而理自至」，「說理而無理臼，所以足入風雅」。正是因為這個原因，他非常欣賞《大雅》，而不喜歡王陽明的詩，在《薑齋詩話》中，他對詩入理語的情況作出了分析：

　　　　《大雅》中理語造極精微，除是周公道得，漢以下無人能嗣其
　　響。陳正字、張曲江始倡《感遇》之作，雖所詣不深，而本地風光，
　　駘宕人性情，以引名教之樂者，風雅源流，於斯不昧矣。朱子和陳、
　　張之作，亦曠世而一遇。此後唯陳白沙為能以風韻寫天真，使讀之
　　者如脫鉤而遊杜蘅之沚。王伯安屬聲吆喝：「個個人心有仲尼。」乃
　　遊食髡徒夜敲木板叫街語，驕橫鹵莽，以鳴其「蠢動含靈皆有佛性」
　　之說，志荒而氣因之躁，陋矣哉！（《薑齋詩話·夕堂永日緒論內編》
　　四四）

《大雅》中理語如「於昭於天」之類，在一片深情中道出至理，了無說理的痕跡，這是「詩入理語」的最高境界。其下，即使沒有周公之德，能在抒發

〔註5〕王夫之：《船山全書》第十五冊，第836頁。
〔註6〕王夫之：《船山全書》第七冊，第915頁。

個人情性中函入道理，如陳師道、張九齡的《感遇》詩以及朱熹和陳北溪、張栻的詩歌等，也可說是「本地風光」，源於風雅。此外，陳獻章的詩充滿理趣，但他詩中之理從風韻中透顯，有自然靈妙之致。但是，王陽明的詩則掉入了理臼，以「個個人心有仲尼」論理則有理而無情，並不能通過駘宕人的性情，引人以名教之樂，因而失去了詩的風味。一首好詩，應該是「亦理，亦情」，「理至，情至」。

關於詩以道情的觀點，王夫之在《明詩評選》中作出了更細緻的分析，他指明，此「情」為「性之情」：

> 詩以道性情，道性之情也。性中盡有天德、王道、事功、節義、禮樂、文章，卻分派與《易》、《書》、《禮》、《春秋》去，彼不能代詩而言性之情，詩亦不能代彼也。決破此疆界，自杜甫始。（《明詩評選》之徐渭《嚴先生祠》）

從王夫之對杜甫的批評可知，文中的「詩」並非特指《詩經》，而是泛指所有詩歌。王夫之依然在與其它經書的對比中顯示出詩的特有性質，他指明性中包含天德、天道，性之發用更及於事功、文章等節目，但詩所表達的只是性中所含之情，即「性之情」。在這段話裏，「性之情」的著重點落在「情」上，強調的是詩達情的觀念。不過，以「性」為定語，也體現了對「情」的一定限制，即詩所表達的情感並非一己私欲、私情。

在《詩廣傳》中，王夫之對「性之情」做了更明確的限制，其著重點落在「性」上，指明詩所達之情是為性所用之情，「知憂樂之固無蔽而可為性用，故曰：情者，性之情也。」〔註7〕為性所用，說明情是人盡性、成德的助益，為功於人道之自立。為性所用之情，應該是發而得其正之情，發而不和，只能成為性之錮蔽。為性所用之情也不是一己私利、小欲，「詩言志，非言意也；詩達情，非達欲也。」〔註8〕欲有大有小，「大欲通乎志」，乃是詩人的胸襟、抱負、志向，小欲則是個人貨色之求。在王夫之看來，即使身陷窘困的環境，人也有可盡之道，因而，人應當做的就是在當下的環境下盡道、盡性，任何情況下的哀貧憫窮都是失其本心者所為。正因為此，他很不喜歡《邶風·北門》一詩，認為它是將貨利之欲緣飾為文章而無慚怍之心，也不喜歡杜甫「殘杯與冷炙，到處潛悲辛」的詩句，認為這種詩句「失其心」，更嚴重的是，這

〔註7〕 王夫之：《船山全書》第三冊，第 384 頁。
〔註8〕 王夫之：《船山全書》第三冊，第 325 頁。

種詩句的流行會導致「沉溺天下於貨利而鑠其本心」。因此，王夫之極力倡言詩道「性之情」，以感發人的情志，引人以入名教之樂，興起其爲善之志。

在王夫之詩學理論中，相對「詩道性情」來說，「詩言志」論述較少。在其詩學思想中，「志」有兩個含義，第一個含義是「心所期爲者」，也就是「志向」之意，君子之志所指向的對象是「道」。第二個含義其實就是「情」，事實上，在先秦之時，「志」本身就有「情」的含義，王夫之有時依然沿用這個含義。如他品論鮑照詩所說：「悽愴而不能言，其志亦哀也」，此「志」指悽愴悲哀的情感；又如他論楊巨源詩「只平敘去，可以廣通眾情，故曰『詩無達志』。」此「志」也指「情」。當「志」爲志於道的志向時，詩言志與詩達情也並不牴牾，詩人曲寫心靈，其一片深情後隱藏的通常是其志意、抱負，而志意、抱負通過情感吟詠宣發，其體驗、感受也變得更加強烈，其自感深，感人也深。總之，對於王夫之詩學思想來說，情感是詩歌必不可少的、基本的要素，達情宣志，才是風雅所繫。

二、詩之聲情與樂理

「詩道性情」的詩學主張突出了情感在詩歌創作中的重要地位，而王夫之對詩所以道性情的方式也有自己的獨到見解，這就是他的「聲情」論思想。「聲情」即「聲調表現的思想感情」〔註9〕，簡而言之，就是以聲達情，以聲宣情。情是詩的內容，而聲是詩的表達方式，情在詩之聲韻中被藝術化的表達出來。關於王夫之的「聲情」論，學界已經有了豐富的研究成果。學者們都精確的指出，「聲情」論思想揭示了王夫之對於詩歌的形式、詩歌音樂性的重視，有學者甚至指出，「聲情」論思想使得王夫之把詩歌的形式置於本體的高度〔註10〕。本文不再重複已有的研究成果，而嘗試對「聲情」說本身的意涵進行闡釋。

王夫之「聲情」說源於他對詩樂關係的理解，他常說「詩樂之理一」、「詩樂不容異語」，在他看來，詩與樂有著天然的親緣關係。在《夕堂永日緒論‧序》中，他解釋了詩樂的源流：

〔註9〕 樂黛雲、葉朗、倪培耕（主編），《世界詩學大辭典》，瀋陽，春風文藝出版社，1993 年版，第 86 頁。

〔註10〕 張節末在《論王夫之詩樂合一論的美學意義──兼評王夫之詩論研究中的一種偏頗》中提出，以樂論詩使王夫之的詩歌觀完成了從重內容到重形式的轉變，將形式上升爲詩歌本體。載於《學術月刊》1986 年第 12 期。

　　　世教淪夷，樂崩而降於優俳。乃天機不可式遏，旁出而生學士

　　之心，樂語孤傳爲詩。詩亦不足以盡樂德之形容，又旁出而爲經義。

　　經義雖無音律，而比次成章，才以舒，情以導，亦所謂言之不足而

　　長言之，則固樂語之流也。二者一以心之元聲爲至。……韻以之諧，

　　度以之雅，微以之發，遠以之致，有宣昭而無礨藹，有淡宕而無獷

　　戾：明於樂者，可以論詩，可以論經義矣。(《夕堂永日緒論‧序》)

周朝以樂教國子，「蓋以移易性情而鼓舞以遷於善者，其效最捷，而馴至大

成，亦不能捨是而別有化成之妙也。」〔註11〕樂教對於鼓舞人向善，有其

它方式不能比擬的功效。樂教崩壞後，樂降爲優俳的技藝。然而，心靈的

曲致、元聲依然需要得到宣發，於是，詩和經義承「樂德」、「樂語」而起。

它們部分地具備了樂之理，因而也就能部分承擔樂教之責。「樂德」、「樂語」

出自《周禮春官》，文中說：「以樂德教國子中、和、祗、庸、孝、友，以

樂語教國子興、道、諷、誦、言、語」，「樂德」即中、和等六種德行，「樂

語」即「所歌之文詞」，在當時，「樂語」既有樂，又有詞。樂教就是使國

子在諷誦吟歌中移易性情，養成中和祗庸之德。禮樂崩壞後，樂教難以施

行。不過，詩教承緒了樂教化民成俗的妙用。詩教之所以能承緒樂教的功

效，在於詩樂之理是相同的：韻諧、度雅、宣昭、淡宕。在王夫之看來，

詩歌不是默念的文字，它是諷誦歌吟的有聲藝術，韻律、聲度就是對詩歌

聲音、聲調之美的規定；詩應該動人以「**聲情**」，這也就是王夫之「**聲情**」

論所要表述的內容。

　　「聲情」論試圖解決的是詩歌的形式問題，強調以音樂化的形式來表現

詩歌內容，這與宋詩注重詩歌內容是截然不同的。宋人寫詩以意爲主、以理

爲尙，這每每遭到王夫之的批評，「詩固不以奇理爲高。唐宋人於理求奇，有

議論而無歌詠，則胡不廢詩而著論辯也？」〔註12〕「唐人以意爲古詩，宋人

以意爲律詩絕句，而詩遂亡」〔註13〕，他甚至提出「故知以意爲主之說，眞

腐儒也」〔註14〕。王夫之並不是反對詩講求意，而是認爲「雅士感人，初不

恃此」。

〔註11〕 王夫之：《船山全書》第四冊，第 887 頁。

〔註12〕 王夫之：《船山全書》第十四冊，第 787 頁。

〔註13〕 王夫之：《船山全書》第十四冊，第 1576 頁。

〔註14〕 王夫之：《船山全書》第十四冊，第 708 頁。

王夫之並非一概反對詩歌寫「意」，在評鑒詩歌時，他也常常提到詩「以意爲主」的觀點，他認爲煙雲泉石、林木花鳥等自然景物，被賦予了人之「意」才變得靈動、有生機，在《夕堂永日緒論》中，他就表達了這個觀點：

> 無論詩歌與長行文字，俱以意爲主。意猶帥也。無帥之兵，謂之烏合。李、杜所以稱大家者，無意之詩十不得一二也。煙雲泉石，花鳥苔林，金鋪錦帳，寓意則靈。若齊、梁綺語，宋人摶合成句之出處，宋人論詩字字求出處。役心向彼掇索，而不恤己情之所自發，此之謂小家數，總在圈繢中求活計。(《夕堂永日緒論內編・二》)

兩個看似完全矛盾的觀點，其實十分和諧地並存在王夫之的詩學思想裏。當他主張詩歌「以意爲主」時，是從詩歌內容來立論的，「意」即詩人的情感、志意和胸襟等。他認爲，詩歌如果沒有作者的情感和志意，那麼堆砌在詩中的景物和事件等都是沒有靈魂、沒有生氣的。情感和志意是一首詩歌的靈魂和主帥，統領著一首詩歌的氣象、品級，甚至創作的成敗。「詩以意爲主」也就是他所強調的詩「以元聲爲至」。「元聲」是王夫之論詩的重要概念，它大致有三個意涵，首先，它指人內心眞摯無僞的情感，有時候也稱之爲「元韻」。詩歌創作的本意就是爲了表達內心不能不說的情感，所謂「元韻之機，兆在人心，流連泆宕，一出一入，均此情之哀樂必永於言者也。」第二，它指具有初創性和典範意義的詩歌及詩歌表現形式，「自梁以降，五言近體往往有全首合作者，於古詩爲末流，於近體實爲元聲」。〔註15〕此處「合作」指的是依照律詩的法度而作詩，王夫之意在說明五言律詩對於古詩來說是末流，但對於近體來說則具有典範意義。第三，它指渾然成章、神韻流動的詩歌佳作。他在評論王儉《春詩》「蘭生已匝苑」一首說道：「此種詩不可以思路求。二十字如一片雲，因日成彩，光不在內，亦不在外，既無輪郭，亦無絲理，可以生無窮之情，而情了無寄。小詩之有此，猶四言之有《二南》、五言之有《十九首》也，允爲絕句元聲。」〔註16〕王夫之「以意爲主」的主張指涉的是「元聲」的第一個含義，強調詩歌寫作應該是眞摯情感、志意、胸懷的自然流露，並以詩人之「意」統攝詩中的其它意象，使詩歌在「意」的貫徹中渾成一片，神采天成。

而當王夫之反對「以意爲主」的觀點時，是從詩歌形式來立論的。他認爲

〔註15〕王夫之：《船山全書》第十四冊，第 979 頁。
〔註16〕王夫之：《船山全書》第十四冊，第 622 頁。

詩歌形式有獨立的審美價值，在一定程度上甚至直接決定詩歌的藝術成就，因此，他反對宋詩的「頭巾氣」，認爲在詩中直白地敘述道理、進行議論，並不能感動人，詩歌移易性情的功用也收效甚微。他強調詩歌的「聲情」、「聲光」。「聲光」也是強調以聲傳情，只不過它從另一個角度形象地指出，由詩歌的韻律、節奏等因素組成的聲音具有流光色彩之美。一首詩，即使命意與前人沒有區別，只要詩歌形式拿捏的好，依然可以憑藉其「聲情」以動人。因此，王夫之強調「意不爭新」，並提出：「但以聲光動人魂魄，若論其命意，亦何迴別？始知以意爲佳詩者，猶趙括之恃兵法，成擒必矣。」〔註17〕詩歌之所以能感動人，也在於它的「聲情」和「聲光」。讀者在長歌吟詠、淺吟低唱和抑揚百轉中感受詩歌的婉轉頓挫，體會詩人的曲致情意，並與詩人會遇於詩歌創造的意境之中，同其感慨、同其憂喜。如此，詩歌才能動人心腸、感人情志。

「聲情」、「聲光」的「聲」首先體現在遣詞用字和設韻這兩個方面。王夫之提倡遣詞用字要「平」、「清」、「響」，這樣，詩歌吟誦起來就顯得順暢、流動，也易於在詩歌中創造出悠遠有餘的意境。他尤其強調「平」，所謂「引詞居平」，「言之益平，引之亦遠」。因此，他不喜歡琢麗的字辭，認爲這種字辭會導致詩歌的凝滯和輕佻，「顧琢者傷於滯累，麗者傷於佻薄」〔註18〕，反倒是「不琢不麗之篇，特以聲情相輝映」〔註19〕，而使詩歌具有了風雅之韻。

對於設韻，王夫之則主張要穩熟、圓潤，強調落韻、設對，要無不穩熟。一方面，韻語的選擇在一定程度上往往決定了一首詩的整體風格，例如，以「ang」爲韻腳，用來賦樂文，則顯得爽朗，其樂也傳達出天清地闊的豁然；用來賦悲歌，則顯得悲壯，其悲也是鋪天蓋地的彌漫。與之相對，以「in」爲韻腳，即使樂詩也顯得纖細；悲吟更顯得抑鬱，彷彿一縷愁緒難以舒展。王夫之在品讀阮籍一首《詠懷》〔註20〕詩的時候，冠之以「微辭亮韻」的讚語。該首詩就是以「ang」爲韻腳，使整首詩顯得清亮。另一方面，韻語的選擇還影響著詩歌的吟誦是否動聽，因此，王夫之不欣賞險韻、僻辭的詩歌，認爲讀起來索然無味，全然沒有生趣。在他看來，韓愈的詩就有這種不良的特點：

〔註17〕王夫之：《船山全書》第十四冊，第 704 頁。
〔註18〕王夫之：《船山全書》第十四冊，第 531 頁。
〔註19〕王夫之：《船山全書》第十四冊，第 531 頁。
〔註20〕阮籍《詠懷》：昔日繁華子，安陵與龍陽；天天桃李花，灼灼有輝光；悅懌若九春，馨折似秋霜；流盼發姿媚，言笑吐芬芳；攜手等歡愛，夙昔同衾裳；願爲雙飛鳥，比翼共翱翔；丹青著名誓，永世不相忘。

> 含情而能達，會景而生心，體物而得神，則自有靈通之句，參化工之妙。若但於句求巧，則性情先爲外蕩，生意索然矣。松陵體永墮小乘者，以無句不巧也。然皮、陸二子差有興會，猶堪諷詠。若韓退之以險韻、奇字、古句、方言矜其餖飣之巧，巧誠巧矣，而於心情興會一無所涉，適可爲酒令而已。(《夕堂永日緒論內編・二七》)

如果詩歌發自「元聲」，自然就會有靈通之句，可堪諷詠。反之，如果詩歌不能達情狀物，而以險韻、奇字爲追求目標，就會失去詩歌吟詠的「聲情」，只能淪落爲酒令俗語。

「聲」其次也體現在詩歌的節奏上。王夫之反感以發散、促急爲整體風格的詩，傾向於欣賞節奏簡明、緩和的詩歌，講究節奏不繁、曼聲緩引，希望以和緩之勢來帶動、蘊含詩歌的發散和急促，從而主宰詩歌的整體節奏，保持緩急、鬆緊之間的張力。因此，他認爲一首好詩應該能夠在其急迫收斂的時候，還能推宕開來，宕開一筆，旁寫他物，使這種緊張的節奏得以緩和。

王夫之也從樂理的角度來思考詩歌節奏緩急、斂縱之間的張力。這不僅在理學家中罕見，在文學批評學者中也是少有的。在評價宋子侯《董嬌嬈》一詩時，他指出：

> 斂者固斂，縱者莫非斂勢。知斂縱者，乃可與言樂理。(《古詩評選》卷一，宋子侯《董嬌嬈》)

從樂理角度來講，音樂的節奏包括節拍和速度。節拍是指音樂中規律性的強弱交替的運動，而速度是指這種規律性運動的速率。例如，強強弱弱是一種節拍，強弱強弱又是另一種節拍，速度則是從強到弱、從弱到強的快慢時間。這種強弱交替的律動體現了一種張力，音樂就通過這種有張力的形式來表達內容，動人以「聲」，而音樂的形式本身就意味著其內容。王夫之認爲，詩歌也應該有這種律動，以斂帶縱，在斂縱的張力中表達情感。以詩歌爲例，《將進酒》首句「君不見黃河之水天上來」，黃河是強音，之水是弱音，天上是次強音，來是弱音，呈現的是強弱節拍，速度體現爲黃河、之水、天上、來之間過度轉換的時間快慢，這一句悠揚爽亮，節奏較爲舒緩。中間「烹牛宰羊且爲樂」，烹牛宰羊共同合成強音，且是弱音，爲樂是次強音，其速度就已明顯加快，鏗鏘有力，節奏快麗。雖然詩歌的形式並不等於其內容，但是形式也在一定程度上決定了內容能否被完美地表達出來，詩歌應該在曼聲緩引之中動人以聲情。

　　節奏緩急、斂縱之間的張力存在著「度」的因素，一首好詩應該有緩急適度的節奏，彰顯出詩歌的風雅氣度。王夫之反感促急的詩，就在於它破壞了這個雅度，淫泆縱橫而不知收斂。他認爲《王風·采葛》就是這樣一首詩：「其詞遽，其音促，其文不昌，其旨多所隱而不能詳，情見乎辭矣。」〔註21〕「詞遽」則不清、不平，失其雅韻；「音促」則不和、不緩，失其雅度；「文不昌」則不能往復唱歎，失其曲感人心的聲情。因此，在王夫之看來，這首詩在藝術形式上是極爲失敗的。與之相反，他十分欣賞「聲情緩」、「聲情繚繞」的詩歌。所謂「繚繞」，也就是曲折婉轉的意思，聲曼而情緩。一首好詩會圍繞其「意」往復致喻、曲達心曲，詩人的情志在「繚繞」、和緩的節奏中輕安道出，以其「微風遠韻，映帶人心於哀樂」〔註22〕；讀者也在涵詠吟哦當中，跟隨詩歌的節奏而體驗、感受詩人的心靈，動其哀樂之情。

　　此外，「聲」也體現在詩歌的結構上。王夫之強調命意養局「以神行而不以機牽」〔註23〕，講求詩歌的內在脈絡，達到結構的渾融一體；而不是機械地追求麗辭、佳句，也不是機械地講究關聯、鉤鎖。雖然說王夫之極爲重視「聲情」，但他並不認爲詩歌的「聲情」必然需要通過「四聲」來體現。「四聲」是指漢字的四個聲調，也就是平聲、上聲、去聲和入聲。南朝沈約根據當時漢字聲調的研究材料，對四聲音韻說詳加辨定，並將其運用於詩歌的創作當中，宣導「永明體」，追求嚴格的聲韻格律。王夫之批評「四聲」說爲了追求詩歌的聲調格律，損害了詩歌結構的和諧與渾成。

　　雖然一首詩是由字、詞、句合成的，但是詩歌不能僅僅停步於鍊字、鍛句，而貴於「謀篇」，追求「宛爾成章」、「通首渾成」。鍊字、鍛句並不必然能成就一首好詩，如果只從字句上推求，標擧「詩眼」，多半難成佳作，因而，王夫之反覆指出「詩莫賤於用字」〔註24〕、「作詩但求好句，已落下乘」〔註25〕，認爲一篇詩作刻意追求警句，而忽略謀篇佈局，是創作的陋習。即如一首音樂，整體的流暢、流動才能成就其優美動聽，單獨突出某一個強音，就會破壞整體的和諧。詩文創作也是如此。故而，王夫之強調：「在章成章，在

〔註21〕 王夫之：《船山全書》第三冊，第 344 頁。
〔註22〕 王夫之：《船山全書》第十四冊，第 505 頁。
〔註23〕 王夫之：《船山全書》第十四冊，第 891 頁。
〔註24〕 王夫之：《船山全書》第十四冊，第 1529 頁。
〔註25〕 王夫之：《船山全書》第十五冊，第 837 頁。

句成句。文章之道，音樂之理，盡於斯也。」〔註26〕與音樂一樣，詩歌在形式上也必須形成一個統一和諧的整體。

一說起文章或者詩歌結構，一般人就會想到起承轉合。起承轉合是傳統中國關於文章結構的主要寫作方法之一，「起」是指文章的開端，「承」意指承接上文加以申述，「轉」意為轉折，即從另外的方面、角度立論，「合」則是收束全文。不過，王夫之認為這只是死法，詩歌結構的前後照應並不是依賴起承轉合的方式來實現的，他說：「法莫要於成章；立此四法，則不成章矣。」〔註27〕一首好詩，應該是「渾然一氣」、「曲折無端」、「起不必起，收不必收，乃使生氣靈通，成章而達」〔註28〕。關鎖呼應是文章結構的另一種主要寫作方式，意指關鍵字之間的相互照應、扣聯。對於這些刻意追求呼應的方法，王夫之都表示不滿，認為開闔收縱、關鎖呼應「鉗梏作者，俾如登爰書之莫道」〔註29〕。「爰書」是記錄囚犯供詞的文書，王夫之批評這些方法桎梏作者的思維，作者寫作時無法擺脫其限制，彷彿囚犯受供認文書所限不能逃脫一樣。王夫之甚至指出，「凡言法者，皆非法也。……藝文家知此，思過半矣。」〔註30〕

詩歌寫作其實不需要僵硬地遵循寫作成法，死守任何一種方法，都會陷入詩歌創作的死胡同。不管是死板的起承轉合，還是機械的關鎖呼應都是死物，而詩歌的結構佈局所具有的流動性、諧和性則是「機體」，是有靈魂有血肉、有內容有形式的有機統一體。近人劉人熙談論道，電器飛機等工具瞬息萬里，「要之亦無機體，待人而靈，亦死物耳。……觀船山之評詩，知其為機體也，則思過半矣。」〔註31〕說的也就是這個意思。當然，王夫之並不是一概反對這些詩文結構的寫作方法，只是認為死守這些呼應、起伏之法，就像經生注解經文一樣，秉守既定的規矩，不越雷池一步，詩歌就沒有了該有的生機妙趣。即「了了與經生無異，而絲竹管絃、蟬聯暗換之妙湮滅盡矣。」〔註32〕詩歌創作只是「以元聲為至」、「以穆耳協心為音

〔註26〕 王夫之：《船山全書》第十四冊，第 1000 頁。
〔註27〕 王夫之：《船山全書》第十五冊，第 826 頁。
〔註28〕 王夫之：《船山全書》第十五冊，第 826 頁。
〔註29〕 王夫之：《船山全書》第十四冊，第 830 頁。
〔註30〕 王夫之：《船山全書》第十五冊，第 827 頁。
〔註31〕 王夫之：《船山全書》第十四冊，第 881 頁。
〔註32〕 王夫之：《船山全書》第十四冊，第 773 頁。

律之準」〔註 33〕，也就是說，詩歌創作的基本原則就是以音樂化的藝術形式將內心的情志完美的表達出來，確保文章的有機統一，渾融一體，在一片聲情中，「動古今人心脾，靈愚共感」〔註 34〕，所有的文章成法、謀篇佈局方式都應該以此爲基本前提。

三、詩之氣與勢

王夫之多次提到曹丕從氣的角度來品論文章，「子桓論文，云『氣之清濁有體，不可力彊而致。』」〔註 35〕他本人也極爲重視從氣的角度來品鑒詩歌，並提出「文以氣爲主」〔註 36〕的觀念。「氣」是王夫之詩學思想中十分重要的概念，但是，這個概念在學界並沒有引起太大的關注〔註 37〕，本文則試圖探討王夫之詩學理論中文與氣的關係，並在此基礎上，重新反思王夫之詩學理論中「勢」的概念。雖然「勢」這個概念在學界引起了廣泛的關注，但筆者認爲，只有引入「氣」的概念，才能完善對「勢」概念的研究。

王夫之繼承了張載的思想，以氣作爲構成事物的基質，並認爲人體內、體外，甚至盈天地之間都是氣。在詩學思想中，他也頻頻強調「氣」作爲詩歌基質的重要性：

> 或以多爲貴，或以少爲貴，從乎氣之所籍。(《古詩評選》卷三)

> 文者氣之用，氣不昌則更無文。(《古詩評選》卷五，蕭子良《登山望雷居士精舍同沈右衛過劉先生墓下作》)

> 詩有生氣，如性之有仁也。(《明詩評選》卷四，蔡羽《錢孔周席上話文衡山王履吉金元賓》)

〔註 33〕王夫之：《船山全書》第十五冊，第 827 頁。

〔註 34〕王夫之：《船山全書》第十四冊，第 893 頁。

〔註 35〕王夫之：《船山全書》第十四冊，第 505 頁。

〔註 36〕王夫之：《船山全書》第十四冊，第 549 頁。

〔註 37〕關於王夫之詩學思想的研究，「氣」是個被忽略的概念，只有蕭馳在《船山以「勢」論詩和中國詩歌藝術本質》這篇文章中簡略的談及，不過，他敏銳地抓住了「氣」和「勢」的關係，指出，船山論勢也映帶其氣論，船山在詩評中強調的生氣流注的氣脈在一定意義上是「勢」的另一表述。(見《抒情傳統與中國思想》，上海古籍出版社，第 107 頁。) 此外，崔海峰也提到王夫之論文以氣爲主，不過僅僅一筆帶過。(見《王夫之詩學範疇論》，中國社會科學出版社，第 87 頁。)

文中所說的「多」、「少」即詩歌長短。王夫之提出，詩歌的長短因循氣所需發出聲響的長短。詩人因感生情，情必動於氣，氣的聲響源於情感的緩急與和戾，由此決定了詩歌的長短與氣勢。可以說，詩歌創作即是用氣之事。他甚至發出感歎：「安得知用氣者而與言詩哉？」〔註38〕但是，詩歌並不是被動的受情感制約。王夫之認爲，詩歌應該引氣、用氣，使情感合於雅度。此外，他還強調「生氣」是詩歌的本質因素，賦予詩歌生機與活力，這些觀念其實是與王夫之理學思想一脈相承的。

當然，在詩學理論中，王夫之闡述得更多的是詩歌之氣的清、純、平與詩歌的一氣通貫。就前者來說，他主要從詩歌創作著眼，提出詩人創作引氣要清，「以純儉爲宗」〔註39〕，「立論平善，使氣純澹」〔註40〕，他稱譽曹丕詩文的原因之一就在於他認爲曹丕詩文有「獨至之清」。王夫之很贊同劉勰在《文心雕龍》中提出的「養氣」的觀點，認爲：

> 寧平必不囂，寧淺必不豪，寧委必不屬。古人之決於養氣，體也固然。(《明詩評選》卷四，張羽《酒醒聞雨》)

所謂「古人之決於養氣」，指的就是劉勰《文心雕龍·養氣篇》；「體」指文體，也即養氣是文體固然之要求。劉勰在《養氣篇》中談道：

> 夫耳目鼻口，生之役也；心慮言辭，神之用也。率志委和，則理融而情暢；鑽礪過份，則神疲而氣衰：此性情之數也。……

> 故宜從容率情，優柔適會。若銷鑠精膽，蹙迫和氣，秉牘以驅齡，灑翰以伐性，豈聖賢之素心，會文之直理哉！(《文心雕龍·養氣篇》)

劉勰意在說明，文章應該隨適胸臆，以淳厚、和氣爲貴，因此，文章的寫作也無需殫精竭氣去鑽礪，要從容率情，養氣和神。劉勰《養氣篇》著重講的是養人之氣，所謂「清和其心，調暢其氣」。但是，王夫之既講養人之氣，也講養文之氣，「寧平」、「寧淺」、「寧委」的觀點強調的就是養文之氣，詩歌應該平和、婉轉，而不能有囂凌之氣。王夫之雖然也講養人之氣，但他與劉勰的角度不一樣。劉勰的養氣論是從道家養身的角度提出的，但王夫之的養氣論則是從儒家修身的角度立論，強調作者養氣之和，使其合於理以作詩文。他認爲，詩

〔註38〕王夫之：《船山全書》第十四冊，第533頁。
〔註39〕王夫之：《船山全書》第十四冊，第508頁。
〔註40〕王夫之：《船山全書》第十四冊，第686頁。

歌從古至今可能有文詞的流變，但不論古今，詩歌都應該呈現出清平之氣，反之則是失理之詩，所謂「古今有異詞而無異氣，氣之異者，爲囂，爲凌，爲荏苒，爲脫絕，皆失理者也。」〔註41〕人之氣和則理和，氣異則理失。詩文中的理氣關係也是如此。氣是詩歌的基質，氣和則是詩歌創作的基本要求，清氣純和的詩歌，其理也和，其情也暢，「通首好詩，氣和理勻」〔註42〕，甚至「在天合氣，在地合理，在人合情」，〔註43〕這是詩人應當追求的境界。

「平」是王夫之論詩的重要概念，對他來說，「平」既是詩歌創作的目的，也是詩歌創作的方法。作爲詩歌創作方法，「平」的使用和引氣、用氣是緊密關聯的。「平平衍序」、「平起平入」是王夫之極爲欣賞的詩歌結構方式，他認爲用氣之妙就在於此。「平」意味著在結構上沒有急迫的轉折和跳躍，謀篇佈局平澹而有餘地，「妙在平淡，正使有餘」〔註44〕。謀篇佈局用氣平澹，是爲了成就詩歌之氣的清平和遠，只有這樣，才能引導讀者進入清微幽謐的詩境，而這正是詩歌精妙所在。故而，王夫之甚爲強調用氣之清：

> 風回雲合，繚空吹遠。子桓論文云：「以氣爲主」，正謂此。故又云：「氣之清濁有體，不可力彊而致。」夫大氣之行，於虛有力，於實無影，其清者密微獨往，益非噓呵之所得。及乎世人，茫昧於斯，乃以飛沙走石之風、破石之雷當之，究得十指如搗衣槌，眞不堪令三世長者見也。（《古詩評選》卷四，曹丕《雜詩二首》）

與諸多詩評學者喜好曹植文章不同，王夫之更爲欣賞曹丕的詩文，認爲它們有「獨至之清」。從自然現象來講，氣運化以成聲在於擊虛搏空，清氣擊虛呈現的是幽微靜遠的聲響，引人以入清微之境；反之，濁氣如飛沙走石，帶來的就是轟鳴的雜音，擾人心曲。詩文之氣是同樣的道理，清氣平和則「引人入情處，澹而自遠，微而弘」，使讀者在這澹遠清和的詩境中與詩人會遇，產生情感上的共鳴，在共鳴中使讀者之氣也趨於清和。於不知不覺中移易人之性情，詩教之精微於此得以體現。

除了氣的清平，王夫之還強調一氣通貫的「生氣」。「一氣順妙」、「一氣純好」、「一氣清安」等詞語是他評論詩歌經常使用的稱譽之辭。「生氣」意指詩意表達的通暢、通透，詩歌呈現的不是靜止的結構，而是流動生姿的活的

〔註41〕王夫之：《船山全書》第十四冊，第666頁。
〔註42〕王夫之：《船山全書》第十四冊，第719頁。
〔註43〕王夫之：《船山全書》第十四冊，第671頁。
〔註44〕王夫之：《船山全書》第十四冊，第1487頁。

結構，「一氣始終，自是活底物事。」〔註45〕王夫之反對僵硬的使用格律、鉤鎖，過份追求鍊字鍊句、麗辭巧語，就在於他認爲以這些東西爲詩歌創作的目標，會傷害詩歌一氣流貫的「生氣」，「若欲忌此（案：「此」爲格律等作詩規則），必傷生氣。」〔註46〕「用巧用綴者必致礙氣」〔註47〕；與之相反，「平固自有活氣」〔註48〕。

王夫之認爲詩歌的「生氣」就如同人性中的「仁」一樣。這表達了三點含義，第一，如同「仁」是最基本的德性一樣，「生氣」是詩歌最基本的性質；第二，「生氣」似「仁」之生物，意味著生機和活氣。第三，如同「仁」之似春，「平平衍序」的生氣也是溫和柔婉的，有著春風拂面的清和昌明，「開蕩天下人心目」〔註49〕。

詩歌用氣的極致是「鍊氣歸神」，這本是道家內丹術中的術語，王夫之借用來形容詩歌用氣達到神妙極致的境界。他認爲「鍊液得精易，鍊精得氣難，鍊氣得神，則晉、宋以下吾未之見也。」王夫之以「神」爲「二氣清通之理」，也就是說，「神」是氣的神妙本性。用於詩學理論中，「神」指的就是詩歌引氣、用氣達到的融浹合一的神妙境地。因此，他提出，當詩歌情景事等皆融爲一體時，便達到了「鍊氣歸神」的境界，「情景事合成一片，無不奇麗絕世。……嘉州鍊氣歸神矣。」〔註50〕當詩歌合氣、合理、合情，「情至、理至、氣至」〔註51〕之時，便有「氣昌神運」的流動之姿，此時詩歌浹洽相融，合成一片，呈現出一片神光。

用氣其實是與引勢、取勢關聯在一起的，關於王夫之詩學思想中的「勢」，學術界已經進行了非常深入的討論，此處則以王夫之論「氣」的思想爲背景，對「勢」進行分析。

王夫之對「勢」有十分經典的解釋：「勢者，意中之神理也。」〔註52〕從這個解釋可以得知，「勢」首先是指「意」在詩中的展開，「意」是「勢」的核心要素，「以意爲主，勢次之」〔註53〕；「唯循意以爲尺幅耳」〔註54〕。王

〔註45〕 王夫之：《船山全書》第十四冊，第 989 頁。
〔註46〕 王夫之：《船山全書》第十四冊，第 868 頁。
〔註47〕 王夫之：《船山全書》第十四冊，第 1523 頁。
〔註48〕 王夫之：《船山全書》第十四冊，第 577 頁。
〔註49〕 王夫之：《船山全書》第十四冊，第 1542 頁。
〔註50〕 王夫之：《船山全書》第十四冊，第 902 頁。
〔註51〕 王夫之：《船山全書》第十四冊，第 720 頁。
〔註52〕 王夫之：《船山全書》第十五冊，第 820 頁。
〔註53〕 王夫之：《船山全書》第十五冊，第 820 頁。

夫之強調一首詩應該只表達一個志意，而不能出現多個志意的雜糅，「意事唯一」〔註 55〕，「一詩止於一時一事」。〔註 56〕他認為這是由詩歌文體決定的，詩歌的特點是「辭必盡而儉於意」〔註 57〕，因為「為之詠歌而多其意，是熒聽也。」〔註 58〕因此，王夫之也常用「一意不亂」、「一色朗然，神理自密」等美辭來讚譽他所欣賞的佳作。

詩歌寫作是詩「意」的展開，而詩「意」的展開就是引氣、用氣的過程。王夫之論勢兼理氣而言，理寓於氣內，展開其必然性，便形成了勢。對於詩而言，詩人依循理的必然性，引氣以展開詩意，便形成了詩之勢。「勢」是指詩意不可避免、不得不如此展開的必然趨勢，詩意循「勢」而展開也就構成了這首詩歌的結構。但是這個「必然性」並非指詩歌創作的固定的規律、方法，也即非前文提到的呼應、鉤鎖之法。王夫之認為每一首詩歌之意的展開，都有自己獨特的章法，對此，王夫之解釋道：

> 不為章法謀，乃成章法。所謂章法者，一章有一章之法也。
> 千章一法，則不必名章法矣。事自有始終，意自有起止。更天然
> 一定之則，所謂範圍而不過者也。（《明詩評選》卷五，楊慎《近
> 歸有寄》）

詩歌以「元聲」為至，重在即目吟詠「現量」，婉轉抒發當下的情事，因此，每一首詩歌都應該是呈現獨特的「現量」和情事，有著自己獨特的「意」，該「意」也會有自己不可重複的、不得不如此發展的「勢」。不僅如此，他強調，詩意展開有天然一定之則，與天地相似。「範圍而不過」取自《易經·繫辭上傳》：「範圍天地之化而不過，曲成萬物而不遺，通乎晝夜之道而知，故神無方而易無體。」根據他在《周易內傳》的解釋，「範」為「相肖」之意，「圍」為「統攝」之意，「範圍而不過」即是「與天地相似」〔註 59〕的意思。詩意的起止也就是「勢」展開的節奏和結構，其天然一定之則與天地之則是相似的、一貫的。關於詩樂與天地的一貫性，《樂記》中已經有過很精闢的論述，文中提出樂象天地之和的經典觀念：

〔註 54〕王夫之：《船山全書》第十四冊，第 780 頁。
〔註 55〕王夫之：《船山全書》第十四冊，第 1243 頁。
〔註 56〕王夫之：《船山全書》第十五冊，第 822 頁。
〔註 57〕王夫之：《船山全書》第三冊，第 506 頁。
〔註 58〕王夫之：《船山全書》第三冊，第 506 頁。
〔註 59〕王夫之：《船山全書》第一冊，第 523 頁。

　　　　　　地氣上齊，天氣下降，陰陽相摩，天地相盪，鼓之以雷霆，奮
　　　　之以風雨，動之以四時，煖之以日月，而百化興焉，如此則樂者天
　　　　地之和也。（《樂記》第 16 章）

天地之間，「升降相乘，以息相吹，以氣相擊，應感訢和，變化以成兩間之和。」
〔註 60〕詩樂則以流動的節奏、渾然的結構和繚繞的聲情來表現天地之間這種
和諧的律動，王夫之認為，詩樂之所以能夠表現天地的這種律動，在於詩樂
和天地之間的律動其實是合拍、共振的，「樂之所自生，高下清濁，遞為君臣，
互相倡和，摩盪鼓奮，動煖變化，合以成章者，即此太和洋溢之幾不容已者
為之也。」〔註 61〕天地和氣凝於人，發之於情而樂生，而其「高下清濁」的
節奏，「互相倡和」、「合以成章」的結構，「摩盪鼓奮」、「動煖變化」的聲情
模擬的正是天地之間洋溢的生機與和氣，二者成乎共振。為了形成這種共振，
《樂記》對這種合拍和共振有著形象的說明：

　　　　　　是故清明象天，廣大象地，終始象四時，周還象風雨，五色成
　　　　文而不亂，八風從律而不奸，百度得數而有常；小大相成，終始相
　　　　生，倡和清濁，迭相為經。（《樂記》第 23 章）

王夫之也對之進行了詳細的闡釋，「清明」為「五音宣亮」，「廣大」為「賅備
眾音」；「周還」意指「往復相為聯貫」，風雨流行，盈浹於兩間，與往復聯貫
的靈通相似；「五色」為「干戚羽旄之文」，「成文而不亂」意指其「互相成而
各著」；「八風」也就是「八方之風」，韻律與之和諧而不相侵；「百度得數」
意指「俯仰進反，週旋綴兆之容」的快慢節度；「倡」是「宮聲」，「和」者為
其它四聲，「清」音為十二律呂中的「自蕤賓至應鍾下生之律」，「濁」者便是
「自中呂至黃鐘上生之律」，「十二宮迭相為宮而餘律應之，則倡和清濁各因
之以為經緯」〔註 62〕。通過王夫之詳備的解釋可知，詩樂中的每一個意象、
每一件樂器，甚至每一個舞容都是對天地四時百象的表現，而天地物態的律
動就在詩樂的律動中獲得了鮮活的再現。正是從這個方面，泰戈爾先生稱讚
中國「已本能地找到了事物的旋律的秘密。不是科學權力的秘密，而是表現
方法的秘密。」宗白華先生深刻地指出，這個秘密就是詩樂：「四時的運行，
生育萬物，對我們展示著天地創造性的旋律的秘密。一切在此中生長流動，

〔註 60〕王夫之：《船山全書》第四冊，第 913 頁。
〔註 61〕王夫之：《船山全書》第四冊，第 913 頁。
〔註 62〕此段引文皆來自王夫之：《船山全書》第四冊，第 926 頁。

具有節奏與和諧。古人拿音樂裏的五聲配合四時五行，拿十二律分配於十二月（《漢書》：律曆志），使我們一歲中的生活融化在音樂的節奏中，從容不迫而感到內部有意義有價值，充實而美。」〔註63〕

　　前已述，王夫之「聲情」論希望達到的效果是詩歌的音樂化。其實，達到詩歌音樂化的途徑便是「勢」展開自身的節奏和結構。「勢」循詩意起止而開顯自身，以其不得不如此的必然趨勢表達詩意，從而創造出詩歌的律度，呈現出詩歌詠歎吟洑的「聲情」美，而詩歌的律度和「聲情」與天地和諧的律度是合拍、共振的，這使得「勢」的展開自然有其客觀性。「勢」的客觀性在一定程度上也來自詩歌的氣脈，「勢」的展開過程也就是「氣」的流貫過程，因此，如果「勢」的開顯遵循天然之則，詩歌的氣脈自然是通貫、流暢的，「一瀉便成」的詩歌有著「駘蕩流連」的勢，也有著通體流動的一貫之氣。相反，過份追求格律、法式的詩歌，「勢」不能循其天然的律度而展開，「氣」也就受阻而無法通達。

　　既然平、緩、純是詩歌引氣的要求，詩歌之「勢」也就以此為尚，「勢遠則意不得雜，氣昌則詞不待畢，故雖波興峰立，而尤以純僿為宗。」〔註64〕由此，王夫之強調「引勢趨緩」〔註65〕、「取勢平遠」〔註66〕，以便「隨思路蜿蜒而出」〔註67〕。當「氣」和「勢」融貫在詩歌中，宛轉屈伸而得盡其意，勢平氣和，便達到了詩歌妙境，「夭矯連蜷，煙雲繚繞，乃真龍，非畫龍也。」〔註68〕這就體現了「勢」作為「意中之神理」中「神」的一面。不失其「理」，合乎詩意起止的律度，又盡顯其婉轉繚繞之「神」，所謂「融成一片，天與造之，神與運之」〔註69〕，「只敘一事，就中如勢寫盡，而古今不盡之感皆在」〔註70〕。

〔註63〕宗白華：《中國文化的美麗精神往哪裏去了？》，見《宗白華全集》第 2 冊，合肥，安徽教育出版社，1994 年版，第 403 頁。泰戈爾的讚語也轉引自這篇文章。

〔註64〕王夫之：《船山全書》第十四冊，第 508 頁。

〔註65〕王夫之：《船山全書》第十四冊，第 587 頁。

〔註66〕王夫之：《船山全書》第十四冊，第 667 頁。

〔註67〕王夫之：《船山全書》第十四冊，第 596 頁。

〔註68〕王夫之：《船山全書》第十五冊，第 820 頁。

〔註69〕王夫之：《船山全書》第十四冊，第 732 頁。

〔註70〕王夫之：《船山全書》第十四冊，第 748 頁。

四、人道盡於興觀群怨

興觀群怨在王夫之詩教思想中有著綱領性的地位，可以說，「『興、觀、群、怨』這一原則，既是對詩歌教育作用的要求，也是船山詩歌批評的標準，也是船山詩歌創作的原則，是船山詩論中的一根主線。」〔註71〕王夫之對興觀群怨作出了許多精闢的闡述，學界也將它作為王夫之詩論思想的重要內容，對之進行了多方面、多角度的研究。研究者指出了興觀群怨內部的有機聯繫、興觀群怨在詩人創作中的地位、在讀者閱讀中的功能等等，本節則略人之詳，詳人之略，主要探討與之相聯繫的兩個問題，一是詩歌創作如何才能實現興觀群怨的詩教效用；二是讀者如何積極參與才能落實興觀群怨的詩教之功。其中，後者是興觀群怨詩教功能問題的主旨，而前者是其前提。

儘管王夫之興觀群怨思想既從作者創作角度立論，也從讀者欣賞角度立論，但其歸旨在於強調讀者應該發揮主體性，積極投入作品意義的再創造，形成一個開放的意義世界，以真切實現興觀群怨詩教的功能。因此，王夫之對於作者創作，是從提供讀者欣賞涵泳、意義再創造的無限可能性角度進行思考的。蕭馳在《船山對儒家詩學「興觀群怨」概念之再詮釋》中也指出了這點：「船山是從讀者的接受需要而討論作者在創作時如何『能俾人隨觸而皆可』的問題，」〔註72〕建立起一個「相對開放的詩歌美學生命存在的結構。」〔註73〕既然如此，為了更確切地理解興觀群怨對於詩教的意義，先瞭解王夫之關於興觀群怨在作者創作方面的思想就是必要的。

詩歌既然「以元聲為至」、「以意為主」，就應該表達作者「心血」和「獨至之情」。在創作方面，王夫之首先強調詩歌作品要曲盡作者獨到的情感、志意。有意之詩，讀者才有可以玩味、涵泳的核心內容。因此，他指出詩歌要有「深人之致」，並認為，杜甫、李白之所以能被稱為大家，其無意之詩百無一二。當然，詩人的情致並不能直接宣洩於讀者之前，鋪面而來的情感表達往往表現的是語言的蒼白。因而，詩人需要用其它的意象來烘託、點染心中的情致。這時候，景、事就在抒情詩中顯出了其重要作用。著名美學家高友工精鍊地指明了客觀景、事對於情感表達的作用：「這種以某一外部事件的描

〔註71〕譚承耕：《船山詩論及創作研究》，長沙，湖南出版社，1992 年版，第 37 頁。
〔註72〕蕭馳：《抒情傳統與中國思想》，上海，上海古籍出版社，2003 年版，第 134 頁。
〔註73〕蕭馳：《抒情傳統與中國思想》，上海，上海古籍出版社，2003 年版，第 134 頁。

寫表現內心情態的方法預先勾勒出了中國詩學未來的一個發展方向。這一模式所兆示的前景是：如果內心世界隱秘深藏，難以觸及，如果表情達意的語言不足以抒發內心的真情實感，那麼通過形式化的語言描寫一個外部事實就可提供一條到達詩人內心世界的間接通道。」〔註 74〕在這點上，王夫之與高友工的思考可謂是英雄所見略同，王夫之也反覆突出「悲喜亦於物顯，始貴於有詩」的觀念〔註 75〕。詩的可貴之處就在於詩人借自然物華將心中隱秘深藏、難以觸及的情志通過取勢表達出來，胸中丘壑、眼底性情融渼在一片聲情當中，牽動讀者情思，動人於無際。

　　王夫之的這個觀點有其心物關係的基礎，他認為自然風物與人心處於開放的、相紹相通的狀態，他指出：

　　　　有識之心而推諸物者焉，有不謀之物相值而生其心者焉。知斯二者，可與言情矣。天地之際，新故之跡，榮落之觀，流止之幾，欣厭之色，形於吾身以外者，化也；生於吾身以內者，心也；相值而相取，一俯一仰之際，幾與為通，而渟然興矣。（《詩廣傳·論東山三》）

在人心與自然風物相值相取之際，情將景暈染，而景使情生色，情為「景之情」，景為「情之景」。不過，當詩人試圖將這種情景相融的狀態用詩歌表現出來的時候，就需要確立情與景的主賓關係，王夫之強調：「詩之為道，必當立主御賓，順寫現景。」〔註 76〕否則詩歌中的情景就成了烏合之體，不能有效表達作者心曲，「賓主雜沓，皆不知作者為誰意外設景，景外起意，抑如贅疣上生眼鼻，怪而不恒矣。」〔註 77〕由王夫之的評述可知，「主」指的就是作者之意，「賓」指的是烘託、點染作者之意的景物。景是為意所設之景，景外所起之意正是詩歌的主帥，將所有意象和諧地統一在詩歌之中，「景語須賓主分明，方得不亂」〔註 78〕。王夫之在《夕堂永日緒論內編》中也鄭重指出情景中的賓主關係，並以例證說明了詩歌中賓主關係處理的三個層次：

〔註 74〕高友工：《中國美典與文學研究》，臺北，臺大出版中心，2004 年版，第 220 頁。
〔註 75〕王夫之：《船山全書》第十四冊，第 1017 頁。
〔註 76〕王夫之：《船山全書》第十四冊，第 1012 頁。
〔註 77〕王夫之：《船山全書》第十四冊，第 1012 頁。
〔註 78〕王夫之：《船山全書》第十四冊，第 1038 頁。

詩文俱有主賓。無主之賓，謂之烏合。……立一主以待賓，賓
無非主之賓者，乃俱有情而相浹洽。若夫「秋風吹渭水，落葉滿長
安」，於賈島何與？「湘潭雲盡暮煙出，巴蜀雪消春水來」，於許渾
奚涉？「影靜千官裏，心蘇七挍前」，得主矣，尚有痕跡。「花迎劍
佩星初落」，則賓主歷然，鎔和一片。(《夕堂永日緒論內編‧六》)

賓主關係處理的第一個層次就是詩中之景與詩人之意沒有任何關係，謂之「烏
合」之詩。第二個層次是有主以御賓，但是微露痕跡，如「影靜千官裏」這
句詩，寫杜甫「避難倉皇之際，收拾仍入衣冠隊裏一段生澀情景，妙甚」。在
這句詩裏，千官之靜巧妙地反襯出了詩人驚惶甫定的心理，生動表現出了杜
甫當時又狼狽又驚喜的形象。其中，作者的心致和千官安靜位列的景象構成
了明顯的主賓關係，稍嫌可惜的是，情和景作為兩個意象沒有完全融合，情
是杜甫的情，而景是千官構成的景，沒有達到情是景中情，景是情中景的境
界。第三個層次自然就是情景「鎔和一片」的最高境界，詩人的影像融入了
景象之中，共同形成一個意象，妙合無垠。「花迎劍佩星初落，柳拂旌旗露未
乾」為岑參《和賈至舍人早朝大明宮之作》中的頷聯，其中「劍配」、「旌旗」
點明了官員身份，「星初落」、「露未乾」表明了時間，點出詩中描述的是早朝
的事件，「花迎」、「柳拂」則以花柳之色烘托出祥和靜穆的整體情調，情、事、
景歷然分明，又鎔鑄成一個整體的意象，涯際不分，這正是王夫之所肯認的
詩歌佳境。

心中有可抒發的獨至之情，有立主御賓的創作意識，接下來就應該達到
「可以興觀群怨」的創作目的。對於王夫之來說，興觀群怨是詩歌創作的歸
宿，他論詩以「興觀群怨」為最高標準，認為詩歌最重要的效用就在於使人
產生興觀群怨的心理，「興觀群怨，詩盡於是矣」〔註79〕。「『詩可以興，可以
觀，可以群，可以怨。』盡矣。辨漢、魏、唐、宋之雅俗得失以此，讀《三
百篇》者必此。」〔註80〕因此，他認為一首詩「可興可怨，乃得踞詩人獅子
座」〔註81〕，「獅子座」一詞來自佛教，意指佛所坐之處，後泛指高僧說法的
坐席。王夫之意在強調，詩歌可以產生興觀群怨的效用才能稱作詩中佳作，
可為後世法。

〔註79〕王夫之：《船山全書》第十五冊，第819頁。
〔註80〕王夫之：《船山全書》第十五冊，第808頁。
〔註81〕王夫之：《船山全書》第十四冊，第1587頁。

　　詩歌如果想達到這種效用，對於詩人創作便有特定的要求。這個要求可概括爲「立主御賓，順寫現景」，即通過吟詠現量，將詩人之意藏於景語之中，使詩歌作品不至於直接宣露詩人之意，而表現出一種意義的開放性和涵容性，形成解釋的多種可能性。王夫之將其表達爲：「雜用景物入情，總不使所思者一見端緒」，〔註82〕這種詩歌「可抒獨思，可授眾感」〔註83〕，是「一切之詩。一切，故深。」〔註84〕，他指出，「一即一切，可群可怨。」〔註85〕因此，只有「詠得現量分明，則以之怡神，以之寄怨，無所不可，方是攝興觀群怨於一爐錘，爲《風》、《雅》之同調。」〔註86〕

　　表達詩人個體情思的詩歌之所以有「一即一切」的開放性，就在於普遍性、共同性被融入了詩歌。王夫之談論的詩歌形態集中於抒情詩。我們已知，「現量」具有現在義、現成義和顯現眞實義三層含義，詩人即目吟詠，抒發個人情思，並「藏情於景」，當下的、眞實的情思與當下的、眞實的風物鎔鑄在詩歌之中。王夫之強調詩歌所抒發的情志，應該是「性之情」、「合理之情」，而不是個人的欲望，因此，詩所道出的情感既是詩人個體的，也同時具有普遍性和共通性，能通天下人之志。此外，詩歌的律動與天化流行的律動也是共振、合拍的，因此，詩歌中的情思、風物既具有個人性、具體性，也同時具有普遍性、共同性，具有具體性和普遍性融浹的特點，「用吟魂罩定一時風物情理」〔註87〕，以周盡古今天人之變，詩歌的精魂就體現在此。王夫之以極爲細膩的筆觸對這種詩歌的特性進行了描述：

　　　　唯此窅窅搖搖之中，有一切深情在內，可興，可觀，可群，可
　　　怨，是以有取於詩。然因此而詩，則又往往緣景，緣事，緣已往，
　　　緣未來，終年苦吟而不能自道。以追光躡景之筆，寫通天盡人之懷，
　　　是詩家正法眼藏。(《古詩評選》卷四，阮籍《詠懷》)

「窅窅」既是形容詞，形容遙遠、深邃貌，又爲象聲詞，形容聲音遙遠、深邃的狀態；「搖搖」也是形容詞，形容遙遠貌、搖曳貌。王夫之下筆極爲細膩，「窅窅搖搖」生動表現出詩歌妙筆生姿的特點，形容出詩境幽邃、深

〔註82〕王夫之：《船山全書》第十四冊，第 492 頁。
〔註83〕王夫之：《船山全書》第十四冊，第 652 頁。
〔註84〕王夫之：《船山全書》第十四冊，第 668 頁。
〔註85〕王夫之：《船山全書》第十四冊，第 952 頁。
〔註86〕王夫之：《船山全書》第十四冊，第 1019 頁。
〔註87〕王夫之：《船山全書》第十四冊，第 1449 頁。

遠、渾成的狀態，也表達出詩歌旋律的「聲情」美。詩歌撥動了天地運化之弦，從天地深遠處傳出了清颯的旋律，彷彿不經意地哼唱著天地風華、人世悲喜的情事。「有一切深情在內」表明詩人之意具有一定的模糊性，「用景寫意，景顯意微」〔註88〕，因而其所思所感的端緒隱藏在「窅窅搖搖」的景語之中，不像議論詩、敘事詩那樣可以明確的抽繹出來，「可以生無窮之情，而情了無寄」〔註89〕，含一切深情於詩中，因而，讀者可以從多角度進行體味，從多方面進行解讀，形成解釋的開放性和涵容性，產生興觀群怨的詩歌效用。「追光躡景之筆」指出詩人應當「順寫現景」，吟詠現量。「寫通天盡人之懷」指出詩歌所道之情乃是詩人體貼天化、懷抱天下、盡心人道的「性之情」、「合理之情」。詩人「一段霏微亭特」的「性之情」藏於渾成、幽邃的「聲情」之中，若無意而含一切意於其中，讀者在欣賞品味詩歌的同時，也於此可興、可觀、可群、可怨，詩教也就從此生發。正如王夫之所說：「一片心理，就空明中縱橫熳爛，除卻粗人、酸人、糯板人，無不於此得興觀群怨以去。」〔註90〕他認為「《十九首》該情一切，群、怨俱宜，詩教良然，不以言著。」〔註91〕

興觀群怨是作者和讀者的會遇，詩歌作品可以興觀群怨，因而讀者能各以其情與之會遇。王夫之特別解釋了「可以」一詞：

> 「可以」云者，隨所「以」而皆「可」也。於所興而可觀，其興也深；於所觀而可興，其觀也審。以其群者而怨，怨愈不忘；以其怨者而群，群乃益摯。出於四情之外，以生起四情；遊於四情之中，情無所窒。作者用一致之思，讀者各以其情而自得。故《關雎》，興也；康王晏朝，而即為冰鑒。「訏謨定命，遠猷辰告」，觀也。謝安欣賞，而增其遐心。人情之遊也無涯，而各以其情遇，斯所貴於有詩。是故延年不如康樂，而宋、唐之所繇升降也。謝疊山、虞道園之說詩，井畫而根掘之，惡足知此！（《詩譯·二》）

在這段文字裏，王夫之從作者和讀者兩方面分析了興觀群怨，作者和讀者通過興觀群怨而得到溝通。在作者方面，詩歌以其涵容性保持著作品的開放性，「可以」一詞強調的就是作品的開放性。一首好詩，它不僅僅是只能提供興

〔註88〕王夫之：《船山全書》第十四冊，第1003頁。
〔註89〕王夫之：《船山全書》第十四冊，第622頁。
〔註90〕王夫之：《船山全書》第十四冊，第1388頁。
〔註91〕王夫之：《船山全書》第十四冊，第644頁。

觀群怨的其中一個方面，它能使讀者同時獲得興觀群怨四種功效。它也不僅僅只適用於某一種人群，它適用於所有人群（除卻粗酸人等），讀者都能根據自己氣之所近、情之所親而與之產生交流。在讀者方面，王夫之說明，讀者因其情志之別會對同一個作品產生不同的興觀群怨反應。他舉了《周南・關雎》和《大雅・抑》兩首詩的例子，如《關雎》之興，本是吟歌夫婦情摯而有別，當《魯詩》懷「好色之伐性短年，離制度之生無厭，天下將蒙化，陵夷而成俗」〔註92〕的憂刺之情時，《關雎》便成了刺康王晏朝的作品，讀者藉此也可觀周康王一朝之得失。王夫之沒有評斷《魯詩》的對錯，只是指出，人情無端，詩的可貴在於，人能依據情之所親而各自與詩會遇有得。《關雎》之善，從其可興和可觀也可得其一端。

從讀者角度來說，以其情與詩相遇、相通，這是興觀群怨詩教得到落實的最基本的要素。以情爲媒介，詩歌打開了一個流動的、開放的、繚繞而深情充盈的意義世界，讀者在吟詠中產生的興觀群怨使詩歌的意義世界變得越來越豐富。當然，王夫之強調，讀者只有認眞「學」，仔細「涵泳玩索」，才能眞正實現興觀群怨的詩教。他在《四書箋解》中明確地表達了這個觀點：

> 謂學之則可以「興」，餘仿此。且如「多識鳥獸草木」，亦須講究方識。若唯讀《詩》不講究，則又豈知雎鳩是何鳥。使一雎鳩在前仍不識其何名，既不能知其何名，便無以知之明，處之當，讀詩又何益之有！況「興觀羣怨」，非涵詠玩索，豈有可焉者乎！（《四書箋解・詩可以興章》）

「學」然後才可以興觀群怨，王夫之認爲「學」兼指講習討論和存養省察。在這裡，「學」主要就講習討論而言，它又包括思、問、修等學問工夫。具體來說，就是訓詁字詞、考釋名物、涵泳思索詩文的意蘊等工夫。王夫之經常將「涵泳」與「從容」、「薰陶」等詞語連起來使用，如「從容涵泳，自然生其氣象」〔註93〕，意指熟讀詩文，浸潤、沉浸於其中，脈絡通貫。朱熹曾指出讀詩「止當於詩辭吟詠，著教活絡貫通方得」〔註94〕，說的就是這個意思。

〔註92〕王先謙：《詩三家義集疏》，北京，中華書局，2009年版，第4頁。

〔註93〕王夫之：《船山全書》第十五冊，第808頁。

〔註94〕轉引自《公木文集》，公木指出，《詩傳遺說》中朱熹論及：「看詩不當只管去《序》中討，只當與詩辭中吟詠著教活絡貫通方得。」見公木：《公木文集》第二卷，長春，吉林大學出版社，2001年版，第45頁。

「涵泳」還有更深一層含義,即是指熟習上下文,深入思考、體味、領會詩歌含藏的意味,如王夫之所說「熟繹上下文,涵泳以求其立言之旨」〔註95〕。因而,「涵泳玩索」指的是熟習詩文,探究詩意、體味詩境。經過這種長期、深入的學習,興觀群怨才能真正成爲讀者所得,人道的實現也就獲得了真實的可能性。因而,王夫之指出:

> 奮發於爲善而通天下之志,群而貞,怨而節,盡己與人之道,盡於是矣,事父事君以此,可以寡過,推以行之,天下無非中正和平之節,故不可以不學。(《張子正蒙注・樂器篇》)

王夫之通過這段簡短的文字深闊、精湛地指出,人道盡於興觀群怨的詩教之中。人道的實現在於盡己之性、盡人之性以及盡物之性,興觀群怨恰好能助益於人道的實現。讀者涵詠以體情,從詩中「得其揚扢鼓舞之意」〔註96〕,則能體悟好善惡惡之情,從而興起爲善去惡之志,如果執持其志就能盡己之性。讀者平其心,熟繹詩文,詳察細究而「得其推見至隱之深」〔註97〕,廣通古今天下人的情志,則能鼓勵其善、引導其不善,依其氣質之可受而使各致其知能,故而能盡人之性。讀者通過閱讀詩歌,體味作者深情,「得其溫柔正直之致」〔註98〕,便能與作者形成一個良善、貞固的團體,相互夾持以向善。讀者吟詠詩辭,玩味詩中含藏不盡之情,「得其俳惻纏綿之情」〔註99〕,感受其情感之發而有節,涵泳以養己之心氣,則得「怨」的精魂。己之情定志堅;通人之情而使各盡其能;有朋友的夾持;涵養心氣,情感平和有節,「盡己與人之道」,可謂盡在於此。從此推闊開來,以柔和敦篤之情事父,以愷悌誠摯之敬事君,以中正和平之節處人事萬變,都可從興觀群怨的詩教中生發出來。由此說來,詩教對於有志於聖人之學的學者來說,就不是可有可無的點綴,而是成就其事業必要的教養、涵泳之資。當然,詩教的功用並不能自然生發,而需要讀者積極發揮主體自覺,學習、玩索詩歌所含藏的風情物理和天人之懷,深入參與到詩歌作品意義世界的再創造之中,否則,詩教的功用只能是藏而不發的。因此,王夫之不斷強調「學」的重要性,在《四書訓義》中他也主要發揮了這個觀點:

〔註95〕王夫之:《船山全書》第十五冊,第856頁。
〔註96〕王夫之:《船山全書》第六冊,第259頁。
〔註97〕王夫之:《船山全書》第六冊,第259頁。
〔註98〕王夫之:《船山全書》第六冊,第259頁。
〔註99〕王夫之:《船山全書》第六冊,第259頁。

　　　小子學之，可以興觀者即可以群怨，哀樂之外無是非；可以興
　　觀群怨者即可以事君父，忠孝善惡之本，而歆於善惡以定其情，子
　　臣之極致也。鳥獸草木亦無非理之所著，而情亦不異矣。「可以」者，
　　無不可焉，隨所以而皆可焉。古之爲詩者，原立於博通四達之塗，
　　以一性一情周人倫物理之變而得其妙，是故學焉而所益者無涯也。
　　小子何其莫學夫《詩》也？（《四書訓義・陽貨第十七》）

王夫之對「學」的強調和他的理學思想是一貫相通的。他突出了「學」的根
本性，在《思問錄》中，他提出孔子「學而時習之，不亦說乎」一章才是性
善的證明，而孟子四端之心的提法只是「權辭」。他對情十分警惕，反對以情
證性，但是，他又非常注重情在爲學工夫中的作用，事實上，詩教之「學」
與情有著緊密的關聯。「學」可以明是非，但「哀樂之外無是非」；「學」可以
知善惡之本，而詩教正是使人「歆於善惡以定其情」。可以說，興觀群怨的詩
教過程都有情感貫注其中。王夫之說：「其可興者即其可觀，勸善之中而是非
著」，在激揚的奮發向善的情感中也能詳察是非。「可以興觀者即可以群怨，
哀樂之外無是非」說的也是這個道理。群而有貞，怨而有節，無不合乎情感
中正之度，興觀群怨的詩教正是使人體察情感的節度，養成溫柔敦厚的性情，
平和有節地處理善惡是非之事。無論事君父還是處時變，篤定其好善惡惡的
情志，切行其中正和平之節，便是詩教之養。王夫之認爲，古人之詩（此特
指《詩經》）正是一切之詩，「立於博通四達之圖」說明詩歌廣通諸情，「隨所
以而皆可」；「以一性一情周人倫物理之變」說明詩歌顯示情事物理之眞實義，
通古今天人之變，個體性與普遍性融浹無間。因此，他再次強調，「學」，則
詩之用無窮，詩之教無涯。

五、小結

　　王夫之的詩論並不是晚年閒居山野的消遣，他別雅正、辨貞邪，與孔子
晚年自衛反魯，正樂刪詩之意息息相通。總結明亡教訓、反思明代學術、重
建儒家正統是他一直堅持的學術工作，而他堅持的工作以眞切易感的方式在
詩論中獲得了另一種表達。

　　王夫之在內容和形式上對詩都作出了規定，在內容上，他提出「詩道性
之情」，「性之情」是爲性所用之情，是詩人與天下相通之情，而不是個人私
欲之情。詩道性之情可以感發人的情志，引人以入名教之樂。在形式上，他

提出「詩動人以聲情」，「聲情」是指通過聲調表現的情感，它要求詩歌以音樂化的形式表現詩人的內在情志。王夫之認為詩並不是默念的文字，而是可諷誦歌吟的有聲藝術，「詩樂之理一」，二者不容異語。音樂化的形式體現為遣詞用韻要清平、圓潤，以利於詩歌吟誦的順暢、流動；節奏要簡明、緩和，往復唱歎、聲情繚繞；也體現為結構的渾成、整體和諧。詩歌的結構是由詩歌的章法所成，而章法是通過詩人引氣、取勢而形成的，因而，對於氣和勢的論述也是他詩論的重要內容。「氣」是王夫之詩論的基本概念，他提出「文者氣之用」，認為詩歌創作就是用氣之事。一方面，詩歌之氣以清平、純儉為宗，因為清平之氣能引人進入清微悠遠之境，使讀者之氣也趨於清和，移易人的性情。另一方面，詩歌之氣要一氣通貫，有生氣、活氣。詩歌呈現的不是靜止的結構，而是流動生姿的活的結構。「勢」是詩意不可避免、不得不如此展開的必然趨勢，詩人依循理的必然性，引氣以展開詩意，便形成了「勢」，構成了詩歌的結構。王夫之指出，詩歌展開的節奏和結構與天地的節奏、律動是合拍的、共振的。

興觀群怨在王夫之的詩教思想中具有綱領性的地位，因為詩歌可以興觀群怨，詩教的功能才能真正的得到落實。王夫之從作者創作和讀者學習涵泳兩個方面進行了論述，前者是前提，後者是主旨。王夫之認為詩歌創作應該向讀者敞開一個意義詮釋的無限可能性，這也就是說，詩人借景言情，將內心情志藏在景語之中，使詩歌不會直接宣露詩人情志，而形成詩意的模糊性和開放性，因而，讀者可以興、可以觀、可以群、可以怨，各以自己的情感與作者會遇，產生交流。王夫之認為，可以興觀群怨的詩才是詩歌佳作，雅俗之辨就在於此。然而，讀者才是興觀群怨的關鍵性主體，面對可以興觀群怨的詩，讀者要進行學習和思考才能獲益，學習包括訓詁字詞、考釋名物地理和思索詩文意蘊，否則，再優秀的詩作也只能停留為文字，而不能成為構成讀者內在精神世界的資源，不能成為讀者修身之資。詩教之「學」與情有著緊密關聯，興觀群怨的詩教過程都有情感貫注其中，讀者通過涵泳、思索詩歌，感發為善之志，尋繹忠孝善惡之本，涵養溫柔的性情，以之事君、事父，並推闊開來，以中正和平之節盡性分、處萬變，人道也就盡於此。

王夫之強調讀者在興觀群怨中的關鍵作用，是有慧見卓識的。詩人創作的優秀詩歌作品，如果沒有被讀者闡發出獨至之蘊，它對於讀者來說就是存在著的無，不能和讀者的精神世界發生溝通，也就不能影響讀者的情感心理世界，

發揮詩教誘導人性情的功能。王夫之突出讀者的主體性，也就是要突出人在修身盡性過程中的主體性。盡人性、成人道是堅毅卓絕的事業，需要剛健有爲的精神，才能有所成就。詩教的浸潤並不意味著可以取消主動的作爲，相反，它需要主體不懈的工夫。興觀群怨看似是文學詩論觀點，與心性之學毫無關聯。但是，在王夫之的思想體系中，興觀群怨其實是構成詩教可能性的基礎。盡性成道看似是心性之學的內容，與詩歌毫無關聯，然而，詩歌所獨有的音樂美、韻律美和文字美，又是盡性成道達到精微之境的必要媒介。王夫之就是如此圓融的在心性之學和詩歌理論中迴旋周遊，創造出獨具魅力的詩教理論。

第五章　詩教論

「思無邪」論、「溫柔敦厚詩教」論和「《詩》亡然後春秋作論」都是詩教思想史中非常重要的問題。「思無邪」論由孔子提出，「《詩》亡然後春秋作論」由孟子提出，兩位聖人簡練的觀點引起了後世的許多爭論，難以形成統一的見解。不過，自從《禮記・經解》提出「其人溫柔敦厚，詩教也」的觀點後，它就作爲詩教的基本標準爲後世所承緒，也許研究者對之有不同的解釋，但都爲學者所肯認。王夫之對這三個問題都進行了論述，他的思考源於對明代社會中後期社會戾氣、詩歌中囂陵之氣的反思，源於對明亡教訓的總結，具有極強的時代特徵。

一、詩教歷史沿革

王夫之詩教思想在詩教傳統中實現了兩個突破。首先，他將《詩》教擴展爲詩教，《詩》教指的是以《詩經》爲文本而進行的教化行爲，而詩教則突破了單純的《詩經》文本，意指以所有雅正之詩爲文本而進行的教化行爲。其次，他提出詩樂一理，將詩歌的藝術形式提高到與詩歌內容同等重要的地位，在教化方式上，突破了單純以文本內容進行教化的詩教方式，突出了詩歌的音樂形式對於詩教的意義。本節以從《詩》教到詩教和詩樂關係兩點作爲線索，對詩教的歷史沿革進行簡要回溯。

《詩》教的傳統可以上溯到帝舜的時候，根據《尚書・舜典》〔註1〕，帝

〔註1〕 《尚書・舜典》中記載：「夔，命汝典樂，教冑子，直而溫，寬而栗，剛而無虐，簡而無傲。詩言志，歌詠言，聲依永，律和聲。八音克諧，無相奪倫，神人以和。」見孔穎達：《尚書正義》，北京，北京大學出版社，1999年版，第79頁。

舜命樂官夔典樂以教國子，並最先提出「詩言志」的觀點。在當時，詩與樂、舞是相合相應的，舜意在通過歌詩樂舞的教育，培養國子正直溫和、寬宏莊麗等的德性與儀範。可見，歌詩至少在帝舜之時就已經用於德性的培養。這個傳統被周朝的君王所承緒，周公創制禮樂，並將其用於祭祀與教育。經過數百年的時間，周公所創樂詩、周朝後代君王所作樂詩、周朝大夫所作樂詩與樂官所採集的風詩等歌詩被統一集結成《詩三百》，成爲中國古代最古老的詩歌總集。在此時，《詩》教主要是指以詩樂合一的《詩三百》，對帝胄、貴族子弟進行吟誦、舞蹈等專業訓練，培養他們的心性和威儀。這時候的《詩》教其實是《詩三百》文本、音樂和舞蹈的三重協作而達到的教化功效。

隨後，孔子也有著自覺的《詩》教意識，不過，孔子對《詩》教重新作出了規範，《詩》教的概念發生了比較重要的改變。首先，它的教化對象不再是帝胄、貴族子弟，更重要的是指君子的教化和自我教化，當然也包括對國民、百姓的教化。其次，在教化方式上，音樂對於《詩》教還有著重要意義，但是舞蹈則已經不是重要因素了，它主要是指以詩樂合一的《詩三百》爲文本，進行道德的修養和文化的積纍，是士的人格成就中的重要內容。

大致在戰國中期時，《禮記‧經解》問世，這是最早對《詩》教作出明確說明的文本，它提出：「入其國，其教可知也。其爲人也，溫柔敦厚，《詩》教也。」自此以後，它奠基了中國的《詩》教傳統，「溫柔敦厚」成爲《詩》教最基本的標準和內容。在《禮記‧經解》中，《詩》教的對象是國民，因此，它同時也指出了《詩》教對於社會風俗的影響。

漢代時經學得到重視，並逐漸被納入到國家的主流話語系統，漢武帝設立「五經」博士，「五經」便最終獲得了它們的經典性和神聖性，開啓了經學的「昌明」時代，並走向「極盛」時代〔註2〕。當然，這也是《詩經》研究的一個極爲重要的時代。這時候，《詩三百》已經基本完成了它的經典化過程，昇華爲《詩經》，獲得了經典的神聖性。在漢代，經學的興盛與皇權的支持有密切的關係，經學「通經致用」的政教目的也比較明確。「五經」揆天道、察人情、考古今，包含至廣，意義重大，根本來說就是緒人倫之教、匡帝王之道。這種整體的特徵也體現在《詩經》的研究中，「從某種意義上講，武帝之

〔註2〕 皮錫瑞稱「經學至漢武始昌明，而漢武之經學爲最純正」，至漢元帝、漢成帝直到東漢，便是經學的極盛時代。見皮錫瑞：《經學歷史》，北京，中華書局，1981 年版，第 70 頁和第 101 頁。

後的《詩》學，已不是純粹意義上的經學，而變成了與政治緊密結合的經術。」
〔註3〕當然，這更多的是指今文經學的研究。事實上，直到東漢《毛詩》的出
現，儒家詩教系統才得以完整的建立。此處所指的《毛詩》，包括《詩序》、《詩
傳》和《鄭箋》，關於《詩序》和《詩傳》的作者、寫作時間，是爭議頗多的
問題，此處不作考證，而是將其與《鄭箋》看作一個整體，說明其在詩教歷
史中的地位和影響。到《毛詩》的時候，《詩》教的概念又發生了很大的變化，
它建立了一個以美、刺爲核心的《詩》教理論體系，並對《詩》教的內涵進
行了限制。它將每一首詩都劃定在特定的歷史階段和歷史人物之上，並用「美」
或「刺」的標語對其進行價值評價，以實現其匡護政教的目的。爲了與這種
美刺的評價體系相應，鄭玄對「六詩」做出了新的解釋，他指出：

> 風，言賢聖治道之遺化也；賦之言鋪，直鋪陳今之政教善惡；
> 比，見今之失，不敢斥言，取比類以言之；興，見今之美，嫌於媚
> 諛，取善事以喻勸之；言今之正者，以爲後世法；頌之言誦也，容
> 也，誦今之德廣以美之。（《毛詩正義・詩大序》之「故詩有六義焉」。）

可見，在《毛詩》的這種理論體系中，《詩經》乃是以其經典的身份承擔起了
反應政治得失的責任，《詩》教也承擔起了「經夫婦，成孝敬，厚人倫，美教
化，移風俗」的「通經致用」的社會責任，因而，《詩》教的核心功能也變成
了對人的政治教化和道德教化。在這個教化體系中，《詩經》的文學性和音樂
性都被忽視了，替之以經典的嚴肅性和神聖不可置疑性。《毛詩》的《詩》教
傳統影響頗爲深遠，直至清代，即使反《毛詩》的人，也不能不以嚴肅的態
度對待它。

　　因爲漢代經學極盛，因此，其詩教觀念基本都限定爲《詩》之教，鮮有
論及詩之教者。雖然有曹丕《典論・論文》、鍾嶸有《詩品》等文學批評作品，
但是並沒有討論詩教的問題。一直到唐代，釋皎然在其著作《詩式》中鄭重
提出「詩教」的概念，他說道：

> 夫詩者，眾妙之華實，《六經》之菁英，雖非聖功，妙均於聖。
> 彼天地日月、元化之淵奧、鬼神之微冥，精思一搜，萬象不能藏其
> 巧。其作用也，放意須險，定句須難，雖取由我衷而得若神授。至
> 如天眞挺拔之句，與造化爭衡，可以意冥，難以言狀，非作者不能

〔註3〕劉毓慶：《從文學到經學——先秦兩漢詩經學史論》，上海，華東師範大學出
　　　版社，2009年版，第201頁。

　　知也。泊西漢以來，文體四變，將恐風雅寖泯，輒欲商較以正其源。
　　今從兩漢已降，至於我唐，名篇麗句，凡若干人，命曰《詩式》，使
　　無天機者坐致天機，若君子見之，庶有益於詩教矣。(《詩式卷第一
　　併序》)

《詩式》是文學批評理論著作，它對詩歌創作的結構安排、聲律，創作過程
中容易出現的問題，以及詩歌用事等內容進行了論述。對規範、引導詩文的
寫作有一定的作用，但是也容易造成缺乏生機的弊病，王夫之對之十分不屑。
上面這段文字是《詩式》的序言，釋皎然認爲詩歌乃是《六經》中璀璨的英
華，其妙均於聖功。他指出，正是由於擔憂風雅之道逐漸泯滅，他才決定寫
作《詩式》，以有益於詩教。可見，釋皎然已經比較自覺地去思考詩教的相關
問題。此外，從唐人的詩歌作品中，也可以看出詩人的詩教自覺，如李白的
《古風·大雅久不作》、杜甫詩歌中透顯的儒家詩教傳統等，都可看出唐代文
人在詩教擔當上的自覺，不過此時專門的詩教理論並不多見。

　　就唐代《詩》教來說，值得一提的是孔穎達主持編撰的《毛詩正義》。唐
太宗爲統一儒門紛雜之見，疏通章句詁訓，命孔穎達主持《詩經》、《尚書》、
《禮記》、《周易》和《春秋》「五經」的編撰工作。此套《正義》於唐太宗貞
觀十六年（公元 642 年）編成，後遞經校訂、增損，於唐高宗永徽四年（公
元 653 年）頒行。自此以後，《五經正義》便成爲唐代經學之典範，爲士人科
舉必讀之書。據載，「永徽四年，頒孔穎達《五經正義》於天下，每年明經依
此考試。自唐至宋，明經取士，皆遵此本。夫漢帝稱制臨決，尚未定爲全書；
博士分門授徒，亦非止一家數；以經學論，未有統一若此之大且久者。」﹝註
4﹞從南北朝開始，就有對《毛詩》的義疏之作，即對其傳、注的解釋著作。
經過隋朝、至於唐代，義疏之作已經有一定成果，並形成「疏不破注」的原
則。《毛詩正義》以漢代《毛詩》爲基本內容，秉承「疏不破注」的原則將前
人的《毛詩》研究成果進行整合而得以完成，它在一定程度上實現了統一《詩
經》理論的目標，但是無疑也有許多弊端，比如對《毛傳》與《鄭箋》之異
同不加評說，對二者的分歧也不判斷、也不加以辨析等，有時難免有曲從注
文之嫌。就《詩》教理論來說，較漢代也沒有太大的突破。

　　宋代又掀起了《詩經》研究的另一個高潮，產生了一批傑出的《詩經》
研究著作，其中，王安石的《詩經新義》、程頤的《伊川詩說》、朱熹的《詩

﹝註 4﹞皮錫瑞：《經學歷史》，北京，中華書局，1981 年版，第 198 頁。

集傳》和呂祖謙的《呂氏家塾讀詩記》都曾先後被立爲士人學《詩》的典範
文本。而朱熹的《詩集傳》更是宋代《詩經》研究的最重要成果，夏傳才先
生稱其是在《毛詩》、《毛詩正義》之後的「第三個里程碑」〔註5〕。宋神宗爲
改變經學研究的混亂局面，命王安石撰寫頒行新的經學著作。因而他重新訓
釋了《詩經》、《尚書》和《周官》三經，時稱《三經新義》。其中《詩經新義》
於熙寧八年（公元 1075 年）頒於學官，在相當長一段時間內，直到哲宗元祐
年間司馬光盡廢王安石新法，取消《三經新義》作爲朝廷取士的標準地位，
它都是士人科舉的必讀經典和科考標準。它最大的特點便是以禮解《詩》，並
注重闡明義理。除了朱熹和王安石，程頤的《伊川詩說》也是《詩經》研究
的重要成果。程頤研究《詩經》多遵《詩序》和《詩傳》，但往往又能以簡練
的語言闡釋其中蘊含的義理，王夫之對之十分欣賞，認爲「程子與學者說《詩
經》，止添數子，就本文吟詠再三，而精義自見。」〔註6〕近來也有學者認爲
他「擺落漢唐，獨研義理」〔註7〕。宋代解《詩》有遵《序》派和反《序》派
兩個基本派別，呂祖謙的《呂氏家塾讀詩記》體現的便是遵《序》派的思路，
堅持以《序》解《詩》的立場。朱熹對此感到不安，曾就自己與呂祖謙之間
的分歧與之進行爭論，並引發其撰寫《詩序辨說》的初衷，他提到：「東萊不
合只因《序》講解，便有許多牽強處。某嘗與言之，終不肯信。《讀詩記》中
雖多說《序》，然亦有說不行處，亦廢之。某因作《詩傳》，遂成《詩序辨說》
一冊，其它謬誤，辨之頗詳。」〔註8〕

　　談起朱熹的《詩經》研究成果，就不能不提宋代的疑經辨古思潮，這個
思潮主要是針對《毛傳》、《毛序》的作者以及《毛詩》經與傳的關係而進行，
他們強調經、傳分離，提出直接面對《詩經》經文本身，以《詩》說《詩》；
並且對《詩序》開展了「辨僞」活動，其代表人物是歐陽修、鄭樵和朱熹。
歐陽修是宋代最早對《詩序》發難的人，其著作《詩本義》的目的就在於辨
析《詩序》、《鄭箋》的謬誤，以呈現《詩經》本義。其後，鄭樵作《詩辨妄》，
力攻《詩序》，態度十分激烈。朱熹曾提到鄭樵對他的影響：「向見鄭仲樵有
《詩辨妄》，力詆《詩序》，其間言語太甚，以爲皆是村野妄人所作。始亦疑

〔註5〕夏傳才：《詩經研究史概要》，鄭州，中州書畫社，1982 年版，第 141 頁。
〔註6〕王夫之：《船山全書》第十五冊，第 843 頁。
〔註7〕譚德興：《試論程顥程頤的〈詩〉學思想》，載於《詩經研究叢刊》第六輯，
　　　北京，學苑出版社，2004 年版，第 97 頁。
〔註8〕朱熹：《朱子語類》第六冊，北京，中華書局，1986 年版，第 2078 頁。

之，後來子細看一兩篇，因質之《史記》、《國語》，然後知《詩序》之果不足信。因是看《行葦》、《賓之初筵》、《抑》等數篇，《序》與《詩》全不相似。」〔註9〕

　　至於朱熹本人，則經歷了從遵《序》到疑《序》再到廢《序》的過程，最終採取以《詩》說《詩》的基本立場，建立了自己的研究體系，並以此爲基礎形成了自己的《詩》教思想。其《詩》教思想主要體現出以下三個特點：第一，他比較注重《詩經》的文學性，這在漢代《詩》教體系建立後，曾在相當長的歷史時間中被學者忽略掉。開始關注《詩經》文本的文學性特徵，朱熹並不是孤例，而是宋代《詩經》研究的整體傾向。朱熹對於《詩經》文學性的體認首先表現在，他突破了《毛詩》「美刺」的政教化思維，強調《詩經》「吟詠情性」〔註10〕的特質，並指出：「大率古人作詩，與今人作詩一般，其間亦自有感物道情，吟詠情性，幾時盡是譏刺他人？只緣序者立例，篇篇要做美刺說，將詩人意思盡穿鑿壞了！且如今人見人才做事，便作一詩歌美之，或譏刺之，是甚麼道理？」〔註11〕其次，對於讀《詩》的方法，他強調諷誦涵泳，指出：「大凡讀書，多在諷誦中見義理。況詩又全在諷誦之功。」〔註12〕「諷誦」即是誦讀詠歌之意，朱熹認爲讀《詩》應先不看各家注釋，而是自身諷誦，涵泳熟讀，直到體味出其中涵義。他說：「讀《詩》，惟是諷誦之功。……某舊時讀《詩》，也只先去看許多注解，少間卻被惑亂。後來讀至半了，都只將《詩》來諷誦至四五十過，已漸漸得《詩》之意；卻去看注解，便覺減了五分以上工夫；更從而諷誦四五十過，則胸中判然矣。」〔註13〕朱熹希望學子在諷誦涵泳中體會詩意，然後再去看注解，以便漸漸熟諳其中義理；而不是開口讀《詩》，便要尋繹其中道理。錢穆先生指出，朱熹的諷誦讀《詩》之法正體現了他對《詩經》文學性的體認，「他能以文學家眼光讀詩。逐詩下諷誦工夫，而亦並不忽去注解。及其結果，乃能以文學上之自得，而解脫了經學上之束縛。」〔註14〕朱熹對於《詩經》確實深有文學之自得，他

〔註 9〕　朱熹：《朱子語類》第六冊，第 2076 頁。
〔註10〕　朱熹：《朱子語類》第五冊，第 1659 頁。
〔註11〕　朱熹：《朱子語類》第六冊，第 2076 頁。
〔註12〕　朱熹：《朱子語類》第七冊，第 2612 頁。
〔註13〕　朱熹：《朱子語類》第七冊，第 2613 頁。
〔註14〕　錢穆：《錢賓四先生全集》第十四冊（《朱子新學案》之第四冊，臺北，聯經出版事業股份有限公司，1993 年版，第 59 頁。

也說「看詩，義理外更看它好文章」〔註15〕。但是，涵泳文學之自得，解脫經學上的束縛並不意味著全然廢棄經典中的道理，朱熹研讀《詩經》最後歸本的依然是義理之學，對此，錢穆先生也指出：「朱子以文學方法讀詩，解脫了經學纏縛，而回歸到理學家之義理。」〔註16〕這對朱熹《詩經》研究中文學與義理關係的評價是十分精當的。

　　朱熹《詩》教思想的第二個特點是，突出《詩》教之功在導人於情性之正，這也是他對《毛詩》詩教體系的突破，他指出：

　　　　蓋《詩》之言美惡不同，或勸或懲，皆有以使人得性情之正。(《詩集傳・魯頌・駉》)

　　　　凡《詩》之言，善者可以感發人之善心，惡者可以懲創人之逸志，其用歸於使人得其情性之正而已。(《四書章句集注・論語集注》之「爲政第二」中「思無邪」條)

「情性之正」即是指喜怒哀樂情感之發皆合於中和之度，不過中和之則。對於《詩》教之功在導人性情之正這點，朱熹與王夫之觀點是基本一致的，不過，經過明代《詩經》的又一大轉變，王夫之對此有更爲豐富的闡釋。

　　第三個特點體現在對「思無邪」的解釋上，這和他對《詩經》的文學體認有密切關係。朱熹認爲《國風》是里巷歌謠，乃作者自述其情致之作。其中只有《周南》、《召南》被文王之化以成德，得其情性之正，因而，詩歌內容「樂而不過於淫，哀而不及於傷」。其它的詩歌則都僭越了中和的矩度，淫、傷過則。這些詩歌便被朱熹稱爲「淫詩」。朱熹的「淫詩」說體現了他以《詩》說《詩》的立場，表明他從詩歌本身去理解詩意的努力，同時也消減了《詩經》經文不可置疑的神聖性。在此基礎上，他詮釋孔子所說的「《詩三百》，一言以蔽之，曰『思無邪』」時，突出了讀者的主動性，他提出：

　　　　蓋《詩》之言，美惡不同，或勸或懲，皆有以使人得情性之正。然其明白簡切，通於上下，未有若此言者，故特稱之，以爲可當三百篇之義，以其要爲不過乎此也。學者誠能深味其言，而審於念慮之間，必使無所思而不出於正，則日用云爲，莫非天理之流行矣。(《詩集傳・魯頌・駉》)

<hr>

〔註15〕朱熹：《朱子語類》第六冊，第 2083 頁。
〔註16〕錢穆：《錢賓四先生全集》第十四冊，第 60 頁。

朱熹認為《詩經》的作者並非一人，所以不能保證所有的詩都是「思無邪」。
因此，孔子所指出的「思無邪」乃是指學者之思。學者如果能體味《詩經》
之言，則應當審查念慮之幾，使所思皆出於正，如此，《詩經》言語美，則學
者能興起其為善之志，《詩經》言語惡，則學者有以自警其逸志，由是，要言
之，《詩經》三百篇都能使人情性歸於無邪之正。從讀者角度解釋「思無邪」
也是王夫之的思路，不管王夫之的思路是否由朱熹而得，朱熹的《詩經》研
究確實是他的重要理論參照和理論資源，這從王夫之的論述中也可清楚地看
出來。

　　朱熹所說的《詩》教基本指的是《詩經》之教，這也是宋代言《詩》教
的主要思路。至明代時，從《詩》教中擴展而出的詩教漸漸獲得關注。其中，
開風氣之先的人物便是陳獻章，他以詩歌表達理趣，理融浹在詩歌之中，因
而呈現出詩教之功。事實上，他對詩教也有著相當的自覺，他指出：

> 詩之工，詩之衰也。言，心之聲也。形交乎物，動乎中，喜怒
> 生焉，於是乎形之聲，或疾或徐，或洪或微，或為雲飛，或為川馳。
> 聲之不一，情之變也，率吾情盎然出之，無適不可。有意乎人之贊
> 毀，則《子虛》、《長楊》，希巧誇富，媚人耳目，若俳優然，非詩之
> 教也。

> ⋯⋯嗚虖，工則工矣，其皆三百篇之遺意歟！率吾情盎然出之，
> 不以贊毀歟；發乎天和，不求合於世歟；明三綱，達五常，徵存亡，
> 辨得失，不為河汾子所痛者，殆希矣。故曰詩之工，詩之衰。(《陳
> 獻章集‧認真子詩集序》)〔註17〕

他認為詩歌應該坦誠地表達自己的情志，而不能以他人的贊毀來左右自己創
作的初衷。如果詩歌創作以他人的贊毀為意，就必然促使詩人忽略自己的情
志，轉而雕琢字詞，追求詩歌的工麗。如此創作，將有悖於詩教。因此，他
認為詩之工表現的正是詩之衰。對於詩教，他也有自覺的思考，首先，在詩
歌內容上，詩人應該盎然表達內心之情，不以毀譽為意；這種情感應該與天
地之和相當，而不必求合於世俗。其次，他指出詩教的目的在於明三綱、達
五常、徵存亡和辨得失。陳獻章不好為文，卻好寫詩，並且以詩為教，其弟
子湛甘泉謂以詩為教乃是陳獻章的教人心法，「詩即先生之心法也，即先生之

───────────────
〔註17〕陳獻章：《陳獻章集》，北京，中華書局，1987 年版，第 5 頁。

所以爲教也。」〔註18〕因此，湛甘泉曾經編輯陳獻章的古體詩，以《白沙子古詩教解》爲名刻行於世，他在《白沙子古詩教解序》中說明了自己對其師詩教的理解：「夫白沙詩教何爲者也？言乎其以詩爲教者也。何言乎教也？教也者，著作之謂也。白沙先生無著作也，著作之意寓於詩也。是故道德之精必於詩發之。天下後世得之，因是以傳，是以爲教。」〔註19〕在《重刻詩教解序》中，他更突出了陳獻章花鳥草木的吟歌中無不蘊含道德精意的特點，他說：「今讀先生之詩，風雲花鳥，觸景而成。若無以異於凡詩之寄託者，至此心此理之微，生生化化之妙，物引而道存，言近而指遠，自非澄心默識，超然於意象之表，未易淵通而谿解也。」〔註20〕陳獻章以詩爲教雖然只限於個人的踐形，但是他將對儒家之理的理解融入詩歌之中，並以詩爲教的方式卻得到了明代人的認可，明嘉靖時的鄧球提到，陳獻章的詩教、胡居仁的主敬說、王陽明的良知論，都達到了聖人的其中一個方面。這也在一定程度上說明了從《詩》教擴展出來的詩教已爲一些士人自覺踐行，並得到了當時及以後士人的認可，成爲一種客觀的文化存在，這對王夫之思考詩教問題無疑是十分重要的時代背景。

　　明代《詩經》學研究與明代理學研究有著相似的發展階段，在明代前期，朱熹學說享有獨尊的地位，不管是理學還是《詩經》學都以朱子的詮釋爲依歸。直至明代中後期，其學說才開始形成自己的時代特色。在理學上，針對朱子學說中存在的問題，王陽明創立了心學，陽明心學也發展成爲明代中後期極爲重要的學派。在《詩經》學上，也有學者開始批判以朱熹爲代表的宋代研究方式，有的學者將矛頭對準宋代以理說詩之病；而有的學者則將矛頭指向宋代廢《序》的行爲，提出了自己對《詩序》的肯定態度，如陳言在《詩疑》的「自序」中指出：「《詩小序》之作，或以爲孔子，或以爲子夏，或以爲子夏、毛公合作，或以爲國史，或以爲衛宏潤色之。潤色者，潤色乎孔子、子夏、毛公者也。孔子、子夏、毛公其去《詩》尙近，必耳目有逮焉者，而數千載之後，臆而破之，豈不遠哉！是故《序》有原乎《詩》之意，《詩》無證乎《序》之辭者。朱子以爲非而我疑其是也。」〔註21〕陳言對《小序》的

〔註18〕陳獻章：《陳獻章集》，第 700 頁。
〔註19〕陳獻章：《陳獻章集》，第 699 頁。
〔註20〕陳獻章：《陳獻章集》，第 700 頁。
〔註21〕陳言：《詩疑‧序》，轉引自朱彝尊（編），《經義考》卷一百十三，載於《四部備要》中國書店、中華書局影印本，北京，中華書局，1989 年版，第 605 頁。

肯定態度在當時並非孤例，而是諸多學者發出的一種共同的聲音，如潘恩〔註22〕、何良俊〔註23〕等人都表達了《序》不可廢、《詩》旨應當以《序》為據的觀點。他們的論據大多是漢儒傳授有緒，其距離前賢先聖更近，畢竟勝過宋代的冥搜之語，雖然此論據不能十分有力地支持他們的觀點，但是，在這種思潮的推動下，《詩序》又有了抬頭之勢，《詩經》的「漢學」研究獲得了一定復興。

　　明代中後期《詩經》學研究另一個重要特色，就是開始挖掘《詩經》的文學價值，體味作者情致與心理，闡發其創作手法和藝術精神等，並因此形成了研究方式的多樣性，詩評、詩話之類的著作大量湧現〔註24〕。其中，比較具有代表性的人物有徐常吉、孫鑛、鍾惺等人。徐常吉是「真正能夠標誌《詩經》文學研究走向成熟的帶有里程碑意義的人物」〔註25〕，他是嘉靖、萬曆年間人，著有《詩經翼說》一書，其特點表現在自覺地將「解經之法」與「風人之旨」區分了開來，展現出和經學研究不同的文學研究思路，並在一定程度上引導了明代中後期的《詩經》研究方向。孫鑛則是「將《詩經》文學研究推向高潮的第一人」〔註26〕，他著有《批評詩經》一書。在這本書中，他運用了大量的詩歌批評語言對《詩經》進行評點、批評，用感性的語言風格分析其中詩篇的情致、字法、句法和章法等，與以前經學研究的方式全然不同，對《詩經》的文學研究產生了巨大的推動作用。此外，竟陵學派的代表人物鍾惺在這方面也有重要的成果，他的《詩經》評點對當時影響很大。與他推崇詩歌「性靈」的思想相關，他提出《詩經》是「活物」的觀點，他說：「《詩》，活物也。游、夏以後，自漢至宋，無不說《詩》。不必皆有當於《詩》，而皆可以說《詩》。其皆可以說《詩》者，即在不必皆有當於《詩》之中。非說《詩》者之能如是，而《詩》之為物不能不如是也。」〔註27〕「活

〔註22〕 潘恩在《詩經輯說》的「自序」中指出當世經生為博取科試，宗法《朱傳》，因此於古之注疏不復過目，但是他自己認為「要之古《序》不可廢。」轉引自朱彝尊（編），《經義考》卷一百十三，第604頁。

〔註23〕 何良俊提出即使《小序》不出於子夏，而是漢儒所作，但漢儒畢竟距先聖未遠，與後人自當有別，因此，「《詩》旨必當以《小序》為據。」見何良俊，《四友齋叢說》，北京，中華書局，1997年版，第5頁。

〔註24〕 劉毓慶著書《從經學到文學》，該書著力說明了明代《詩經》學研究的興盛及明代《詩經》文學研究的崛起與繁榮。見北京，商務印書館，2001年版。

〔註25〕 劉毓慶：《從經學到文學》，北京，商務印書館，2001年版，第287頁。

〔註26〕 劉毓慶：《從經學到文學》，第299頁。

〔註27〕 鍾惺：《隱秀軒集》，上海，上海古籍出版社，1992年版，第391頁。

物」的提法意味著《詩經》在本質上具有無限詮釋的可能性，這種詮釋不必然合於《詩經》本意，也不需要合於《詩經》本意，正是這種詮釋的自由才成就了《詩經》之爲「經」的地位，「說《詩》者盈天下，達於後世，屢遷數變，而《詩》不知，而《詩》固已明矣，而《詩》固已行矣。然而《詩》之爲詩，自如也，此《詩》之所以爲『經』也。」〔註28〕鍾惺的這個觀點爲《詩經》的豐富研究方式提供了理論支持，在客觀上也促進了《詩經》的文學研究成就。當然，除卻這三人，明代尚有許多學者在《詩經》的文學研究上都有自己的獨到成果，本文只選取比較關鍵的三個人，其它則略去不談。

　　明代前後七子對詩歌音樂形式的提倡也是明代文學研究中的一股重要力量，它不是直接針對《詩經》，但是針對的是《詩》教中存在的一些問題。在《毛詩》的《詩》教體系下，詩歌的聲音之美、形式之美是被忽略、漠視的，學者關注的只是詩歌中的美刺和諷喻。在宋代，像朱熹等人雖然已經開始關注詩歌的文學性、詩歌的聲音之美等內容，但它們依然只是附屬於詩歌內容之下的因素。由此也導致《詩經》的詮釋越來越沉悶、失去生機，《詩》教也僅流爲話頭而已。針對此，李東陽和前後七子開始大力提倡詩歌的聲音之美，李東陽說：「觀《樂記》論樂聲處，便識得詩法。」〔註29〕李東陽的觀點也表達出了前後七子的基本態度，這表明，他們試圖使詩歌中呈現出音樂的形式。他們的努力並非僅僅從詩歌本身考慮，而是試圖以音樂之美煥發詩教的生機，他們認爲詩教的妙用正體現在它與樂的天然聯繫上，李東陽提到：「詩在六藝中，別是一教，蓋六藝中之樂也……人聲和則樂聲和，又取其聲之和者，以陶寫性情，感發志意，動盪血脈，流通精神，有至於手舞足蹈而不自覺者。」〔註30〕他們試圖聯接詩歌與音樂之關係的方法體現在對詩歌音調、體質、體格這些形式的強調上，希望通過遵循音調、體格等形式規則，使詩歌獲得聲音和諧、動聽之美，從而陶寫人之性情。他們的努力有巨大的啓示性，但是片面強調形式規則，也造成了他們理論上的一些困境，這些困境一定程度上在王夫之的詩教思想中得到了解決。

　　明代《詩經》研究關注文學性、形式美的特點在王夫之的《詩經》研究中也都得到了體現，可以說，王夫之的突破不是表現爲思想的初創性，而是

〔註28〕鍾惺：《隱秀軒集》，第 392 頁。
〔註29〕李東陽：《李東陽集》第二卷，長沙：嶽麓書社，1984 年版，第 532 頁。
〔註30〕李東陽：《李東陽集》第二卷，長沙：嶽麓書社，1984 年版，第 529 頁。

表現爲思想的集大成性，他充分吸收前人的成果，將它們鎔鑄在自己的理論建構中，並解決前人理論中遺存的問題，從而形成其理論上的突破。

二、明代「亡國之音」批評

《禮記・樂記》提出「聲音之道，與政通矣」的觀點，這個觀點在於說明治世、亂世和亡國之世各有反映其世政的相應音樂，如其所說的治世之音安以樂，亂世之音怨以怒，亡國之音哀以思就是此意。王夫之繼承了這個觀點，並作出了重要的發展，指出聲音之道固然反應當時世政，也能反過來影響世政。因此，他說：「音由世之治亂而異，而還感人心，復生治亂。」〔註 31〕王夫之的觀點直接決定了他對明代後期詩文的評價，他認爲明代尤其是明代後期的詩文之作嚚陵、卞躁，呈現的是亡國之音〔註 32〕。他意在說明，嚚陵、卞躁的詩文氣習影響了社會風化，加劇了嚚陵、卞躁的社會風氣、時代氛圍，使得上下離心，國家更加偏離「道」的軌道，導致國家在危亂之中覆亡。

總的來說，他認爲明代詩文只有在國初的時候才符合「詞旨溫厚」〔註 33〕的特點，能「用平淡點綴」〔註 34〕。自景泰、成化年間開始，一切以嚚陵相長，怒張之氣躍然紙上，到天啓、崇禎年間，這種氣習更是有增無減，世教淪夷殆盡。從王夫之反覆的回溯、批評中，我們可以瞭解他對明代詩文風氣的總的觀點：

> 景泰中有十狂人，自號才子，唯籠燥煩沓耳。正於此爭雅俗一大疆界。（《明詩評選》之屠隆《重過桃江別業》）

> 成、弘之際，風雅道廢，上沿景泰十狂人之陋，一切以嚚陵鹵莽相長。（《明詩評選》之桑悅《感懷》）

> 守溪起，既標格局，抑專以遒勁爲雄，怒張之氣由此而濫觴焉。（《夕堂永日緒論外編・一六》）

> 在嘉靖中，嚚陵狂率之習成。（《明詩評選》之嚴嵩《無逸店直舍和少師夏公韻》）

〔註 31〕王夫之：《船山全書》第四冊，第 892 頁。
〔註 32〕《禮記・樂記》認爲嚚陵、憤怒的音樂是亂世之音，而王夫之認爲嚚陵、憤怒、卞躁的音樂是亡國之音。他並沒有完全採取《樂記》的內容。
〔註 33〕王夫之：《船山全書》第十五冊，第 849 頁。
〔註 34〕王夫之：《船山全書》第十五冊，第 844 頁。

啓、禎諸公欲挽萬曆俗靡之習，而竟躁之心勝，其落筆皆如椎擊，刻畫愈極，得理愈淺；雖有才人，無可勝澄清之任。(《夕堂永日緒論外編‧三七》)

王夫之批評的景泰十狂人是景泰年間（1450～1457）北京十位詩人的總稱，當時號稱景泰十才子。據《明史‧文苑‧劉溥傳》所載，劉溥「詩初學西崑，後更奇縱，與湯胤、蘇平、蘇正、沈愚、王淮、晏鋒、鄒亮、蔣忠、王貞慶等號景泰十才子。溥為盟主。」十才子的詩歌體裁比較狹窄，多為贈答、送別、詠物、遊歷之作，成就也不是很高。王夫之的批評矛頭指向的是粗躁、囂陵的詩風，他認為詩風的囂陵與溫柔是詩歌雅俗分化的標準。景泰十位詩人的詩歌在王夫之看來無疑是囂陵的俗音，雖然自號才子，其實只能是盛氣囂張的狂人罷了。事實上，從景泰十才子到成化（1465～1487）、弘治（1488～1505）年間，詩人的相互標榜嚴重助長了這種囂陵魯莽的詩風，幾乎「舉國如狂」〔註35〕。尤其是成弘之際的詩人王鏊（號守溪）宣導遒勁、雄壯的風格，更推動了詩歌中囂陵之氣的蔓延。嘉靖（1522～1566）時候，囂陵、狂率的詩風習氣基本成型，導致世教淪夷。他認為萬曆（1573～1620）年間的詩歌稍微恢復了一點溫柔雅正的風格，所謂「萬曆之季……稍復雅正之音」，但是其流至於俗靡，因而天啓（1621～1627）、崇禎（1627～1644）年間的詩人以竟躁之心欲救萬曆俗靡之習。然而，這其實只是以「如椎擊」之筆又重振起囂陵、竟率的流風而已。

通過其回溯，大致可以看出，他認為明代的詩文除了國初近百年比較溫厚、雅正之外，總的趨向是相率入於囂陵、竟躁的氣習之中。這自然和明代的社會氛圍相關，當時明代社會籠罩在一股「戾氣」之下，躁競、矜氣幾乎成為當時的社會心理。對於這種社會環境，許多明代的思想家都有敏銳的意識，王夫之對此的反思也體現在他哲學思想的各個方面。在政治、歷史思想方面，他更著眼於對戾氣的生成原因、它對士人精神損害的分析，以及對苛核、偏執的士風的反思〔註36〕。而在詩教思想中，他更為強調的則是這種詩歌風氣對社會風化、氛圍的傷害。

〔註35〕 王夫之：《船山全書》第十四冊，第1301頁。
〔註36〕 趙園在《說「戾氣」》一文中，對王夫之在政治、歷史方面關於戾氣的反思作出了比較詳細的說明。見《明清之際的思想與言說》，上海，復旦大學出版社，2010年版，第2～25頁。

　　首先，從社會氛圍、情感和詩歌風氣的關係看，三者是迴環聯繫的。社會氛圍影響人的情感，而這種情感會反應在詩歌風氣之中；反過來，詩歌風氣也會影響人的情感，從而又產生相應的社會氛圍。對於前者，一般人都很容易理解。而對於詩歌風氣影響人的情感，從而影響社會風氣，則往往容易被人忽略。其實，這也容易理解。吟誦豪放的詩歌，容易產生快意灑落的情感；吟詠婉約的詩歌，則容易引發纏綿不盡的幽緒。而人在一定的情感情緒之中，會作出相應的行為。情緒平正，則比較容易採取合理的行為；情緒失衡，則很可能採取不恰當的行為方式。輕者傷及一身，重者可能危及社稷和國家。正因為這樣，詩教才有著實質性的意義。

　　透過明代詩歌中普遍存在的囂陵、競躁之風，可以發現，其後隱藏的其實是緊張、狂率和無主的情感、心理狀態。王夫之認為，音、容的端雅從容在一定程度上可以管制奔亂之心，使其有所收束。如果連音、容都不再端雅，而變得卞躁，那麼，就不再有什麼能管束心理的奔亂了。而其中，尤其又以音為最後的底線，他指出：

> 奔其心，弗奔其容，容所不迷，而心或懲矣；奔其容，弗奔其音，音所不迫，而容或懲矣；奔其音者，莫有或懲之者也。（《詩廣傳·論月出與株林》）

因此，在他看來，溫厚雅正的詩歌尚可以抑制明代中後期狂率的情感和彌漫的戾氣，緩和躁競的社會氛圍。但事實上，明代中後期的詩歌相競以雄健為尚，躁其氣、奔其音，只能傳播、擴散這種囂陵、怒張的風氣，加劇社會狂率、無主的情感狀態，最終導致國家在躁亂中衰敝，「身心無主而不足以長言，國奚而不弊，俗奚而不頹邪？」〔註37〕

　　第二，從詩文作品、仁德與世教的關係來看，王夫之指出：

> 文章本靜業，故曰「仁者言藹如也」，學術風俗皆於此判別。著力急者心氣粗，則一發不禁，其落筆必重，皆囂陵競亂之征也。……心粗筆重，則必以縱橫、名法兩家之言為宗主，而心術壞，世教陵夷矣。啟、禎諸公欲挽萬曆俗靡之習，而竟躁之心勝，其落筆皆如椎擊，刻畫愈極，得理愈淺；雖有才人，無可勝澄清之任。……啟、禎文多類此，意者亦天實為之邪？（《夕堂永日緒論外編·三七》）

〔註37〕王夫之：《船山全書》第三冊，第 344 頁。

有仁德之人，其詩文作品也如春風化物，其言可親，即之而含生氣。王夫之認爲不管是學術還是風化，都應該以溫厚醇和的仁德爲尚，即使撥亂反正，救治時俗，君子也自有其和韻雅度。因此，他所認可的理想詩文是：「言愈昌而始有則，文愈腴而始有神，氣愈溫而始有力。不爲擢筋洗骨而生理始全，不爲深文微中而人益以警。」〔註 38〕與之相反，他認爲，心氣粗率之人，其詩文作品也常用重筆，呈現出囂陵競亂之氣，這種「忿戾之氣，正是不仁」〔註 39〕，因爲它們失去了藹如春和的君子之度。天啓、崇禎年間的詩人希望以囂競之心救治時敝，其實已經有悖於君子的仁德，並不能擔任這種重任，反而加重了社會的噍殺之氣。更重要的是，王夫之認爲，人對於事物的選擇常取其氣之相類，心粗筆重之人與仁德不合，而近於縱橫、名法之家，因此，這些人即使沒有自覺的選擇縱橫、名法，也在事實上以其爲宗主了。詩文如果宗尚重筆，傳播、擴散囂競之戾氣，則是君子、小人相率以入於縱橫、名法之列，世教自然由此而衰微。面對「舉國如狂」的危亂環境，世教無力以匡救，國家不可阻擋的滑向覆亡的深淵，「天實爲之」歎出了王夫之無力而又無可奈何的感慨。

　　第三，從竟陵派的社會影響看，王夫之認爲明朝詩文有三個比較重要的階段：前後七子、公安派和竟陵派。其中以竟陵派帶來的社會影響最爲惡劣，原因在於竟陵派詩風不正，卻有著極大的影響力，追從著眾多，以致「遷移風化」〔註 40〕。他甚至認爲竟陵派詩歌風格的流行形成了明代的亡國之音，他指出：

　　　　自竟陵乘閏位以登壇，獎之使廁於風雅，乃其可讀者一二篇而已。其它媒者如青樓啞謎，點者如市井局話，寒者如閩夷鳥語，惡者如酒肆拇聲，澀陋穢惡，稍有鬚眉人見欲嘰。而竟陵唱之，文士之無行者相與學之，誣上行私，以成亡國之音，而國遂亡矣。竟陵滅裂風雅、登進淫靡之罪，誠爲戎首。（《古詩評選》之失名《子夜春歌》）

「閏位」本指非正統的帝位，如《漢書・王莽傳贊》記載：「紫色鼃聲，餘分閏位」，即指王莽雖然獲得帝位，但是正如紫之於朱、鼃聲之於正聲一樣，他

〔註38〕王夫之：《船山全書》第三冊，第 344 頁。
〔註39〕王夫之：《船山全書》第十五冊，第 844 頁。
〔註40〕王夫之：《船山全書》第十四冊，第 1453 頁。

並非是正王之命，服虔注曰：「不得正王之命，如歲月之餘分為閏也。」〔註41〕王夫之在這裡用來表示竟陵派並非風雅之音，但是依然佔據了文壇領軍的地位。他對竟陵派的批評一以「風雅」為標準，據此，他的批評主要體現為兩點，其一，他認為「大端言情，《風》《雅》正系」〔註42〕，風雅正音乃是道性之情、天人之懷。竟陵派雖然主張性靈，提倡表達「幽情單緒」，不過他認為竟陵派的詩歌只是「靠古人成語」、「東支西補而已」〔註43〕，並不曾有一句從性靈中來。其提倡的「幽情單緒」也只是曖昧淫靡之情，「情幽者，曖昧而已。竟陵外矜孤子，中實俗混，鄙夫之患，往往不能自禁。」〔註44〕因此，竟陵派「不知性情為何物」〔註45〕，其所言之情，是流於欲望的浮躁淫靡之情，是應該為性所正之情，而非風雅所關之情，「關情是雅俗鴻溝，不關情者貌雅必俗。然關情亦大不易，鍾、譚亦未嘗不以關情自賞，乃以措大攢眉、市井附耳之情為情，則插入酸俗中為甚。」〔註46〕鍾惺、譚元春是竟陵派的代表人物，而王夫之對他們的批評是最為嚴厲的。其二，風雅正音是溫雅醇和之音，「韻以之諧，度以之雅」〔註47〕。但是竟陵派的詩歌上承孟郊、賈島，刻意抒發幽峭之情，或如啞謎一般難解、或如局話一般粗混，都偏離了中和的雅度，艱澀而鄙陋，含有粗率陵峭的戾氣而又難掩其「哀思之音」〔註48〕。有此兩點大病，竟陵派卻又立門庭，獲得了眾多的追隨者，其中有文士、有遊客，甚至一些青樓之女也無不墮身其中，王夫之感慨地指出這種現象：「若竟陵，則普天率土乾死時文之經生、拾瀋行乞之遊客，樂其酸俗搖佻而易從之，乃至鬻色老嫗，且為分壇坫之半席。」〔註49〕在這種靡然風從之勢下，竟陵派詩歌中含有的粗陋俗靡之情、幽峭哀思之音也隨之彌漫、擴散。氣因以戾、情因以躁，生其心、害其政，人浮用其情、各行其私而欺瞞其上，政散民流，上下臣主相胥於怨怒之中，國因以滅，而竟陵派終成為亡國之音。

〔註41〕班固（著）、顏師古（注），《漢書》第十二冊，北京，中華書局，2006年版，第4195頁。
〔註42〕王夫之：《船山全書》第十四冊，第650頁。
〔註43〕王夫之：《船山全書》第十四冊，第1454頁。
〔註44〕王夫之：《船山全書》第十四冊，第1339頁。
〔註45〕王夫之：《船山全書》第十四冊，第563頁。
〔註46〕王夫之：《船山全書》第十四冊，第1510頁。
〔註47〕王夫之：《船山全書》第十五冊，第817頁。
〔註48〕王夫之：《船山全書》第十五冊，第125頁。
〔註49〕王夫之：《船山全書》第十四冊，第1312頁。

王夫之對竟陵派的批評深中其肯綮，雖然明朝並不直接因之而亡，但是他深刻地指出了文化思潮對社會思潮的推動、對時代氛圍的影響，這點無疑對於國家的發展態勢也是十分重要的因素。因而他從文化思潮方面對明代囂陵、狂率之戾氣的反思，對於研究明代中後期的政治、歷史有重要的借鑒意義，他既表現出了作爲思想家的深刻性和敏銳性，也體現出他在思想建構中對重建儒學精神和發展經世之學的一貫堅持。

三、溫柔以成詩教

　　詩教之「溫柔敦厚」最早出自《禮記・經解》的記載：「其爲人也，溫柔敦厚，《詩》教也；疏通知遠，《書》教也；廣博易良，《樂》教也；潔靜精微，《易》教也；恭儉莊敬，《禮》教也；屬辭比事，《春秋》教也。」《禮記・經解》描述了六經對人的不同教化和塑造，以及由此形成的不同社會風俗。其中，《詩》教對人的教化和塑造就體現爲使人「溫柔敦厚」。據一些研究者考證，《禮記・經解》大致作於戰國中期左右，可以說自此以後，它就奠基了中國的《詩》教傳統，「溫柔敦厚」成爲《詩》教最基本的標準和內容。關於「溫柔敦厚」，孔穎達解釋爲：「溫，謂顏色溫潤；柔，謂情性和柔。《詩》依違諷諫不指切事情，故云『溫柔敦厚』，是《詩》教也。」〔註50〕孔穎達將溫和柔分開進行訓釋，並在《毛詩》美刺體系的框架下解釋了《詩經》之所以能塑造溫柔敦厚之性格的原因。王夫之將《詩》教發展爲詩教，並完全從情的角度對「溫柔敦厚」重新進行了解釋：「溫柔，情之和也；敦厚，情之固也。」〔註51〕這和他強調詩歌的抒情傳統是相通貫的。

　　從《禮記・經解》的敘述和孔穎達的解釋可以看出，「溫柔敦厚」是對受教人性格的描述，而達到這種教化的原因在於《詩經》「依違諷諫不指切事情」的寫作方式。王夫之經過對明代後期社會籠罩的戾氣和詩文中彌漫的囂陵、狂率之氣的反思，極爲強調詩教之溫柔敦厚，並從詩歌風格的角度對「溫柔敦厚」進行了重新闡釋。在他的重新闡釋中，「溫柔敦厚」不僅僅是受教人的性格，而首先是詩歌的風格。這是他「溫柔敦厚」思想的特別之處，我們可以從他在評述庾信《詠懷》詩時，對雄健詩風的排斥中看出他的自覺選擇：

〔註50〕孔穎達：《禮記正義》，北京，北京大學出版社，1999年版，第1368頁。
〔註51〕王夫之：《船山全書》第四冊，第1172頁。

　　　　　子山則情較深，才較大，晚歲經歷變故，感激發越，遂棄偷弱
之習，變爲汗漫之章，偶而狂吟，抒其悲憤，初不自立一宗，以開
涼法。乃無端爲子美所推，題曰「清新」，曰「健筆縱橫」，擁戴宗
盟，樂相傚戲。凡杜之所爲趨新而僻、尚健而野、過清而寒、務縱
橫而莽者，皆在此出；至於「只是走踆踆」、「朱門酒肉臭」、「老大
清晨梳白頭」、「賢者是兄愚者弟」，一切枯菅敗荻者，公然爲政于騷
壇，而詩亡盡矣。清新已甚之散，必傷古雅，猶是輕者也。健之爲
病，「壯於頄」，作色於父，無所不至。故聞溫柔之爲詩教，未聞以
健也。健筆者，酷吏以之成爰書而殺人。藝苑有健訟之言，不足爲
人心憂乎？況乎縱橫云者，小人之計，初非雅士之所問津。(《古詩
評選》之庾信《詠懷》)

王夫之指出，沈約將「四聲」運用到詩歌創作之中，追求嚴格的聲韻格律，形
成風尚，造成了偷弱和汗漫兩種弊病，偷弱指的是南朝簡文帝推動的宮體詩，
這類詩歌牽附比偶、雕琢精巧，或者堆砌典故而沒有性情；或者描寫宮廷生活
而淫靡不振，不是強砌古事，全無倫脊，就是猥褻無度的淫辭。汗漫指的便是
庾信的一些詩歌。庾信晚年經歷兵戈變故，文章風格發生了很大變化，慷慨激
昂，健筆縱橫。杜甫很欣賞庾信晚年的詩歌，稱其「庾信文章老更成」，並以
其爲轉益多師之一，這點恰爲王夫之所不喜。他認爲杜甫推動了庾信晚年清
新、縱橫的詩風，導致了詩壇的弊病，其中清新之病還不算嚴重，只是傷於古
雅，而健筆縱橫之病將造成詩教之亡。他對雄健詩風的批評其實著眼的是它對
人情性的不良影響。「壯於頄」出自《周易・夬卦》的九三爻：「壯於頄，有凶。」
「頄」指顴骨，「壯於頄」也就是指剛壯之氣形於顏色，以此態度與人交，則
易招人以怨。更甚者便是「作色於父」，它是「怨其室而作色於父」的略語，
是民間俗語，在《晉書》中曾引用過。根據《春秋經傳集解考正》，它是模仿
《左傳》昭公十九年「室於怒，市於色」的句式而創造的〔註52〕，其意爲「忿
於室家，而作色於市人。」〔註53〕也就是與室家爭忿，而遷怒於他人。「作色
於父」也是此意，即隨意遷其忿怨於他人。王夫之的擔憂在於雄健的詩風會「蕩
人以雄而無以養」，使人的喜怒哀樂之情失其中和之度，尤其擔憂這種詩風會

〔註52〕陳樹華：《春秋經傳集解考正》，據北京圖書館藏清盧文弨抄本影印，卷廿四
　　　　《昭五》之「傳十九年」條。

〔註53〕孔穎達：《春秋左傳正義》，北京，北京大學出版社，1999年版，第1385頁。

助長人的怒張之氣，怒形於色、致怒於人，甚或無端遷怒於人，人人相胥於怨怒之中，以至形成人心相離的不良社會風俗。而這種風俗導致的後果便是政散民流，家離國亡。這是他一生所不能忘、也不敢忘的故國離情，由是，他著意強調「溫柔之爲詩教，未聞其以健也。」〔註54〕即使雄健之詩，他也偏好高建中有溫雅的風格，對於健而不溫的詩，他總持有保留的態度，如其評點隋元帝的《春別應令》，認爲該詩：「非不雄深奇麗，而以原始揆之，終覺霸氣逼人，如管仲之治國，過爲精密，但此便於王道背馳。」〔註55〕王道以仁保民，而詩歌也應該如仁者之言，藹然如春風和氣，養人於情性之和，情和因而情能固結不散，從而形成溫柔敦厚的社會風俗，家和國興，上下陶然樂於天物之和。健而不溫的詩，非不慷慨激越，只是過爲雄健，但此便於詩教背馳。如果說王道以仁保民，詩教則是以仁養民之情。王夫之對於溫柔敦厚詩教的強調，根本關懷就在於養民於情性之和，從而養成溫厚的社會風俗，爲國家的興盛強盛創造良好的文化思潮和社會環境。

四、思無邪：詩教的主體自覺

　　一首詩呈現於世，其意義的彰顯和豐富需要讀者的參與；一首詩能感人之情、動人之心，也需要讀者以己之情思與作者相迎以相通。因此，在詩教中，王夫之甚爲注重讀者作爲主體的主動參與。

　　《論語·爲政》篇中，孔子論詩道：「《詩》三百，一言以蔽之，曰『思無邪』。」夫子這句言簡意遠的評述歷來爲《詩經》學者所關注，並進行了多方面的闡釋。這些闡釋多將重點放在對「邪」的訓詁上，其中，最經典的訓詁是將其訓爲「不正」，如包咸、皇侃、李翱和朱熹等人〔註56〕，朱熹在《四書章句集注》中解釋道：「凡《詩》之言，善者可以感發人之善心，惡者可以懲創人之逸志，其用歸於使人得其情性之正而已。」清朝劉寶楠也承襲了這種觀點，他在《論語正義》中指出：「故俗有淳漓，詞有正變，而原夫作者之

〔註54〕王夫之：《船山全書》第十四冊，第 821 頁。

〔註55〕王夫之：《船山全書》第十四冊，第 642 頁。

〔註56〕包咸指出：「思無邪，歸於正也。」皇侃也認爲：「云『曰思無邪』者，此即詩中之一言也。言爲政之道，唯思於無邪，無邪則歸於正也。」李翱指出：「故《詩》始於《風》，止乎禮義，先王之澤也，故「思無邪」一言，《詩》之斷也。以上觀點轉自高尚榘主編的《論語歧解輯錄》，北京，中華書局，2011年版，第 37 頁。

初，則發於感發懲創之苦心，故曰『思無邪』也。」此外，程樹德在《論語集釋》中引用了鄭浩的觀點，鄭指出無邪非邪惡之邪，古義「邪」就是「徐」，也就是虛徐的意思，他引證《邶風·北風》中的「其虛其邪」一句，指出漢人引用此詩多寫作「其虛其徐」，可見「邪」與「徐」二字古時是通用的。「無邪」也就是無厭斁、無虛徐，心無旁騖、專誠一致的意思，因而，關於「思無邪」，他提出：「夫子蓋言《詩》三百篇，無論孝子、忠臣、怨男、怨女皆出於至情流溢，直寫衷曲，毫無委託虛徐之意」〔註57〕。李光地與上述觀點又不同，在《榕村語錄》中，他指出：「『邪』字，古多做『餘』解，《漢書》、《史記》尚如此。『思無邪』恐是言思之周盡而無餘也。」〔註58〕除卻對「邪」的訓釋不同，清朝項安世則指出，「思」是沒有具體含義的語助詞，如果「必欲以為思慮之思，則過矣。」近人孫以昭也持有同樣的觀點，提出「思」為語辭，而「無邪」就是無邊之意，因此，「思無邪」的實際含義為：「《詩經》內容廣闊無邊，包羅萬象」。〔註59〕

　　關於「思無邪」爭論比較多的一個問題就是：這是從作詩者角度立論還是從讀詩者角度立論？朱熹認為《詩經》中有許多「淫奔」之詩，他的觀點自然是認為這是從讀詩人角度立論的。在回答學生的問話時，他就指出：「非言作詩之人『思無邪』也。蓋謂三百篇之詩，所美者皆可以為法，而所刺者皆可以為戒，讀之者『思無邪』耳。作之者非一人，安能『思無邪』乎？」〔註60〕也有人提出相反的觀點，劉寶楠在「思無邪」的訓釋上與朱熹相同，在立論角度上卻有著不同見解，他指出：「蓋當巡狩采詩，兼陳美刺，而時俗之貞淫見焉。及其比音入樂，誦自瞽矇，而後王之法戒昭焉」〔註61〕，因此，《詩經》自所創之始，就包含了作者使讀者無邪、「感發懲創之苦心」。當然，和朱熹不一樣，劉寶楠所認為的作者也並非原初作詩之人，而是周朝的樂官。從其《論語正義》中可知，清朝顧鎮也持有同樣的觀點，顧氏在《虞東學詩》中說：「詩者，思也。發慮在心，而形之於言，以擄其懷抱。繫於作詩之人，不繫於讀詩之人。」〔註62〕

〔註57〕 轉自程樹德：《論語集釋》，北京，中華書局，1990年版，第66頁。
〔註58〕 李光地：《榕村語錄》，北京，中華書局，1995年版，第243頁。
〔註59〕 孫以昭：《孔子「思無邪」新探》，載自《安徽大學學報》，1998年第4期，第58頁。
〔註60〕 朱熹：《朱子語類》第2冊，第538頁。
〔註61〕 劉寶楠：《論語正義》，北京，中華書局，1990年版，第40頁。
〔註62〕 轉自劉寶楠：《論語正義》，第40頁。

　　關於「思無邪」，王夫之也作出了認眞的思考，他的觀點與其詩教思想密切相關。對於「思無邪」的訓釋，他基本接受朱熹等人的觀點，以「思」爲動詞「思考」，而以「邪」爲「不正」的意思。對於立論角度，他的觀點也與朱熹類似，不過比朱熹更進了一步。朱熹也將「思無邪」與詩教關聯起來，如其所說：「只說『思無邪』一語，直截見得《詩》教之本意」〔註63〕，「聖人言《詩》之教，只要得人『思無邪』。其它篇篇是這意思，惟是此一句包說得盡。」〔註64〕但是，朱熹並沒有就這個問題展開發揮，王夫之對「思無邪」的闡釋則是他詩教思想的重要部分。

　　王夫之指出：

　　　　如《桑中》、《溱洧》之淫，唐之《無衣》、秦之《駟鐵》之悖，
　　並無箴刺語，故謂三百篇皆無邪有礙。須知此言學《詩》者之法，
　　非謂《詩》本如此。且如《文王》諸什，又豈但不邪而已。《詩》雖
　　貞淫具在，學《詩》者當以「思無邪」一語爲學而取益之，要重在
　　一思字。（《四書箋解・〈詩〉三百篇》）

王夫之認爲「思無邪」是學《詩》之法，《詩經》中的詩篇有貞有淫，學者則應該通過「思」來獲益。從詩教角度來說，王夫之指出，《詩經》並不能給人提供必須遵循之矩範，也不能向人指示如何遵從道德原則的途徑，「其以移易人之性情而發起其功用者，思而已矣。」〔註65〕這就要求研習《詩經》的學者在諷詠、吟誦詩篇的同時，運用「思」的功能，《詩經》中善的好、惡的惡，善的以之自勸、惡的以之自戒，以達到移易性情的功效。

　　「思無邪」有兩方面的含義，一方面是學者要以本正之情去研讀《詩經》：

　　　　《詩》之爲篇凡有三百，有正焉，有變焉，有善者可以勸焉，
　　有惡者可以鑒焉。學者於此，將因所賦以生其喜怒哀樂之情，將有
　　忽彼忽此而不定者矣。乃學《詩》者固必有自正之情，以區別其貞
　　淫，爲興觀之本，則有蔽之者，而後凡《詩》皆一理，凡《詩》皆
　　可以有得也。而請用一言以蔽之：《魯頌・駉》之篇有之，曰：「思
　　無邪。」斯言也，可以蔽三百矣。（《四書訓義・爲政第二》）

詩達情，容易動人之情性，讀者與作者情感上的碰撞和感通是吟詠詩歌過程

〔註63〕　朱熹：《朱子語類》第 2 冊，第 540 頁。
〔註64〕　朱熹：《朱子語類》第 2 冊，第 540 頁。
〔註65〕　王夫之：《船山全書》第七冊，第 279 頁。

中出現的基本交流方式之一。二者的碰撞具有一種開放性，不同的讀者面對同一篇詩歌作品，很可能會產生不同的情感溝通。王夫之也說：「作者用一致之思，而讀者各以其情而自得。」〔註66〕也就是說，同樣一首詩，不同的讀者會在自己的情感前提下，品讀出不同的意味。這正是詩可貴的地方。每個人都有自己不同的情致、學養和生活境遇，而詩的象徵性、比擬性使得詩具有豐富的可詮釋性，讀者能各自在自己的詮釋中寄寓自己的思致、情懷，可興、可觀、可群、可怨，可養正情性，因而，他說：「人情之遊也無涯，而各以其情遇，斯所貴於有詩。」〔註67〕

　　一般詩歌作品的品讀是這樣，《詩經》的品讀同樣是這樣。但是王夫之也指出，《詩經》三百零五篇，其中貞淫並存，如果讀者隨詩歌的情感而生其無定的喜怒哀樂之情，在《詩經》的學習上就會無所得。學者應該秉持其本正之情，以此作為自己諷誦《詩經》的標準，區別其中貞淫，並在此基礎上品味其興觀群怨。這樣，閱讀任何一首詩，其歸旨都不會變，《詩經》三百篇才可以概括為「思無邪」，詩之無邪源於讀詩人情感之無邪。

　　既然詩教之功在引人性情以向正，而王夫之又指出，學者應該秉持其本正之情來讀詩，本正之情又如何需要引之以向正呢？這是否就取消了詩教的功用呢？其實，這並沒有取消詩教之功，這恰恰體現了王夫之對於詩教的規定性。詩之為教，不能諄諄命人以向善，而是養人之心、養人之情。王夫之在這裡提到的「本正之情」，指的是道德方向合乎性、理，而非情感合乎中和之度。即使道德方向沒有偏差，人也有可能做出過激的行為，產生戾氣，這對於修身、治國也並非善事。詩教之功也就在此得到體現，王夫之一向強調，詩以柔為德，詩的溫柔敦厚能養得人心柔和、情感平和，在慢慢的陶養中，不知不覺地使人的情感趨於中和之境，達到發而中節之和。

　　「思無邪」的第二方面含義是對《詩經》經文進行思考，思有其正。思考並非漫然地泛泛而思，王夫子強調必須是「以我求古人之心」、「設身於古人之所處」、「求其所以然之故」、「體其何以能然之實」〔註68〕。思有其正則是指以天理為依準而對經文進行研究：

　　　　乃思自有其正也，坦然一共由之理，直用之而無旁出，物欲不

〔註66〕王夫之：《船山全書》第十五冊，第808頁。
〔註67〕王夫之：《船山全書》第十五冊，第808頁。
〔註68〕王夫之：《船山全書》第七冊，第735頁。

　　能誘之以去，以之思理可也，以之思事可也，以之思君父可也，以
　　之思室家可也，以之思古昔之法則可也，以之思衰亂之變遷，無不
　　可也。若捨其正而從其妄，則不特淫慝者日陷於惡，即忠孝廉節之
　　事亦且偏託而不免於譏矣。（《四書訓義‧爲政第二》）

王夫之認爲，學者治經，應該達到通經致用的目的。就《詩經》來說，這就
要求學者在誦習《詩經》時，不僅僅是與詩作者進行情感上的溝通交流，而
且還要以天理爲依準，思考君臣、父子、夫婦之道，古昔之法，衰亂變遷之
由，從而得出諸侯治亂之原，朝廷治教得失之故，先王先公功德之實，以爲
當時之世的借鑒，這是作爲經學的《詩經》所能呈現出來的價值。他說：

　　《詩》之所詠，皆思致也。其貞正者，由一念之正，纏綿悱惻，
　　以盡天理民彝，則身修家齊，以底於化行俗美。其邪者，由一念之
　　妄，流連氾濫，以極乎淫蕩狂逞，而至於辱身賤行，敗國亡家。知
　　「思無邪」，則慎思以閑邪，三百篇皆興觀之實學也。（《四書箋解‧
　　爲政第二》）

讀者能做到「思無邪」，則《詩經》便是興觀之實學。王敔在《行述》中概括父
親王夫之思想時，指出《思問錄》內、外篇的宗旨是「明人道以爲實學，欲盡
廢古今虛妙之說，而返之實。」這可以說是王夫之所有著述的宗旨。王夫之在
《思問錄》中指出，有性之理，有性之德。仁義禮智渾然大公，吾性之理也就
是天地萬物共有之理；而性之德是天理得於吾心的人道，「性之德者，吾既得之
於天而人道立」〔註69〕。他強調，天道不遺於禽獸，但人道爲人之獨而禽獸不
得與。因而，人應該盡人道以修身、治人、治天下國家，如此，才是實學。

　　可以說，一本《詩廣傳》便是王夫之「思無邪」這兩方面的實踐，其中
既有他借《詩經》以抒孤臣之懷的貞情正志，也凝結了王夫之對治亂、治教、
得失等各方面的思考。體現了他重建經學體系，以實現通經致用、挺立人道
的苦心。

五、詩亡乃詩教亡

1、《春秋》託始桓王

　　「詩亡」出自《孟子‧離婁下》：「王者之跡熄而詩亡，詩亡然後《春秋》

〔註69〕王夫之：《船山全書》第十二冊，第418頁。

作。」孟子發出一聲感歎，引得後人聚訟不已。其中，爭論的焦點是「王者之跡熄」的時間和「詩亡」的含義。

事實上，這兩個問題有內在的關聯。後人對於「王者之跡」所指內容的不同理解，會導致他們對「王者跡熄」時間的不同界定，從而也影響到他們對於「詩亡」具體含義的解釋。對於「王者之跡」比較重要的觀點有兩種，其一如趙岐所說：「王者，謂聖王也。太平道衰，王跡止息，頌聲不作，故詩亡。《春秋》撥亂，作於衰世也。」〔註70〕趙岐是東漢學者，著有《孟子章句》，他對《孟子》的注解被焦循收錄於著作《孟子正義》之中。《詩經》分風、雅、頌，其中，趙岐所說的頌是指《周頌》，它是以樂舞的形式對周代先王的德行和功業進行形容和彰顯，所謂：「《周頌》者，周室成功致太平德洽之詩。」〔註71〕可以說《周頌》是《詩經》中最為中正典雅的詩歌。一般來說，學者基本認為《周頌》作於周公之時，因此，趙岐文中的「聖王」可推斷主要為文王、武王，下至於成王。此後，聖王不再出現，也就不再製作形容聖王德行、功業的頌樂了，從而《詩經》中最為典正的部份也就不再延續。趙岐就是在這個意義上提出「頌聲不作，故詩亡」的觀點。這個觀點具有一定的典型性，清代趙祐就極為認可這個觀點，認為它「不用雅亡風降之說，獨為正大」。〔註72〕

第二種觀點便是趙祐提到的「雅亡風降之說」。它源自鄭玄對《王風·黍離》的解釋：「幽王之亂而宗周滅，平王東遷，政逐微弱，下列於諸侯，其詩不能復雅，而同於國風焉。」〔註73〕鄭玄的這段話意在解釋《黍離》為何沒有被編入《雅》，而被編入《風》。後人則援用他的觀點來解釋「王者跡熄」的含義。朱熹即是典型，他在《孟子·離婁下》指出：「『王者之跡熄』，謂平王東遷，而政教號令不及於天下也。『詩亡』，謂《黍離》降為《國風》，而《雅》亡也。《春秋》，魯史記之名，孔子因而筆削之，始於魯隱公之元年，實平王之四十九年也。」〔註74〕朱熹在這裡對孟子的感歎進行了詳細的分析，他認為「王者跡熄」是指周王朝的政教號令不能施行於天下，這種情形大致發生在平王東遷之後，此時，東周不再能號令天下，形同諸侯。因而，東周的詩，

〔註70〕焦循：《孟子正義》，第572頁。
〔註71〕孔穎達：《毛詩正義》，第1271頁。
〔註72〕焦循：《孟子正義》，第574頁。
〔註73〕孔穎達：《毛詩正義》，第252頁。
〔註74〕朱熹：《四書章句集注》，第295頁。

如《黍離》，也就不再被稱爲《雅》，而被列於《國風》，從此，《雅》亡，而這也就意味著「詩亡」。在朱熹看來，「詩亡」的深層含義是周朝政教在春秋時代名存實亡，周室衰微，它雖然沒有亡國，但形同諸侯，實際上已不再能夠承擔共主的職責，禮樂遭到破壞。因此，孔子作《春秋》以正名分，意欲恢復禮樂之制。朱熹的這個觀點其實是承襲程頤、楊時的觀點而來的，在《論孟精義》中，朱熹分別錄下程頤和楊時的觀點：

> 伊川曰：「王者之詩亡，《雅》亡，政教號令不及於天下。」

> 楊曰：「王者跡熄而《詩》亡，《詩》亡然後《春秋》作。春秋之時，詩非盡亡也，《黍離》降而爲《國風》，則《雅》之詩亡矣。《雅》亡則無政，《春秋》所爲作也。然孔子述而不作曰：『述而不作，竊比於老彭。』而孟子曰：『孔子作《春秋》。』何也？蓋當是時，周雖未亡，所存者位號而已，慶賞刑威不行焉，孔子以一字爲褒貶，以代刑賞，前此未有也。故曰：『《春秋》，天子之事也。』故謂之作。然其事則齊桓、晉文，其文則史，其義則竊取之，是亦述之而已。」

> 又曰：「《春秋》始於隱公，其說紛紛無定論。孟子有言，王者之跡熄而《詩》亡，《詩》亡然後《春秋》作。據平王之崩，在隱公之三年也，則隱公即位，實在平王之時。自幽王爲犬戎所滅，而平王立，於是東遷。當是時，《黍離》降而爲《國風》，則王者之詩亡矣，此《春秋》所以作也。」（《論孟精義·離婁下》）

程頤明確指出詩亡即《雅》亡，楊時的觀點則是對程頤論述的進一步深化。「王者跡熄」、「詩亡」和「《春秋》作」三者處於前因後果的鏈條之中，在時間上也呈現出一定的先後。平王東遷後，王者之跡消亡；由此，《黍離》降爲《國風》，導致《雅》亡，也即「詩亡」；然後，《春秋》一書才產生，以一字爲褒貶。楊時指出「《春秋》始於隱公」，意即《春秋》以魯隱公元年爲記事之始，也即周平王逝世前三年（周平王四十九年）。那麼，王者之跡消亡和詩亡的時間則更早於魯隱公元年，大概在平王東遷至魯隱公元年之間。他認爲，東遷之後，周朝不再能實施「慶賞刑罰」的號令，其共主的地位名存實亡。與之相應，東周的詩歌作品不再能昭顯朝廷的威儀制度，也就不再列爲《雅》，而只能列爲《國風》，從此，詩亡。由此可見，程頤、楊時和朱熹的觀點是一脈相承的。

　　王夫之沒有採納上述兩種觀點，他認為詩亡、《春秋》作的時間是周桓王之時，在評論《王風・兔爰》時他指出：

> 「我生之初」，不問而知非幽王之世也。平王立國於東，晉鄭輔之，齊宋不敢逆，民雖勞怨，猶有繾綣之情焉。迄乎桓王，而後忠厚之澤斬矣。故隱公之三年，平王崩，桓王立，春秋於是乎託始。
>
> 孟子曰：「王者之跡熄而詩亡，詩亡然後春秋作」，謂桓王也。(《詩廣傳・論兔爰》)

這段話是針對朱熹而發的。關於《兔爰》，《小序》指出其背景為：「桓王失信，諸侯背叛，構怨連禍，王師傷敗，君子不樂其生焉。」〔註75〕朱熹認為，《小序》所說唯「君子不樂其生」得詩之意，至於「桓王失信」等，並沒有在詩意中體現出來。因而，他在《詩集傳》中指出，這首詩的詩旨是：「周室衰微，諸侯背叛，君子不樂其生，而作此詩。」〔註76〕朱熹實際上對《小序》有取有捨，他否認該詩指向的是周桓王，而主張詩歌作於周平王之時，他給出了自己的解釋：「為此詩者，蓋猶及見西周之盛，故曰方我生之初，天下尚無事，及我生之後，而逢時之多難如此。」〔註77〕其中「西周之盛」指的是宣王（公元前 827 年～前 782 年在位）中興時代。宣王是西周倒數第二位天子，僅處於周幽王（公元前 782 年～前 771 年在位）之前。根據時間來推斷，周平王在位 51 年（公元前 770 年～前 720 年在位），他逝世後，桓王繼位，在位 23 年（公元前 720 年～前 697 年在位），一般情況下，處於東周王朝而能見西周之盛的只能是周平王當政之時。

　　與朱熹不同，王夫之採納了《小序》的觀點，認為《兔爰》一詩是身處桓王朝的人懷思平王而創作的詩歌，並且，他把桓王當政的開始作為《春秋》託始之時。

　　王夫之對桓王持有比較激烈的批判態度，他認為桓王相較於平王，更不具有擔當天子、共主之德。平王雖然弱，但情不多變，不對諸侯和民眾使詐。因而，他雖然偏居於東，但有晉國、鄭國輔佐，民眾此時即使勞怨，對天子依然有繾綣之情。與此相反，桓王也弱，然而深藏機詐，結果導致諸侯背叛，

〔註75〕孔穎達：《毛詩正義》，第 262 頁。

〔註76〕朱熹：《朱子全書》第一冊，上海，上海古籍出版社，合肥，安徽教育出版社，2002 年版，第 466 頁。

〔註77〕朱熹：《朱子全書》第一冊，第 466 頁。

王朝受戰亂之禍，民不被其澤，民眾對王朝繾綣之情衰微殆盡。王夫之認爲，桓王這種弱而詐的品性，與天道相悖，終究會將王朝引向敗亡，他說：

> 嗚呼！弱而自強者興，弱而自靖者存。其亡也，弱而詐者也。天地之道剛主柔，天地之化柔屈剛。坎而有尚，「維心亨」者剛濟險也。蒙而有功，「初筮告」者，柔信剛也。己弱而詐，蒙而行乎險。詐與詐感，天下胥詐，而己固不敵矣，兔之所以「爰爰」也。詐屈於群詐，而伸於顓蒙，雉之所以「罹羅」也。平王弱而情見，桓王弱而情隱。「我生之初尚無爲」，周之遺民思平王而歌之，而桓王甚矣！（《詩廣傳・論兔爰》）

王夫之利用卦象來進行說明，從天地之道來說，剛主柔。弱小之主，身臨險境，應當以剛健之德歷險涉難。如「坎」卦，險境重重，但依然有處險之道，即「維心亨，行有尚」。坎卦上下皆爲陰爻，中間爲陽爻，剛健之陽爻主於柔弱之陰爻，能以剛濟險，所謂「弱而自強者興」。從天地之化來說，柔屈剛。弱小之天子，立於諸侯群雄之中，應當學習群雄之長，以諸侯爲藩屏，固朝安邦。如「蒙」卦，童蒙信於師長、求於師長，故師長告知以所求，即「初筮告」。柔弱之主謙恭而得諸侯之輔助，所謂「弱而自靖者存」。

　　王夫之認爲，桓王所爲與天地之道、天地之化相背離，弱而興詐，失信於諸侯，並與諸侯構怨，使天下陷於互不信任的混亂、疏離狀態之中。其具體所指就是桓王在平王逝世後，捨棄鄭國，而讓虢國掌政的行爲。對於桓王失信這件事，王夫之極爲不滿，認爲君子無恒於上，則小人會無恒於下，所謂「桓王唱，國人和」，〔註78〕最終導致天下情疏生變，禍亂頻仍。事實上，桓王的行爲確實激怒了鄭莊公，因而，鄭莊公挑釁事端，使得周、鄭關繫日益惡化，以至於桓王以天子之尊，率兵親征鄭國。周、鄭戰爭中，桓王又不幸受到中肩之辱，導致周王朝威信掃地，諸侯對王朝越發不尊重。它導致的最終惡果就是：春秋之世，在上者不尊不信，在下者不忠不信，天下皆亂，王政敗壞，教化不行，以至於天子竟然受諸侯所制，孔子不得已作《春秋》以正名分。王夫之以桓王爲詩亡、《春秋》之始，就在於他認爲，桓王時代，王朝忠厚之澤不被於民，失信於天下，教化敗壞，以致上下興詐，天下胥亂，成爲王朝眞正衰亡的開始。由此可知，王夫之在這裡所指的詩亡是詩之教化的亡失。

〔註78〕王夫之：《船山全書》第三冊，第966頁。

事實上，周平王生前已經有意撤掉鄭莊公的卿士職務，鄭莊公得知消息後，對周平王施壓，才出現「周鄭交質」的歷史事件。王夫之不批評平王，而將矛頭指向桓王，在於桓王的行為導致了周、鄭的戰爭，而戰爭的後果則造成天下互不信任、相互囂陵的社會風氣、社會氛圍，這與明朝中後期他所批判的戾氣有類似之處，王夫之認為這種風氣是國家衰滅的迹象。

2、「《詩》亡」含義探析

王夫之從兩個層面分析了「詩亡」的含義。第一層含義是，王朝陳詩制度不再施行，民間詩歌哀音亂節也不足取用，因此，不再有詩收錄於《詩》。他指出：

> 夫《春秋》何為而作也？古之王者，存其理於在躬，而憂天下之庶民任其性情之流，而與禽獸無別也，於是以時巡守於方岳，而令太史陳詩以觀民志，審正變而納之於正，察貞淫而防之於淫，故蕩僻暴亂之不作，而人乃自遠於禽獸。自周東遷，下同列國，時巡典廢，車轍馬跡熄於周道，而陳詩之制不行，民間之所為哀音亂節不足取也，《詩》亡矣。《詩》亡，則人心無所觀感、無所勸懲，而天下之大害有二：君臣之大分滅，則篡弒興，是人而禽獸也；夷夏之大防毀，則戎狄進，是禽獸而人也。於是而《春秋》作焉，以匹夫而居二百四十二年南面之制，以定百王不易之法，嚴亂賊夷狄之辨，以為天下萬世存幾希之異焉。（《四書訓義·離婁下》）

王夫之在這段話中將「王者之跡」落實為周王朝的「車轍馬跡」，並指出周朝東遷之後，地位同於諸侯國，巡狩之典廢棄，太史陳詩的制度也就不再施行；另一方面，由於戰亂繁興，民間的哀音亂節也不足以集取錄入《詩》之中，因而，造成「詩亡矣」的後果。引人注意的是，王夫之這裡也同時指出了陳詩制度的緣起和《詩》的功能。就緣起而言，當時聖王擔心百姓放縱情性，因而要求太史陳送民間詩歌，以便觀察民眾的情志，從而將民眾的情感納入正道，防範縱情之事於未然。就《詩》的功能而言，天下之人也可以通過這些被太史整理過的詩歌的傳頌而有所觀感、勸懲，人自然而然歸於情性之正而遠離邪僻放縱。但是，當陳詩制度被破壞之後，便出現了上不知民風，下不知王澤的情勢，「人心無所觀感、無所勸懲」，以致造成了兩大傷害：第一，君臣之義滅，篡奪之事興，禮文疲敝；第二，中原文明與蠻夷無禮的界限被毀壞，蠻夷進犯中原。

顯然，這兩大傷害是王夫之難以釋懷的痛楚。我們且不說「詩亡」是否會造成如此慘痛的結果，但是可以看出，王夫之對《詩》的功能的闡釋暗含了他對「詩亡」的另一層理解，即詩教亡：

> 幽王滅，平王遷，桓王射，宗親無雒汭之歌，故老無西山之唱，僅此一大夫而眾且驚之也。王跡熄，人道廢，《春秋》惡容不作耶？
> （《詩廣傳‧論黍離》）

這是王夫之對《王風‧黍離》的評述，《黍離》是周朝東遷之後，一位大夫經過西周，閔懷周室顛覆的詩歌，其中有：「知我者謂我心憂，不知我者謂我何求。悠悠蒼天，此何人哉？」王夫之就是針對這句詩而闡發的議論。他痛惜平王東遷、桓王中肩，這種於國、於民都應痛徹心扉的事件，首先，周室宗親竟然沒有人為此而傷悼。反觀夏朝，太康失國，還會出現宗室昆弟五人止於洛河邊，做《五子之歌》，傷悼太康無德失國，追述大禹之告誡的場面。其次，周朝的故老遺民也沒有人為這個事件而悲歎。反觀殷朝，商紂無道亡國，還有故老伯夷采薇西山，做《采薇》之詩而抒怨。在周朝，僅僅只有一位大夫懷此悲音，而時人竟然莫知其意。在王夫之看來，這意味著當時王朝之澤不施及於民，王朝威令不行於天下，天下人又不知君臣之分、人道之義。面對這種禮制崩壞的慘澹境況，夫子不能不作《春秋》，以正君臣之分、樹人道之義。詩亡而《春秋》作，表明《春秋》延續的是《詩》所承擔的功能和價值，即承擔人道教化之責，以明君臣之義，導情性之正，這也就是詩教的涵義。采詩之制不行，哀音亂節不取，同時表明了詩教的亡失。

王夫之在評論《邶風‧擊鼓》時也表達了同樣的意思：

> 州吁弒君兄以立，臣民無詞以相誹毒，眾不戰而後擊鼓之詩作。衛先公之教泯，而誣上行私不可止也。故曰：「詩亡然後春秋作。」入乎《春秋》之詩，亡之餘也！《擊鼓》之弗刪者，著詩之亡也。（《詩廣傳‧論擊鼓》）

根據《毛詩正義‧小序》的解釋，這首詩是國人厭惡州吁聯合陳、宋等國攻伐鄭國，用兵暴亂、勇而無禮而創作的詩歌。州吁是春秋時期衛國的公子，衛莊公的兒子、衛桓公同父異母的弟弟，公元前 719 年弒兄即位。王夫之認為，國人對州吁的怨誹並沒有體現出國人的正義。當州吁弒殺既是君長、又是兄長的衛桓公，篡逆即位的時候，國人並沒有批評、指責他，而是企望他可以為自己謀生路。而一旦國人發現企望沒有實現，兵亂不止

的時候，他們又忿而對州吁進行指責。這體現的是衛國先公的教化泯滅，以至臣民誣上行私，毒誹謾罵，導致了詩教亡失的現象。他更指出，《擊鼓》之詩，失於君臣之義，是非之心，夫子存而不刪，是爲了顯明詩教之亡，以示警戒之意。詩教亡失是王夫之「詩亡」的重要意涵，這其實也蘊含了他對明代亡國的反思。

　　王夫之認爲，詩教不僅僅由《詩經》來承擔，後人寫作的詩同樣可以、也應當承擔詩教之責。因而後人作詩，同樣要注意志意的清貞、節律的溫婉和表達的藝術性。如果一首詩詞語表達不善，節奏急促，那也只是表明這首詩不是一首好詩；而如果一首詩沒有傳達出貞正的信息，倡言一己私欲，出現的後果便是詩將不詩。他說道：

> 　　詩之教，導人於清貞而躅其頑鄙，施及小人而廉隅未刓，其亦效矣。若夫貨財之不給，居食之不腆，妻妾之奉不諧，遊乞之求未厭，長言之，嗟歎之，緣飾之爲文章，自繪其渴於金帛、沒於醉飽之情，靦然而不知有譏非者，唯杜甫耳。

> 　　嗚呼！甫之誕於言志也，將以爲遊乞之津也，則其詩曰「竊比稷與契」，迨其欲之迫而哀以鳴也，則其詩曰「殘杯與冷炙，到處潛悲辛」。是唐虞之廷有悲辛杯炙之稷、契，曾不如嚄蹜之下有甘死不辱之乞人也。甫失其心，亦無足道耳。韓愈承之，孟郊師之，曹鄴傳之，而詩遂永亡於天下。（《詩廣傳・論北門》）

詩教的功能在於誘導人以清貞的品性，擯棄其頑鄙的陋習。對於小人，哪怕不能立刻使其捐棄惡習，也能漸漸端正其不苟的行爲、品性。因而，詩不能倡言私欲。從這個角度上，王夫之激烈地批評杜甫。他認爲杜甫誇言其「竊比稷與契」的遠志是爲了將其作爲謀取貨利之私的工具。杜甫在京城遊仕失意，感歎「殘杯與冷炙，到處潛悲辛」，王夫之則認爲這種哀音鄙不足取，如果在堯舜之時，有以貨利爲心的稷、契大臣，反倒不如有寧可死也不願受辱的乞丐，如此，尚能彰揚出剛正不屈的精神。他認爲如果這僅僅只是杜甫一人之悲鳴，那也無足爲慮，但當杜甫被韓愈、孟郊和曹鄴等人奉爲宗師、傳揚天下之後，詩教便會亡失於世間。本文不評議王夫之對杜甫的批判，在此只是爲了說明，王夫之所謂的「永亡於天下」的詩，不是指《詩經》，也不是指後世不再有詩作的出現，而是指詩教亡於天下。當詩作不僅不能導人以人道之正，反而傳達給人以不正的情志，那麼，詩便失去了它實在的意義與價

值。更爲嚴重的是，這種詩歌會導致國家的弊敗、覆亡。而這正是王夫之深層的憂慮。

《禮記・樂記》提出「聲音之道，與政通矣」的觀點，這個觀點在於說明治世、亂世和亡國之世各有反映其世政的相應音樂，治世之音安以樂，亂世之音怨以怒，亡國之音哀以思便是此意。王夫之繼承了這個觀點，並作出了重要的發展，指出聲音之道與世政相互影響、相互感通，他說：「音由世之治亂而異，而還感人心，復生治亂。」〔註79〕也就是說，音樂會反應一個時代的治亂，同時一旦音樂產生，它又能感發人心，促使人心產生與之相應的情感、心理，從而影響國家的治亂。在這個理論基礎上，他痛惜明代詩文除了國初近百年比較溫厚、雅正之外，總的趨向是相率入於囂陵、竟躁的氣習之中，導致明代社會籠罩在一股「戾氣」之下，躁競、矜戾幾乎成爲當時的社會心理，世教由此衰微，國家不可阻擋的滑向覆亡的深淵。由此，他痛感明代詩歌不僅失去了詩教的功能，反而加劇了囂陵、卞躁的社會風氣、時代氛圍，使國家更加偏離「道」的軌道，導致國家在危亂之中覆亡，呈現爲亡國之音。王夫之對明代詩文導致國家危亡的反思和幽憤，是他將「詩亡」解釋爲詩教之亡，強調詩歌詩教功能的深層原因。

王夫之對「詩亡然後《春秋》作」的闡釋具有極爲重要的理論價值和現實意義。他將詩亡的含義解釋爲詩教之亡，在鄭玄、朱熹等人之外別求一解，似乎求異，實際上有深刻的內在合理性，在《詩經》學史上有非常重要的價值。他深刻地指出了文化思潮對社會思潮的推動、對時代氛圍的影響，這點無疑對於國家的發展態勢是十分重要的因素。通過這種闡釋，他既表現出了作爲思想家的深刻性和敏銳性，也體現出他在思想建構中對重建儒學精神和發展經世之學的一貫堅持。

其次，長期以來，《詩經》的經學意蘊被質疑、消解，而它的文學意蘊則得到了極大的挖掘和研究。這對於理解《詩經》的文學、文論意蘊有重要意義，但這並不是完整的學術研究。固然，《詩經》的經學研究曾經有桎梏其文學研究的弊病，不過，消解和抹殺不是良好的解決方式。況且，《詩經》蕩滌濁心、貞正性情的教化之功不是其文學意蘊所能涵蓋、能消解的。尤其是面對當今人心不貞、情性不定的時代，《詩經》易於爲人所親近，更應發揚其教化之功。因此，王夫之對「詩亡」的闡釋也是合於時勢的。

〔註79〕王夫之：《船山全書》第四冊，第 892 頁。

六、小結

　　王夫之對這些詩教思想史中基本問題的論述乃是基於他對明代社會的反思，因而有著十分明顯的時代印跡。他非常關注詩歌風氣對社會思潮的推動、對時代氛圍的作用和對國家態勢的影響。因此，他不斷對明代詩風的發展進行回溯，並指出明代詩文除了國初近百年比較溫厚、雅正之外，總的趨向是相率入於囂陵、競躁的氣習之中，這種詩歌風氣又加劇了彌漫於明代社會的戾氣，導致政散民流，上下臣主相胥於怨怒之中，國因以滅，因而它們呈現為「亡國之音」。經過對詩文中彌漫的囂陵、狂率之氣的反思，王夫之極為強調詩教之溫柔敦厚，並從詩歌風格的角度對「溫柔敦厚」進行了重新闡釋。在他的重新闡釋中，「溫柔敦厚」不僅僅是受教人的性格，而首先是詩歌的風格。他主張詩歌應該如仁者之言，藹然如春風和氣，養人於情性之和，情和因而情能固結不散，從而形成溫柔敦厚的社會風俗，家和國興，上下陶然樂於天物之和。

　　他對於「思無邪」的訓釋基本接受朱熹的觀點，以「思」為動詞「思考」，而以「邪」為「不正」之邪，從讀者角度立論，指出「思無邪」非作《詩》之則，而是學《詩》之法，《詩經》中的詩篇有貞有淫，學者則應該通過無邪之思來獲益。「思無邪」有兩方面的含義，一方面是學者要以本正之情去研讀《詩經》，而不能隨詩歌的情感而生其無定的喜怒哀樂之情；第二方面是指對《詩經》經文進行思考，思得其正，即以天理為依準而對經文進行研究，思考君臣、父子、夫婦之道，古昔之法，衰亂變遷之由，從而得出諸侯治亂之原，朝廷治教得失之故，先王先公功德之實，以為當時之世的借鑒，這是作為經學的《詩經》所能呈現出來的價值。王夫之有一個突出的特點，十分強調讀者在詩教功能上的主動性。詩教「潤物於無聲」的功效不是沒有，但這種功效主要是針對百姓而言的。作為以天下為己任的士人來說，則不能僅僅依賴於詩教潛移默化的功效，而要主動地實行「思無邪」的工夫。對讀者主動性的強調，一方面源於王夫之一以貫之提倡剛健有為的精神，另一方面也源於為己之學對道德主體的內在要求。溫柔敦厚的詩教，歸根到底是希望人能夠始終保持中和平衡的情感、心理，這其實是為己之學的重要內容之一。為己之學首先需要學者樹立堅定、明確的主體性，以其為「為己」之事、為「我」之事，內在的肯認這種道德追求。同時，為己之學是任重而道遠的事業，不是一朝一夕就能成就，需要終生

的堅持，如果士人不主動尋求各種精神資源，強化修己的工夫，很容易就半途而廢，或「日月至焉而已矣」。詩教就是士人修己工夫的重要精神資源，只有士人主動地利用這種資源，才能最大限度發揮其功用，達到化導情性、引情性以入微的功效。

　　王夫之十分警惕詩歌風氣對人心、社會的影響，因此，他很強調詩歌的教化作用，這點也可以從他對「詩亡」的解釋中看出來。他從兩個層面分析了「詩亡」的含義：首先，王朝陳詩的制度不再施行，民間之詩哀音亂節也不足取用，因此，不再有詩收錄於《詩》。他指出陳詩之制的破壞造成了兩大傷害：一是，君臣之義滅，篡奪之事興，禮文疲敝；二是，中原文明與蠻夷無禮的界限被毀壞，蠻夷進犯中原。這兩大傷害正是王夫之難以釋懷的痛楚，因此，這個層面的解釋又關聯到「詩亡」的第二層含義，即詩教亡。詩「永亡於天下」，不是指《詩經》，也不是指後世不再有詩作的出現，而是指詩教亡於天下。當詩作不僅不能導人以人道之正，反而傳達給人以不正的情志，則詩便失去了其實在的意義與價值。

第六章　詩教求於性情論

「情」是《詩廣傳》的核心主題，王夫之詩教思想也是以此爲基礎而展開的。他提出「詩之爲教，相求於性情」的觀點，指明了詩教與人之性情之間的密切關係。詩教並不是孤立的思想，它依託於王夫之的天道論，並與其心性論、性情論直接相關。因此，準確理解王夫之性情論的概念、概念之間的關係，以及其詩教論與心性論、天道論的關係，對於準確理解和把握其詩教思想至關重要。

李退溪，即朝鮮李朝時期學者李滉（1501～1570），將「情」分爲「四端」與「七情」。「四端」意謂惻隱、羞惡、辭讓和是非之情，人人皆有四端之情，四端之情原於理而無不善，推擴充實就能發展成爲道德理性。與之相對，「七情」指的就是人的喜怒哀樂愛惡欲等心理情感，七情由氣而發，有善有惡。李退溪的弟子奇大升對此觀點提出了質疑，二人就「四端」和「七情」的問題發生了爭辯，先後通過三次往覆信件展開論辯，發起了理學史上「四端」與「七情」之辯的始端。退溪將情感區分爲四端之情和七情之情，考慮到了情感的複雜性，更加精微地指出了心理情感的不同側面、來源途徑和發展去向。使人反觀體認，對情感可以有更細微的把握，更有針對性的調節，正心修身的工夫也有了更爲明晰的靶的。與李退溪相似，王夫之也嚴格區分了四端與七情。不過，他認爲惻隱、羞惡等四端不需要發展才成爲道德理性，它們本身就是性，七情之情才是情。他強調：「學者切忌將惻隱之心屬之於愛，則與告子將愛弟子之心與食色同爲性一例，在兒女情上言仁……惻隱是仁，愛只是愛，情自情，性自性也。」他之所以做出這樣的區分，是爲了突出情感的複雜性、多面性和易變性。他認爲，情無自質，因而無恒體，上通性、

下通欲，既能合乎性體，成爲性之情；也能助長人的欲望，成爲私情。他對情的這個觀點深刻影響著他的詩教論。

一、性情論

1、性與情

在王夫之的詩教思想中，「情」是個很重要的概念，他對之也作出了許多闡釋。從王夫之整體哲學思想觀念來說，他對情的闡釋在原則上和大的趨向上是一定的，但在具體的分析上則常常有所不同。比如，在《讀四書大全說》一書中，他在《滕文公上篇》指出「情固由性生」〔註1〕，在《告子上篇》卻又提出：「性自行於情之中，而非性之生情，亦非性之感物而動則化而爲情也」〔註2〕。這大概和他根據理論需要隨文演義的闡釋方式有關。在詩教思想中，王夫之主要在《詩廣傳》中對性情概念進行了論述，基本採取的都是前一種觀點，認爲情從性生，爲性之端緒，這是他詩教理論的邏輯基礎。王夫之強調作者在迎目擊心的時刻抒寫現量、道性之情，從而讀者可以循情以定性，都是以此爲邏輯基礎而展開的。因此，本節擬從性、情、才、欲的動態結構中對王夫之《詩經》學中的性情論進行集中分析〔註3〕，以展現王夫之詩教思想的理論基礎。

王夫之認爲，情產生於人與物相感之際，他說：

> 有識之心而推諸物者焉，有不謀之物相值而生其心者焉。知斯二者，可與言情矣。天地之際，新故之跡，榮落之觀，流止之幾，欣厭之色，形於吾身以外者，化也；生於吾身以內者，心也。相值而相取，一俯一仰之際，幾與爲通，而浡然興矣。(《詩廣傳‧論東山》)

〔註1〕王夫之：《船山全書》第六冊，第966頁。
〔註2〕王夫之：《船山全書》第六冊，第1068頁。
〔註3〕王夫之在《詩廣傳》中的情論思想已經得到了一些學者的專門研究，張學智先生在《王夫之〈詩經〉解說中的性情論》一文中，指出王夫之《詩經》評論中的性情觀，是他思想的重要方面。並對性情才的關係、詩達情、詩體現的跳出一己悲喜、不動心的境界和詩歌言意、長短、平奇關係展開了細緻的分析（見李四龍、周學農（主編），《哲學、宗教與人文》，北京，商務印書館，2004年版）。此外，曾昭旭和袁愈宗也對《詩廣傳》中的情論進行了總結，見前研究綜述。

人與物相感有兩種情況，其一是心中懷有某種識知，在與物相交時，將心中的識知、思慮投射到物上，並產生相應的情感。例如，心中本來就有故國之懷，當看到故國舊墟花草的時候，就會忍不住將這種故國情懷投射到花草上，使得花草承載了人的情感。杜甫《春望》中「感時花濺淚，恨別鳥驚心」的詩句就屬於這種情況。其二是無意間與物相交，即時地、偶然地引起心裏的某種情感反應。例如，拜訪故人而故人恰巧不在，由此產生了惆悵的情感。這種情感是對外界變化的直接地、即時地反應，而不是預期的、投射的產物。李白《訪戴天山道士不遇》中「無人知所去，愁倚兩三松」的詩句就屬於這種情況。

　　王夫之認為，不管是哪種情況，情都是產生於人與物相值相取的際會之中。天地在主體之外自在的運行變化，在某一時刻，天地之中的某種物體或現象會恰恰符合心中的思緒；或者，無意間某個物體、現象觸動了主體，引起了關注，在這相值相取的剎那，心與物「幾與為通」，從而引起情感的共鳴和回應。這「幾與為通」的剎那也就是王夫之在詩學理論中強調的「現量」，他在詩歌創作中之所以強調現量，就在於現量蘊含的是詩人與天地運化相遇相通之際最真實的情感，它既通向詩人的情志，也通向天地大化流行，使詩歌真正成為能夠體現天地宇宙的小宇宙，如布萊克所說，對於王夫之而言，詩歌就是「一個小宇宙，在自身中體現出自然宇宙活動的同樣模態」〔註4〕。

　　王夫之在論述中也指出了情處於性與欲之間的特殊地位，他說：

　　　　情受於性，性其藏也，乃迨其為情、而情亦自為藏矣。藏者必
　　性生，而情乃生欲，故情上受性，下授欲。受有所依，授有所放，
　　上下背行而各親其生，東西流之勢也。(《詩廣傳・論靜女》)

「情受於性」也就是情生於性，因此，當情尚未產生的時候，作為潛在的因素藏於性之中，所謂「性其藏」也。當情產生之後，其自身又將欲作為潛在的因素隱藏於內，故而說情「自為藏矣」。對上來說，情從性生，以性為其依據。但是一旦情產生出來，就具有了相對的獨立性，而不純依於性，

〔註4〕 Alison Harley Black：《Man And Nature In The Philosophical Thought Of Wang Fu-Chih》, Washington, University of Washington Press, page262.（原文如下：What then is a poem for Wang Fu-chih? It is a little cosmos, embodying in itself the same pattern of activity as the natural cosmos.）

它對下來說，又能產生人的欲求，使欲得以釋放〔註5〕。因此，情的地位就顯得微妙而關鍵，它既有可能向上而依止於性，也有可能親於下，越過欲求的正當滿足，流向欲求的放縱而無所歸止。就此，王夫之提出「情之貞淫，同行而異發久矣」的觀點。所謂「同行」，指情都生於性；所謂「異發」，指情或上依於性以為主宰，或下流向欲的無所歸止。他認為，情是否能終合於性，在於內心的覺察。由此，面對情而作的工夫就成為必要，詩教正是於此用其功效。

王夫之常常將性、情、才結合起來討論，總的來說，他提出：「質文者，忠之用；情才者，性之撰也」〔註6〕的觀點。「撰」與「用」互文，意為情才乃性之發用、效用。才是指才質，實現事業的能力。王夫之認為，人的性由天命，所謂「我性自天」；情由性生，所謂「我情自性」；而才由命致，所謂「我才自命」〔註7〕。此處「命」指陰陽運化，意指才是人秉氣而生時所秉受的才質、才力。也就是說，性的最終根據在於天，情生於性，而才屬於氣之事。性之體寂，必須依賴動才能成其用，因此，性依賴情、才以成其效用。王夫之分析道：

> 性之體靜而效動，苟不足以傲動，則靜無性矣。既無性，又奚所靜邪？性效於情，情效於才，情才之效，皆效以動也。然而情之效喜留，才之效易倦，往往不能全效於性，而性亦多所缺陷以自疑。故天下之不能動者，未有能靜者也。（《詩廣傳·論女曰雞鳴》）

「性效於情」指的是性以情為其效用，同樣，「情效於才」指的是情以才為其效用。也就是說，雖然情、才都為性之撰，但是二者有著區別，性的實現直接來源於情的發用，而情的充分實現直接來源於才的發用。同時，情和才的發用最終都是為了共同實現人的性分。人在產生某種情感後，往往易於沉浸其中、繾綣流連，因此，「情之效喜留」，會流於滯著。人使用才力，會漸漸產生疲倦、怠惰的情況，因此，「才之效易倦」，會流於荒怠。由此可知，如果不善用情才，則它們無法使性之效全然發揮出來，使性呈現出缺憾而自疑。

〔註5〕 張學智先生在《王夫之〈詩經〉解說中的性情論》中指出，王夫之在此處提出的性情論雖然受到朱熹的影響，但是也與之有所不同。他同時採進了湖湘學派「天理人欲同體而異用，同行而異情」的思想，此處的「欲」指的是情落實為具體的願望，本身並非是惡。

〔註6〕 王夫之：《船山全書》第三冊，第299頁。

〔註7〕 王夫之：《船山全書》第三冊，第324頁。

故而說，「性之體靜而效動」，只有通過健動的精神，充分的運用情才，才能充分實現人之性，維護其寂然不動之體。

王夫之十分強調情才之用，反對廢然而靜的觀點，指出：「天之寵人，既寵之以性，抑寵之以情才以爲天下榮，奚可廢哉！」〔註8〕人正是運用情、才才制作出禮樂、創造出各種文明，使人得以欣賞盛大的姿容、優美的文詞，並由此使華夏禮儀之邦區別於禽狄之陋，王夫之的夷夏之辨在此透顯了出來。他反對莊子以外形之醜陋來反襯內心德性之美的思維，也反對佛家絕情以修道的觀點，認爲這種行爲其實是毀棄天地之生，他指出：

> 愚哉！莊生之言天全也！必哀駘它、叔山無趾而後爲天全也，則天胡不使之爲縱目乎？胡不使之爲歧舌乎？抑胡不使之爲頑石之與瘋木乎？必不可以淫而後貞，必不可以佞而後直，則彼都之士女固不如狄，狄不如禽，禽不如木石，而天地之生毀矣。姿容之盛，文詞之美，皆禽與木石之所不得而與者也。故唯一善者性也，可以爲善者情也，不任爲不善者才也。天性者，形色也，棄天之美以求陋澌樗櫟之木石，君子悲其無生之氣矣。（《詩廣傳·論君子偕老》）

只有性是有善而無惡的；情可以爲善、亦可以爲不善；才不任不善之罪，但是才受情的限制，使人不一定能完全發揮自己的才力以盡其性。縱然如此，王夫之指出，人不能通過棄絕情、才以求善。哀駘它、叔山無趾出自《莊子內篇·德充符》，象徵的是外形殘缺但德性內充的人，莊子旨在通過這種反襯突出人的內在精神力量。但是王夫之對這種思維持以不同見解，他認爲這種思維是將德性與形色完全對立起來，貫徹這種邏輯的結果就是，拒絕形色才能求得德性的完滿，將這種邏輯推廣到極端，甚至可以得出木石更勝過於貴族之女的結論。這是毀棄天地之生、遏制生氣的行爲，君子盡性不在於此。在王夫之看來，人應該發揮情才之善以求盡性，君子在實現德性完滿的同時，創造了「人之天」，也就是文明的世界，有著豐富的文化成果，這個世界是值得讚賞並尊重的。因此，任何以棄絕文明爲方式的求善行爲都是不可取的。

2、情與物

人心之動幾與物之動幾一往一來、相值相取，便產生了此情之哀樂，而此情之哀樂必咏於言才得以宣發、舒暢，由此而產生了詩，情之廣狹、貞淫也就蘊藏在詩中。因此，在心之幾與物之幾相值相取之際，情的合理、適度

〔註8〕王夫之：《船山全書》第三冊，第332頁。

和貞定就是詩教的一個根本基礎。情與物的關係是詩教思想中一個基礎性的
問題，王夫之對之也十分重視，多次作出闡述。他指出，情感的產生總會有
相應的物事作爲情感的對象而存在，對於對象的選擇會決定情感的合理與
否。在評述《齊風・匏有苦葉》時，他對這個問題作出了分析：

> 「匏有苦葉」，非匏之無甘葉也；「濟有深涉」，非捨深而無可涉
> 也；「深則厲」，厲則深亦不濡也；「淺則揭」，淺固可以不厲也；知
> 擇而已矣。

> 情者，陰陽之幾也；物者，天地之產也。陰陽之幾動於心，天
> 地之產應於外。故外有其物，內可有其情矣，內有其情，外必有其
> 物矣。……絜天下之物，與吾情相當者不乏矣。天地不匱其產，陰
> 陽不失其情，斯不亦至足而無俟他求者乎？均是物也，均是情也，
> 君子得甘焉，細人得苦焉；君子得涉焉，細人得濡焉。無他，擇與
> 不擇而已矣。（《齊風・論匏有苦葉》）

關於《齊風・匏有苦葉》，《小序》認爲這首詩是「刺衛宣公。公與夫人並爲
淫亂。」〔註9〕據《春秋傳》，衛宣公爲其子伋娶齊國夷姜爲妻，聞夷姜美，
於是築新臺而半途迎候，自娶之。《小序》認爲該詩就是指涉此故實，並暗指
夷姜與之並爲淫亂。朱熹認爲這種指涉並沒有證據，它只是一般的刺淫亂之
詩。王夫之沒有表明自己對二者的取捨，但顯然他也認爲詩中之事是無禮的，
故而提出「知擇」的觀點，並由此闡發情與物的關係。他認爲性靜情動，性
只是「一陰一陽之實」〔註10〕，而情則是「陰陽之幾」，意謂情是陰陽變合之
動幾。王夫之強調情感是由人心動幾與天地物產運化之幾相感相取共同作用
而產生的。人心之動幾體現了人的主動性，人是與天地物華相對的有情有性
的鮮活主體，存在於與天地物華相紹相繼的關係之中。並不是天地物產變合
於外，而人心被動地作出反應，從而產生情感。因此，當天地物華觸動人心
之動幾，會使人產生相應的情感；當人心產生情感時，又會在天地物華中選
擇相應的對象以與其情感相應。對此，王夫之提出，天下之物與吾情相應者
至足，人應該作出合理的選擇。他接著說：

> 飲食之勿朵頤，非必餒矣。男之勿綏狐，女之勿鷥雉，非必獨
> 矣。遇主不於狗監，非必窮矣。得生不於蹴爾，非必死矣。遲俟之

〔註9〕孔穎達：《毛詩正義》，第137頁。
〔註10〕王夫之：《船山全書》第六冊，第1068頁。

須史，快騁之千里，亦何嘗抱蔓而歸，望洋而歎也哉？故曰：發乎情，止乎理。止者，不失其發也。有無理之情，無無情之理也。（《齊風·論匏有苦葉》）

王夫之在此通過一系列的典故提出了選擇的問題，其中「女之勿駕雉」就出自《匏有苦葉》：「有瀰濟盈，有鷕雉鳴。濟盈不濡軌，雉鳴求其牡。」對於禽獸之別，飛禽稱其雌雄，走獸稱其牝牡。鷕雉是雌雄的意思。合理的情況是雌雉鳴而求其雄，而詩中雌雉鳴而求牡，以比喻所求非其當求。王夫之以此為例指出，即使心中有情色之感，也不能選擇非禮之物以滿足情感的需求。其它典故也是如此。他意在說明，人心中懷有某種情感，傾向於在人心之外尋求相應的物事作為其對象，或以之寄寓情感，或以之滿足情感的需求，不過，對於對象的選擇應該止於理，使情感既得到適度的表達，又合乎理的標準。他更指出，情會流向縱慾而與理相悖，但是理必然包含著情感的適度滿足，因此，不必摒棄情以求理，只需要以理節情。王夫之的這個觀點其實受到胡宏「天理人欲同行異情」觀點的影響。

此外，他還指出，面對自然物華的運行變化，人會有不同的情感反應，這體現了主體不同的修養工夫。他說：

日月相代於前而不易其素，貞時者也。日月相代於前而莫能自喻，奔妄者也。日月相易，寒暑疾徐之變有感而必感，一志者也。上士自敦其天，而不因天之天。中士靜息以尚其事，而不爽天之天。淫於情者浮用其情，而以血氣之遷流為消長，弗顧天矣。（《詩廣傳·論葛生二》）

一方面，人處於不同的修養層次，會對自然運化有著不同的體察。「貞時」表明其在任何時間都保持著貞定，不改變其素有的操守。因此，自然變化對於他的操守不發生影響，這是君子修養達到較高層次的表現。不過，王夫之認為這對於君子來說還不夠，因為他忽略了對自然運化的體察，表明他尚有滯著之情，不能隨感而應。「奔妄」者則意念紛雜、情志不定，自然變化對其情志幾乎沒有自覺的意義。王夫之最稱賞的便是「一志」者，其志乃是志於道，而道體廣大，自然物華、人事遷變無不蘊含道於其中，因此，一志於道者對於日月相替、寒暑之變無不體察入微、隨感而應。另一方面，人達到不同的修養程度，面對自然運化，也會採取不同的情感和態度。「上士」、「中士」出自《老子》第四十一章：「上士聞道，勤而行之；中士聞道，若存若亡。」王

夫之在此借用以表示君子修身的層級。「自敦其天」與「因天之天」相對，前者體現的是健動的創造精神，而後者是消極的待天而動，也就是王夫之所批評的「宅虛以應天」的行為。上士情貞志一，在人之天中敦行人道，創造人文化成世界中的禮儀文明，而不是消極的順應自然變化。中士依然能息心以篤尚其事，不悖於自然運行變化。最下者情志浮動，受體內血氣躁動變化的牽制而浮用其其情，全然不顧是否與自然物華的真實變化相應。

　　通過闡述情與物的關係，王夫之突出了一個鮮活的主體，一志於道而又情感細膩，對天地物華有著細微的體察。這對於詩歌創作來說是十分重要的，王夫之認為，詩歌正是產生於情與物的相感相取之中，這表明在王夫之詩教思想中，詩歌創作的主體不僅僅是情感表達的主體，同時也應該是自覺修身的主體。只有自覺修身，才能情志貞定，對天地物華產生敏銳的感受，體察天化流行之幾微，並將其表現在詩歌之中。

3、情與聲

　　王夫之強調詩歌的音樂性，提出詩歌以聲情動人，並不僅僅是對詩歌表現形式的考量，更重要的是，它攸關於詩教的問題。他指出：「長言永歎，以寫纏綿悱惻之情，詩本教也。」〔註11〕甚至認為：「相感不在永言和聲之中，詩道廢矣。」〔註12〕長言永歎、永言和聲指的就是詩歌的音樂性。它何以如此攸關於詩教之事？這可以從王夫之對樂的闡述中得到解釋。他在對《禮記‧樂記》進行章句訓釋時，指出了聲音感人的特殊性，他說：

> 音由人心而生，而逮其聲之已出，則入耳警心，而心還因以生，邪者益邪，正者益正，而治亂分矣。（《禮記章句‧樂記》第三章）

> 凡人目之於色，耳之於聲，皆應感起物之幾，而聲音之感，不待往取而自入，故感人心者莫深如樂。（《禮記章句‧樂記》第二十二章）

人視覺獲取的顏色、聽覺獲取的聲音都是感覺器官與外物作用而產生的感覺印象，其中，比起顏色來，聲音更容易為人所感覺。在一定程度上，人可以主動選擇喜愛的物色作為自己的視覺對象，也可以選擇避開討厭的物色，不產生視覺反應，比如說閉著眼睛不看。但是，聲音不具有選擇性，一種聲音在空間中產生，無待人的選擇就能為人所感，成為人的聽覺對象。而一旦聲

〔註11〕王夫之：《船山全書》第十五冊，第 829 頁。
〔註12〕王夫之：《船山全書》第十四冊，第 651 頁。

音為人所感，它又能通過聽覺系統對人的情感產生影響。尤其是有規律的、藝術性的音樂，更能以其節奏、樂律進入人的聽覺系統，搖動人的情感，使人對之作出相應的情感反應。和諧的音樂使人產生平和的情感，而驚辟之音則很可能使人產生卞躁的情感，在這分別的相感之中，正者益正，而邪者益邪，國家治亂也於此而分。可見，音樂攸關的不僅僅是音樂本身，還攸關於情感善惡、國家治亂。王夫之的這種觀點上承《樂記》並進行了發展，《樂記》認為音樂之道通乎國家治亂，而王夫之在繼承這個觀點的同時，從聲音之感的特殊性進行了解釋，而這正是他在詩學思想中提出「聲情」說，強調以永言和聲相感的原因。詩人在長言永歎中寫「纏綿悱惻之情」，使讀者、聽者在吟誦時的一片「聲情」中，生其喜怒哀樂之情，志氣得以鼓舞、興起。

　　在這點上，王夫之和朱熹的觀點有所不同。朱熹也強調詩歌的諷誦涵泳，注重詩歌的韻律，並且根據宋代吳棫的叶韻體系，在注釋《詩經》時對許多韻腳作出了叶韻的處理，這對後世的影響非常大。他自述：「《叶韻》乃吳才老所作，某又續添減之。蓋古人作詩皆押韻，與今人歌曲一般。今人信口讀之，全失古人詠歌之意。」〔註 13〕這說明，朱熹也希望通過叶韻的方式來彌補詩、樂分離的缺憾。但他同時也指出，通過聲來求《詩》，不能得《詩》之本，他說：

　　　　蓋以《虞書》考之，則詩之作本為言志而已。方其詩也，未有歌也，及其歌也，未有樂也。以聲依永，以律和聲，則樂乃為詩而作，非詩為樂而作也。三代之時，禮樂用於朝廷而下達於閭巷，學者諷誦其言以求其志，詠其聲，執其器，舞蹈其節，以涵養其心，則聲樂之所助於詩者為多。然猶曰「興於詩，成於樂」，其求之固有序矣。是以凡聖賢之言詩，主於聲者少，而發其義者多。仲尼所謂「思無邪」，孟子所謂「以意逆志」者，誠以《詩》之所以作，本乎其志之所存，然後《詩》可得而言也。得其志而不得其聲者有矣，未有不得其志而能通其聲者也。就使得之，止其鍾皷之鏗鏘而已，豈聖人「樂云樂云」之意哉。（《朱子全書·晦庵先生朱文公文集卷三十七》之《答陳體仁》）

朱熹認為，詩歌的根本是志，也就是詩的內容。先有詩，然後有樂，樂是為詩而作。雖然聲樂對於詩歌的諷誦流傳、君子的涵養心志有很大的助益，但

〔註13〕朱熹：《朱子語類》第六冊，第 2086 頁。

是，詩之志相比起樂來，更具有優先地位。他更以孔孟為例指出，孔子強調「思無邪」、孟子提出「以意逆志」，都說明了《詩三百》的創作及流傳，主要是其中蘊含的志。他更指出，讀者可能理解了詩歌之志，而不通曉其聲樂、韻律的精意；但是不可能出現不理解其志，卻能通曉其聲樂、韻律精意的情況，即使對聲樂有所瞭解，也只是鐘鼓的鏗鏘之節而已，但是，孔子已然批評了樂云乃鐘鼓之意。朱熹反覆致意，都是在強調詩歌之本是志而非聲，而讀者在吟詠中所思所逆的應該首先是詩中蘊含的道理，正如他說的讀《詩》「於正當說道理處子細消詳，反覆玩味，應不枉費工夫也。」〔註14〕這與宋代重「義理之學」的整體思潮是一致的。

王夫之也強調詩歌之志，提出詩「以意為主」，此意即包括詩人的志意、情致，他也強調讀者應該學習、涵泳、思索詩中之道。他與朱熹的不同點在於，他將詩歌的聲樂形式置於與詩歌志意並重的地位，認為詩歌應該在長言曲折中道出心中微蘊、志理。與此相關，二者對《詩經》也存在不同的觀點，朱熹認為《詩》之作本乎其志，而王夫之則欣賞《詩》情理相融、聲情並茂的雅致。他對謝靈運極盡歡賞，其中一個原因就在於他認為謝靈運善於在霏微婉轉中言理，詩歌之理與詩歌之聲在謝詩中獲得了完美的結合。他說：

> 謝靈運一意迴旋往復，以盡思理，吟之使人卞躁之意消。《小
> 宛》抑不僅此，情相若，理尤居勝也。王敬美謂「詩有妙悟，非關
> 理也。」非理抑將何悟？（《詩繹‧一四》）

王夫之主張詩歌的語言「辭必盡而儉於意」〔註15〕，也就是說，一首詩歌只表達一個志意，此意在迴旋往復中得以曲折展開，曲盡其蘊。「迴旋往復」有兩方面的含義，一是節奏平緩、「曼聲緩引」，使詩人的志意在平和中從心底流瀉成文字。另一個含義就是長言詠歌、反覆其意，充分展開其意蘊，在往復致意中匯成一片聲情。王夫之認為，這樣的詩歌才更能呈現出和諧的韻律、溫柔的節度。

詩歌的聲情與讀者的諷誦吟詠是相互生發的，聲情在諷誦中才能產生聲音之感，動人情志；而讀者也只有在諷誦中才能體驗詩歌的聲情，相感於永言和聲之中，從而與作者情志相遇於一旦，志氣身心與之俱動。由此，曼聲緩引、長言永歎的詩歌能通過讀者的聽覺，警醒其情感，緩和其思致，使之

〔註14〕朱熹：《朱子全書》第二十三冊，第 2674 頁。
〔註15〕王夫之：《船山全書》第三冊，第 506 頁。

漸趨於與詩歌一致的和諧與溫柔。在王夫之詩教思想中，詩歌結構與天地結構相肖，其和諧的韻律也與天地和諧的韻律共振，而人心即是天地之心，其和諧的心理情感也與天地之和諧一致，因此，讀者正是借助於詩歌的和諧韻律、溫柔節度，回覆其本有的中正平和的情感。正如王夫之所說：「樂之爲體，本人心之生而無邪者利導而節宣之」〔註16〕，這何嘗不是詩教之體呢！

4、命日受性日生

「命日受性日生」是王夫之非常重視的觀念，他在很多著作中都對之進行了闡述，《詩廣傳》也不例外。爲了比較完整的理解他的這個思想，這裡將結合他在《尚書引義》和《讀四書大全說》中的闡述來分析《詩廣傳》中的相關思想。王夫之在《尚書引義》和《讀四書大全說》中分析了「命日受性日生」產生的原理和過程；在《詩廣傳》中，他闡述了面對「命日受性日生」的事實，人應該如何充分實現人性。

王夫之認爲，言性應該從氣上說。他提出：「性本氣之理而即存乎氣，故言性必言氣而始得其所藏。」〔註17〕天地運化無時或息，氣日生，性也日生。充盈於天地之間，彌漫於人身之外，流動於人身之內者，無非都是氣，因而也無非都是理。陰陽二氣的運行精微無形，但其成效卻十分顯著，但凡口所得之成味，目得之成色，耳得之成聲，心得之成理，都是一陰一陽翕合分劑所成。人自幼至老，每一日都依賴此陰陽二氣的運化而生，故性也無一日不獲有新生。

王夫之認爲，《中庸》「天命之謂性」的觀點，並非指天僅僅在人初生時刻一次命於人，之後便不再有命之之時。人不管是終食之頃還是終身之永，無時不是受命之時，即無時不是性生、性成之時。王夫之進一步分析，太虛之氣流行而形成天地運化，草木、禽獸和人則各有所受，他指出：

> 天與人以氣，必無無理之氣。陽則健，陰則順也。一陰一陽則道也，錯綜則變化也。天無無理之氣，而人以其才質之善，異於禽獸之但能承其知覺運動之氣，尤異於草木之但能承其生長收藏之氣。（《讀四書大全說・告子上篇》）

不同屬性的生物對於太虛之氣的接受會因爲自身條件的不同而存在著不同，草木只能承受生長收藏之氣，禽獸還能承受知覺運動之氣，但只有人能承受

〔註16〕王夫之：《船山全書》第四冊，第 891 頁。
〔註17〕王夫之：《船山全書》第六冊，第 862 頁。

健順之理氣，並生成其仁義之心。「在天命之爲健順之氣，在人受之爲仁義之心」〔註18〕。人無時不刻不承受健順清明之氣，因而，人性不是一成不變的，而是無時無刻不在生成變化之中。當然，這並不是說，性無時無刻不在善惡之間轉換，性雖然與氣時通消息，但發生大的改變還需要一個過程。在這個過程中，習具有非常關鍵的作用。習是指人的習慣、慣性，它形成於人長期的思維方式和行爲方式的積纍，在一定程度上，它受制於人的質，又能改變人的質，進而改變人的性。王夫之認爲，人的質最初也是氣化而成，因每個人的氣之和戾有別，人的質也會發生良善或偏頗的差別，但質一經形成，則氣不任其功罪。和性日生日成不一樣，人之質形成後便難以改變，具有相對的穩定性。從人對氣的取用來說，即使氣得其理，也較難使質得到改善，從這個角度可說質能爲氣之累；另一方面，即使氣不得其理，也不會輕易使質變得不善，由此可說氣不能爲質之害。不僅如此，氣可有功於質，使質得以改善，這就需要依靠習的力量。質形成之後就有一定的型範，其型範會影響人對於陰陽之氣的取用，良善之質善取天物之精，即使有失理之氣乘運化以進入人體內，也不會留之以爲害；偏頗之質所取純雜莫擇，有失理之氣入，則有可能強化其不善之習。雖然說型範有相對的穩定性，但它也無時不有其消息，因而，人之習依然能慢慢將其改變，良善之質一放任失理之氣的流動而不加以調節，久而久之，則會習慣於與失理之氣相取，而其良善的型範便遷移爲不善，型範遷爲不善，則更易於與不善之氣通消息從而導致性日益遷爲不善；反之亦如是。故而可說：「氣隨習異，而習且與性成也。」〔註19〕由此，王夫之認爲，受氣、習的影響，性是可以遷移的。他說：「唯命之不窮也而靡常，故性屢移而異。」〔註20〕以上爲王夫之在《尙書引義》和《讀四書大全說》中論述的主要相關內容。

　　既然性是可以移易的，人的職分便由此體現了出來，這是王夫之在《詩廣傳》中闡述的重要內容。他十分欣賞《大雅・板》中的詩句：「昊天曰明，及爾出王。昊天曰旦，及尔遊衍。」「王」即是「往」，「衍」爲「寬縱之意」，詩意是指天無處不在，人不管是出往還是縱遊，都在天的籠廓之中。王夫之區別了「天之天」和「人之天」，「天之天」是淸虛一大之氣化流行的天，它

〔註18〕 王夫之：《船山全書》第六冊，第 1078 頁。
〔註19〕 王夫之：《船山全書》第六冊，第 863 頁。
〔註20〕 王夫之：《船山全書》第二冊，第 301 頁。

作爲本然之天，沒有和人形成直接的聯繫，「晶然之清，皛然之虛，淪然之一，穹然之大，人不得而用之也。」〔註21〕「人之天」則是人所有之天，它與人息息相關、時刻有消息之往來，它也是人生活於其中、并創造的歷史文化世界。「天之天」和「人之天」不是隔絕的，它們相互流通。就人來說，人秉承而生的本源之氣是「天之天」的太虛之氣，人在「人之天」中立身處事，盡性立命，死後復歸的依然是「天之天」。人全而生之，死後也應該全而歸之。全而歸之同樣是王夫之的重要哲學觀念，他在《正蒙注》中有詳細的分疏。在《詩廣傳》中，他意在指出，「天之天」與「人之天」時通消息，人全而生之，也應該追求全而歸之，在「人之天」中，人的性分便是，日日新之，念念報之，有事於昊天。他進一步提出：

> 君子之言事天也，寧小其心，勿張其志：不敢曰吾身之固有天也，知其日益，不懼其日遠；不敢曰吾事固有之天而已足也，知其理，迎其幾，觀其通，敬其介，則見天地之心者乎！（《詩廣傳·論板三》）

「事天」出自《孟子·盡心上》：「盡其心者，知其性也。知其性，則知天矣。存其心，養其性，所以事天也。殀壽不貳，修身以俟之，所以立命也。」關於知天、事天和立命的關係，宋明儒有過非常仔細的思考，也產生了很多辯論，不過王夫之在這並沒有嚴格區分三者，此所謂「事天」就是盡性立命之事，也就是君子修身之學，而「盡性」便是「事天」之效。

對於君子事天，王夫之提出兩方面的建議，首先是「不敢曰吾身之固有天也」，吾身所有之天是天命之性，該句意爲不敢認爲吾身所承受之性爲固有、一成不變，而應該理解到性是日新日成的。他擔憂如果人們認爲性一經形成便終古不易，則「以形言之，更不須養，以德言之，更不待修矣。」〔註22〕這會消解掉君子修身的意義。因此，他反覆致意，天無時無地不命於人，因而人無時無地不應該順受其命，養其氣，修其身，積其善習，以成其性。人有一刻之生，就應該謹守一刻之命，成其一刻之善性，以免於留下一刻之惡習。

「昊天曰明，及爾出王。昊天曰旦，及尔遊衍。」的前兩句詩是「敬天之怒，無敢戲豫，敬天之渝，無敢驅馳。」強調天命無所不在，無時不命於

〔註21〕王夫之：《船山全書》第三冊，第 463 頁。
〔註22〕王夫之：《船山全書》第六冊，第 753 頁。

人，因而，人不能不敬畏天命。正如王夫之強調：「事天立命，喫緊工夫正在畏上。」畏天命者，不恃天之初命，而是盡性以成其德性。王夫之指出：

> 故諶天命者，不畏天命者也。禽獸終其身以用天而自無功，人則有人之道矣。禽獸終其身以用其初命，人則有日新之命矣。有人之道，不諶乎天；命之日新，不諶其初。俄頃之化不停也，祗受之牖不盈也。一食一飲，一作一止，一言一動，昨不爲今功，而後人與天之相受如呼吸之相應而不息。息之也其唯死乎！然後君子無乎而不諶乎命也，始終富有而純乎一致也。仁義禮智參互以成德信，以其大同而協於克一，然後君子之於命，無乎不諶之有實矣，舉一統百而百皆不廢也。嗚呼！知不諶之以諶者，知終者與！終之以人而不怗天之初，人無不可誠之，而後知天之無不誠也。（《詩廣傳・論蕩》）

禽獸終身用天而無功，人道則盡性成德、裁成輔相，作對於天。禽獸終身用其初命，人性則日新日成。因而，人有事於昊天，就在敬畏天命、日進其德。王夫之強調，天命人以善性，但此善性有可能流變爲不善，它的最終實現需要人自己的修身工夫，因此，人要做「誠之」的工夫，而不能憑恃天以求善終。「天不恃克終以爲德」，天命人以善始，但不能保人以善終，這並不有損天之德，而人則需要「知終終之」，守其善始，保其日新之德，以成其善終。以此「誠之」的工夫和修養，人才能事天盡性、全而歸之。

王夫之另一方面的建議是「不敢曰吾事固有之天而已足也」。君子所事之天也不是一成不變之天。事實上，天化不息，神妙不測，健動不已。他不贊成靜爲天地之心的觀點，強調以動爲天地之心，認爲天地之心無一息而不動，無一息而非復。如何見得動爲天地之心呢？他提出一個方法，即從人心之動幾來體察。他說：「天地之心不易見，於吾心之復幾見之爾。」〔註23〕雖然說天地無心以成化，但天資始、地資生毫不停息地賦予萬物以形性，其化生似乎有必然而不容已之心存在，這種特性恰與人心的特性相似，因而，人可以通過體察內心來體認天地之心。他更提出，聖功之成必須以見天地之心爲入德之門。

首先，人心效天地之心，同其流動、妙用不息，因而，人事天既要「知終終之」，也應該與時進退、與物俯仰。所謂「知其理」，是知天地運化生

────────────────

〔註23〕王夫之：《船山全書》第一冊，第 228 頁。

生不息、日新日成之理；「迎其幾」是指天地生化變動不居，但天化人心本來相紹相感，人心應該瞭解、感知天地變化之幾，以與之相合；「觀其通」意謂天化雖然變動不居，但「參萬歲而一成純」、「始終富有而純乎一致」，因而，人心同時應該一以貫之，參互仁義禮智以成其德信，協於克一；「敬其介」之「介」爲介慈之介，意謂敬畏天命之善，日修其身以俟命，善成其性以立人道。

　　其次，人心效天地之心，同其健動不已，因而，人應該擴充其一念之善，日新不已。王夫之指出，陽之一動爲天地健動之初幾，其後四時相續、百物以生都是因此陽動之初幾相續不捨而成。人心也應如是，此心之德，一念初動，便以剛直之力即此而擴充，則條理自此而順，德自此而成，性自此而盡。如此，則可謂見天地之心矣。

　　王夫之命日受、性日成的觀點，其歸旨在於指出人道即是盡性立命、日新其德。它使盡性成德成爲人的職分，同時也使盡性成德成爲充滿希望的事。王夫之認爲天命不窮，因而人性會發生移易。他不認可「性被遮蔽」的說法，「性被遮蔽」說認爲人的善性不會喪失，只是被物欲、私念等遮蔽，因而不得彰顯。王夫之對之進行了反駁，提出善性也是會喪失掉的，否則孟子不會提出「放心」的說法，「放心」就意味著性喪失其降衷之善。不過，就天命之「通」、性之「通」來說，氣本清虛健順、理本正而無固有之疵，因而，恢復善性並不難，「未成可成，已成可革」，君子只要即此一念初動，念念承命，任何一刻都是新命之始，也是盡性之始，人道就在這日新日成中獲得自尊、自立。

二、詩之爲教，相求於性情

1、循情以定性

　　王夫之在評點阮籍的《詠懷》時，提出「蓋詩之爲教，相求於性情」〔註24〕的觀點，這其實精鍊地概括出了他詩教思想的特色。「性情」是兩個並列的概念，但詩教的落實點是在「情」，詩教主要通過利導、節宣人的情感，以恢復人之善性。因此，本節以其性情論爲基礎，來闡釋王夫之詩教思想的根本特點，並分析詩教產生功效的心理過程。

〔註24〕王夫之：《船山全書》第四冊，第 677 頁。

　　情感是人與人溝通的重要媒介，不管是君子與君子相交，還是君子與小人相交，情感的表達在其中都發揮著重要的作用。王夫之對此有著深刻的思考，他指出：

> 君子與君子言，情無嫌於相示也。君子與小人言，非情而無以感之也。小人與君子言，不能自匿其情者也。將欲與之言，因其情而盡之，不得其情，不可盡也。將欲與之言，匡其情而正之，苟非其情，非所匡也。言之而欲其聽，不以其情，嫌於不相知而置之也。言之而爲可聽，不自以其情，彼將謂我之有別情而相媚也。故曰「詩達情」。

> 達人之情，必先自達其情，與之爲相知，而無別情之可疑，則甘有與甘，苦有與苦。我不甘人之苦而苦人之甘，人亦不得而苦之矣。《雞鳴》之哲婦，自達其情，曰「甘與子同夢」，故以婦人而感君子也有餘，不自匿而已矣。（《詩廣傳·論雞鳴》）

通過這段論述，王夫之指出了情感溝通的重要性和情感溝通的方式。君子之間相交必然會傾情相待，君子與小人交流需要以眞情感動他，而小人與君子交流也無法隱匿自己的情感。因此，情感溝通往往決定著交流的成效，具有切實的重要性。如此，一方面，爲了實現溝通的良好效果，就必須通達對方的情感，對其情感達成理解，然後以情動之；否則對方會產生不相知的心理，而將此溝通置之不理。另一方面，爲了使自己的語言能打動人，首先必須投入自己的情感，示對方以眞情；否則，對方可能會認爲自己別有隱情而產生疑忌。王夫之反覆致意，就在於強調情感是語言溝通中不可忽視的媒介，情感通達易於產生共鳴，促進交往的順暢。因此，以達情爲特性的詩歌在情感通達中就有著重要的地位，它是情感通達的重要方式。

　　「詩達情」體現在兩個方面，「達人之情」和「自達己情」。「達人之情」意爲理解、通達對方的情感，而「自達己情」意指表達自己的情感、示人以己情。王夫之認爲，通達對方的情感，首先需要善於表達自己的情感，示人以誠，與之同甘，與之共苦，因而能夠與之相知。只有這樣，才能因其情而盡之，匡其情而正之，使對方通過正情而得以定性。正如《齊風·雞鳴》詩中的哲婦，雖然意在婉勸其夫早起視朝、勤於政事，但又不忘表達自己「甘與子同夢」的深情，因而，其深情、賢達足以打動其丈夫之心，使其勉於君臣、夫婦之道。由此，王夫之說：「是故情者，性之端也。循情可以定性也。」

〔註25〕情由性生，喜怒哀樂之正本是性中所固有的，達情的重要性就體現在，通過不隱匿自己的情感、并通達別人的情感，使本正之情盡之、使不正之情得以匡之，從而情上通於性，合乎性之本正，而性得以定。正因為這樣，達情之詩才能使人產生情感的共鳴，鼓舞興起以共向於善。

　　從這點出發，他對釋氏進行了批判，認為釋氏主張斷情、絕情，從而阻斷了日常交往中的情感因素，使人不能通過循情的方式以定性。因此，它只能通過地獄、果報的教義勸人為善，促使人畏於果報而行善，致使天下人不知為善之樂。由此，王夫之認為它求以復性的方式其實是對性的戕賊，並不能救情之偏。他對釋氏的批評有粗疏之處，但是他對情的分析是深刻而開明的。人心之幾與物之動幾相值相感而生情，情生於性是不可避免的心理過程，它上授於性，而下生欲，既可以成為復性工夫的條件，也可以變成復性工夫的限制，但卻不是一個可以忽略、戕滅的因素。因此，在王夫之看來，君子之道應該是正視情，把限制變成條件，使之鼓舞人以向於善，循情以定性。

　　上文所述的循情定性主要體現在人與人的交往之中，此外，它還有另一種體現，即是體察自己內心情感的貞淫，立心之主宰，用貞情，去淫情，由此以求定性。王夫之指出：

> 故擇理易，擇情難。審乎情，而知貞與淫之相背，如冰與蠅之不同席也，辨之早矣。不獎其淫，貞者乃顯。如猶未顯邪，抑即夫發不遽、物不虛、心有定美而不喪其主者，介之以求性，性尚可得而親乎！（《詩廣傳·論靜女》）

相對來說，在價值標準和價值方向上作出合乎理則的選擇是比較容易的事，故而「擇理易」；但是，對於情感的貞定或非禮，則比較難以拿捏、把握，故而說「擇情難」。王夫之所謂的淫情並不是淫亂的情感，而是超過合理範圍的過度之情，流於欲望的非禮之情。他指出，情感的貞淫不能通過外在的表現、迹象來辨別，只能訴諸內心的自覺審察。及時審辨出情感的貞淫，匡正過度、非禮之情，貞定之情就能呈現於心，上通於性。他接著分析道，如果貞定之情並沒有自然呈現，則可以進一步審察。通過評述《邶風·靜女》一詩，他剖析了淫情的心理情態：

> 《靜女》之一章曰「俟我於城隅」，其俟可知己。兩貞之相俟，未有於城隅者也。其二章曰「貽我彤管」，其貽可知己。彤管，貞物

〔註25〕王夫之：《船山全書》第三冊，第 353 頁。

也。貞物而淫用之，顧名不慊而僅詫其煒也。其三章曰「洵美且異」，
其美可知已。意以爲美而異，意不以爲美而故不異也。非所俟而俟，
遽也；非所貽而貽，虛也；無可異而見異焉、心喪主也。遽則然，
審則否；虛以往，實失其歸；心喪而熹然興，心得而退聽。(《詩廣
傳‧論靜女》)

過度、非禮之情傾向於欲望的滿足，因此，即使非禮也促不及發，見其「遽」
也；其所贈之物爲非禮之用，使物失其實，見其物之「虛」也；意念紛雜，
無端驚異，見其「心喪主」也。與之相反，貞定之情是爲性所正之情，沉潛
深穩，王夫之稱其爲「情之性也」〔註26〕。此情發而有擇，不遽也；實用其
物，不虛也；如其分以施受，見異而弗異，如「叔齊不以得國爲非常之慈，
周公不以郊禘爲非常之福」〔註27〕，心不喪其主也。故而王夫之提出，體察
情不遽發、物不虛用、心有主宰的心理情態，憑介此以求性之定，依然是可
行的途徑。

綜上所述，不管是以情溝通還是自我審察己情，循情定性都是依憑情感
而實現復性之功，對於本正之情，則盡之以得爲善之樂；對於不正之情，則
匡之以求通於性。

2、道生於餘情

君子求道的行爲其實伴隨著很細微的心理過程和情感過程，對此，先秦
的學者有著自覺的體察。郭店出土的《五行》篇是先秦儒家的重要文獻，其
中有一段話表明了當時儒者對於人之心理的細膩體察，文中說：「君子無中心
之憂則無中心之智，無中心之智則無中心是悅，無中心之悅則不安，不安則
不樂，不樂則無德。」〔註28〕從這段話可以看出，從憂到樂的細微心理變化
與君子德行的修成是相伴隨的，情感的愉悅、安樂對於德行的修爲並不是無
足輕重的，相反，是必要的心理過程。

王夫之在《詩廣傳》中也表現出了這種細膩的心理體察，他說：

道生於餘心，心生於餘力，力生於餘情。故於道而求有餘，不
如其有餘情也。古之知道者，涵天下而餘於己，乃以樂天下而不匱

〔註26〕王夫之：《船山全書》第三冊，第328頁。
〔註27〕王夫之：《船山全書》第三冊，第328頁。
〔註28〕李零：《郭店楚簡校讀記》，北京，中國人民大學出版社，2009年版，第100
頁。

於道；奚事一束其心力，盡於所事之中，敝敝以昕夕哉？盡焉則無
餘情矣，無餘者涫滯之情也。涫滯之情，生夫愁苦；愁苦之情，生
夫劬倦；劬倦者不自理者也，生夫惕佚；乍惕佚而甘之，生夫傲佚。
力趨以供傲佚之爲，心注之，力營之，弗恤道矣。故安而行焉之謂
聖，非必聖也，天下未有不安而能行者也。安於所事之中，則餘於
所事之外；餘於所事之外，則益安於所事之中。見其有餘，知其能
安。人不必有聖人之才，而有聖人之情。涫滯以無餘者，莫之能得
焉耳。(《詩廣傳·論葛覃》)

「餘」是餘裕的意思，「餘情」指的就是情感沒有完全陷入到一件事情之上，
不可自拔，而有從容的情感去體味、體察其它事物。因此，有餘情才能有餘
心以宅道。反之，無餘就意味著情感一往投注於其所事之中，沒有餘裕之情
去觀照、體味所事之外的物事。如此造成的結果就是束縛其心力，將自己限
制在所事之中，晝夜疲於此事，以至於產生疲敝不和之情。「涫滯」即是指弊
敗不和的樣子，因此，王夫之說：「無餘者，涫滯之情也。」並指出涫滯之情
最終導致的只能是心注目營於其所事，而無餘心以恤道。他更細緻地分析了
安、餘的情感狀態對於求道的重要性，安於所事意味著專注地、安然地投入
所從事的工作。無餘與安然不同，無餘者似乎也是專注地投入其所事，但是
其所從事的工作佔據了他的全部情感、心力，使其忽略了所事之外的整個世
界，因此，無餘者其實受其所從事的工作所累而免不得愁苦、涫滯。與之不
同，安於其事者雖然專注地投入其所事，不過他依然有餘裕之情感去欣賞所
事之外的世界；而當他於所事之外能保持餘裕之情的時候，更能促進他安然、
專注地從事他進行的工作。

「安而行之」出自《中庸》：「或生而知之，或學而知之，或困而知之，
及其知之一也；或安而行之，或利而行之，或勉強而行之，及其成功一也。」
朱熹將其分別搭配，以生知安行爲聖者事。王夫之在論述中並沒有採取朱熹
的搭配，而是指出安而行之並非只是聖人的境界，事實上，天下人都需要在
安然的情感狀態中從事其工作。不過，朱熹所謂的安行與王夫之的安行在概
念上已經有所不同。二者都包含了平和、滿足的情感心理，但前者更指向素
位而行的安裕、雍容的境界，而後者則更表現出對於行爲本身的描述，意謂
以安然的狀態去行爲。王夫之重在指出安然的情感對於求道的必要性，像聖
人一樣有餘情，才能樂易地從事於求道之事。對於情感、心理與求道之間聯

繫的細微體察其實對於王夫之的思想是必要的，他雖然在一定程度上表現出「貶情論」的態度〔註 29〕，但同時他也提出「不善雖情之罪，而為善則非情不為功」〔註 30〕的觀點，指出情對於為善的必要意義。既然情對於為善是必要的，那麼，對於情的體察也就是必要的工作了。事實上，王夫之詩教思想的關鍵工作就是對情的細膩體察和細緻分析，意在使得情為功而不為罪，其中一個重要的方式就是詩歌的引導。因而王夫之總說「詩苦無餘」，就在於這種詩不能導人以餘情。而在他看來，《周南·葛覃》可以說是導人餘情的詩歌佳作，他說：

> 《葛覃》，勞事也。黃鳥之飛鳴集止，初終寓目而不遺，俯仰以樂天物，無泬滯焉，則刈濩絺綌之勞，亦天物也，無殊乎黃鳥之寓目也。以絺以綌而有餘力，「害澣害否」而有餘心，「歸寧父母」而有餘道。故詩者，所以蕩滌泬滯而安天下於有餘者也。（《詩廣傳·論葛覃》）

《葛覃》是描述后妃從事絺綌勞作的詩。后妃在谷中采葛，並通過一系列工序將其製作成粗、細葛布，這本是「勞事」，《毛傳》稱其「葛所以為絺綌，女功之事煩辱者」〔註 31〕。但是后妃並沒有因此而敝其心力，采葛谷中，寓目所見的是葛葉萋萋之盛，迎聲而聞的則是黃鳥喈喈之鳴，俯仰皆是天物之樂，有「餘情」以安於所事，因此可知，后妃「歸寧父母」之道存而不匱。《葛覃》這首詩以「維葉萋萋」、「維葉莫莫」、「黃鳥于飛」、「其鳴喈喈」等清麗、輕快的語言，將采葛、刈濩絺綌的勞作置於天物之和的情境當中，輕快的節奏、安裕的情感消解了勞作的疲憊，展示出其樂融融的畫面。然後通過絺綌作為聯接，又將話題引向選擇、洗浣衣服，以歸寧父母的禮事。由此，王夫之認為，這首詩向讀者傳達的不是絺綌之事的煩辱，而是「俯仰以樂天物」之餘情，並將讀者導向餘心以宅道的樂易之中。這正是詩教的功效，因而，王夫之強調，詩能蕩滌泬滯之情、將人安頓於餘情之中，並以此為前提而求道。

〔註 29〕 陳來先生在《詮釋與重建》中提出，船山心性情論在總體上突出地表現為「尊氣貶情」的特點，不過他的辯證思維使得他在宣稱情為不善之源的同時，也肯定情在行為動力學上的不可缺少的作用與地位。見陳來，《詮釋與重建》，北京，三聯書店，2010 年版，第 278～288 頁。
〔註 30〕 王夫之：《船山全書》第六冊，第 1069 頁。
〔註 31〕 孔穎達：《毛詩正義》，第 30 頁。

3、養氣以治情

　　王夫之主張詩文是用氣之事，並認為古今詩辭「有異詞而無異氣」，即古今詩人可以擇取不同的辭文以創作詩歌，但詩中之氣一以舒平和緩為貴，因此他緊接著指出，所謂「氣之異者，為囂，為凌，為荏苒，為脫絕，皆失理者也。」〔註32〕如果詩文之中有凌囂之氣等，都是失理之文，其文「音促而不舒」，將「蕩人以雄而無以養」〔註33〕。他對詩文之氣的要求並不是著眼於詩歌創作與詩歌鑑賞，而是與情感涵養相關聯，他認為情與氣偕，人心之情是附於氣而動，因此，治情離不開養氣。

　　王夫之繼承張載的氣本論思想，以氣為構成事物的基質，認為人身內外、天地兩間無不為氣所充盈。人秉氣而生，也有氣在體內流動，而情正是附於氣以成其動幾。在對《小雅·小弁》的評述中，他分析了情與氣的關係，並提出了治情應當調氣的觀點，說道：

　　　　治不道之情，莫必其疾遷於道，能舒焉其幾矣。「君子不惠，不舒究之」，不舒而能惠者尠也。奚以明其然也？情附氣，氣成動，動而後善惡馳焉。馳而之善，曰惠者也。馳而之不善，曰逆者也。故待其動而不可挽。動不可挽，調之於早者，其惟氣乎！（《詩廣傳·論小弁》）

情無質，只能附著在氣上而成其動幾，氣動後情感善惡就顯示了出來，「動而後善惡馳焉」。王夫之遣詞十分精鍊，他用「馳」字以表明善、惡之幾會形成一定的發展趨勢，如果善順勢發展，自然是日新之事。但是，當惡循著其趨勢發展的時候，治情的工夫就變得十分艱難，甚至難以挽回。因此，王夫之提出，應當在善、惡之幾發生之前，便對氣進行調養舒和，「舒焉其幾」，通過養氣之和平以養情之和平舒緩。既然治情不能離開氣的運動，那麼就應該瞭解體內之氣流動的特性，如此才能豫養其舒，因而他接著說：

　　　　氣之動也，從血則狂，從神則理。故曰「君子有三戒」，戒從血之氣也。六腑之氣，剽疾之質，速化而成血，挾其至濁而未得清微者以乘化，而疾行於官竅之中。濁，故不能久居而疾，未能清微，故有力而剽。是故陰柔也，而其用常狠。狠非能剛也，迫而已矣。血者，六腑之躁化也。氣無質，神無體，固不能與之爭勝，挾持以行而受其

〔註32〕王夫之：《船山全書》第十四冊，第 666 頁。
〔註33〕王夫之：《船山全書》第十四冊，第 666 頁。

躁化，則天地清微之用隱矣。清微之用隱，則不能以舒。重濁之發鷙，
則觸於物而攻取之也迫。其能舒也，則其喜也平，其怒也理；雖或不
惠，末之狠矣；其不能舒而迫也，則其喜也盈，其怒也憤，狠於一發，
未有能惠者也。末之能惠，而欲遽以之惠，清剛之不勝久矣。是故欲
治不道之情者，莫若以舒也。舒者，所以沮其血之躁化，而俾氣暢其
清微，以與神相邂逅者也。（《詩廣傳·論小弁》）

王夫之指出，在人體內，血有質，因而它有力量，但是它濁而剽疾；神妙化
而通於清微，但它無體，即沒有物質形態，因而不能與血爭勝；氣無質〔註34〕，
即不能成為獨立的運動主體，或乘血以行於官竅之中，或從神而通於清微。
他沒有具體說明乘血、從神是否是非此即彼的行為，抑或體內之氣既乘血、
又從神，只是二者存在著消長的因素。不過，細讀文意，他提出人如果能沮
血之躁化，即能暢氣之清微，使之與神相遇，應該指的是血中之氣清微以從
於神，因而，體內之氣的運動，應該存在著既乘血、又從神的消長變化因素。
當氣乘血之勢盛時，人的喜怒哀樂之情都是卞躁過激的，並浸淫於自己躁動
的情感而罔顧其它，於是，天地清微之用退藏。而當氣從神之運時，人的喜
怒哀樂之情則是平和順理的，情有餘而從道，通於天地之清微。因此，人如
果意欲調養自己的情感，就應該抑制血的躁動，使氣得以清通地運行，舒養
其幾，使之從神。至於如何舒養氣的運行之幾，王夫之提出的方法則是：「食
不極味，目不極色，耳不極聲，居不極安，大陰之產不盡其用，六府之調不
登其剽疾，弱其形，微其氣，迓其神，勿益其陰，所以豫養其舒也。聖狂之
效，早決於此矣。不道者之故未有此也，逮乎其方狠而姑舒之，猶有瘳焉。
其亦端本清源之治與！衈而以道爭之，抑末矣。」〔註35〕也就是說，在飲食、
居處之間以中和之度養之，清血之濁、微氣之運，從而迎神之化。王夫之的
論述在其思想體系中是一體相承、一以貫之的，氣是構成事物的基質，也是
人體內的基質，因而，任何忽略它的修身涵養都是有缺失的。王夫之的論述
將他的氣本論思想貫徹到了人的修身涵養之中，這在他的思想體系中不是無
足輕重的，對於人的修身涵養也是極有啟發意味的。「食不極味，目不極色，

〔註34〕 質有主、主體之意，在《管子·君臣下》中有：「天道人情，通者質，寵者從，
　　　　此數之因也。」尹知章注：「質，主也。能通於天道人情者，可以為主；其不能
　　　　通，但寵貴之者，可以為從，謂臣也。」此外，《莊子·庚桑楚》中有：「果有名
　　　　實，因此己為質。」郭象注說：「質，主也。」此處之質即取「主」的含義。
〔註35〕 王夫之：《船山全書》第三冊，第 416 頁。

耳不極聲，居不極安」、「不盡其用」等語言提出的是一種優雅有度的生活方式，這種生活方式既講究生活的意趣，從禮儀文明、美味、美色、美聲中享受人文化成世界的樂趣，同時，又不放縱自己對這些器物的欲望，不使自己役於其中，受欲望牽制，不受限制，因而達到了一種自由灑落、優雅從容，使體內之氣一直處於一種舒張有度的平和運行狀態。王夫之的這種觀念體現的正是儒家追求的極高明而道中庸的境界，不離日用常行，而能直造性體流行之境。且不論王夫之對於體內之氣的分析在生理學上是否有其根據、能否成立，這對於理解其哲學思想確實是十分重要的工作。

從詩教的角度來說，豫養舒氣就在於做到「耳不極聲」。這就要求詩歌語言的平遠、節奏的和緩，無取勁促之音。這也是王夫之在詩歌創作中一貫堅持的原則，他認為詩歌「一任血氣之勇，如戟手語」〔註36〕，「戟手」是指伸出食指和中指指人，形容人憤怒、勇武之狀，詩歌如果有如此躁勇之氣，那是破裂風雅。因此，他提倡詩中蘊含「廣大昌明之氣」〔註37〕，吟之使人消其卞躁之氣，涵養其和情。

4、引性情以入微

詩教循情定性、餘情向道、養氣治情等功效最終指向的境界便是引性情以入微。「微」也就是幽微，即有理而未形的道的世界、形上的世界。詩人沉入幽微的形上之境，並將其徵顯在詩歌之中，向讀者敞開。這便是詩歌的可貴之處，王夫之謂：「細入亮出，得意在空微而言之有徵，所貴有詩者非此哉？」〔註38〕正是此意。他更感歎道：「沉酣而入，洗滌而出，詩之道殆盡於此乎！」〔註39〕詩歌以其貞定的性之情與讀者相遇，通過婉轉繚繞的聲情，養其氣、導其餘情，將讀者引入到廣大昌明之境，使讀者由有情的具體世界際入於幽微廣遠的形上之境，滌盡涸滯、鄙陋，廓然大公，上下與天地同流，實現詩教勝境。

首先，王夫之提出詩歌以其平遠涵容的特性引人入微〔註40〕。在他的詩教思想中，「平」是個很重要的概念，它既是詩歌的寫作方式，也是詩歌的境

〔註36〕 王夫之：《船山全書》第十五冊，第 1047 頁。
〔註37〕 王夫之：《船山全書》第十四冊，第 1542 頁。
〔註38〕 王夫之：《船山全書》第十四冊，第 1398 頁。
〔註39〕 王夫之：《船山全書》第十四冊，第 1619 頁。
〔註40〕 徐波先生在《說「平」——王夫之詩學批評中的重要概念》文章中，指出平有四個含義：自然、蘊藉、從容和決洽。（載《船山學刊》，2006年第一期。）本文在這四個含義的基礎上，結合王夫之的觀點，提出平遠涵容的特性，詩歌因平而能夠涵容一切，以供讀者寄情思微。

界，同時是詩歌佳作的重要標準。此處所指主要是平所呈現出的詩歌境界。
對於此，王夫之甚爲看重「吟魂」，他指出「忽然得者，正自入微，此所謂吟
魂也」〔註41〕，也就是說吟魂是詩人歌吟所觸及到的精義、精魂。「忽然得」
意味著吟魂蘊含的是現量，乃當下所得；「入微」則說明其所得者是蘊藏在當
下所見之景事中的理和道，這是詩歌的精魂，如其所說：「足知文句之用，有
形發無形，無形君有形也。」〔註42〕詩歌以其有形的文字徵顯無形之道，而
無形之道乃是有形文字的精意、吟魂。吟魂的魅力就在於它平平的顯出理和
道，空闊平遠而入微，「吟魂吟理，正在空微中」〔註43〕。詩人以其追光躡景
之筆，捕捉當下忽然所得之理，使詩歌在表達具體情事的同時具有了通達天
理的普遍性，因而，一首詩歌也能夠「涵蓋乾坤」〔註44〕，從其側面道出整
個天地之情態。它向讀者打開的是平遠而涵容一切的天地，以其搖曳之態引
讀者以往、引讀者以思。正因爲如此，王夫之才著力強調詩歌之平，要求將
其通天盡人之懷平平托出，蘊藏在詩歌之中，並反覆強調「言之益平，引之
益遠」〔註45〕、「詞益平，意益遠，但此括盡六合千秋」〔註46〕。他意在說明
平才能涵蓋乾坤、涵容天地，如此，讀者才能各以其情與詩歌中的天地相感
相通，各以其思通於天理、天道，在獲得藝術美感的同時，超入於形上之境。
可以說，平的境界是藝術境界與道德境界的融浹合一，他不由得感歎：「只此
平之一字，遂空千古」〔註47〕。

其次，詩教引性情以入微的功效與詩歌音樂化的形式有密切的關係。事
實上，引性情以入微也正是樂教的功效。王夫之在《夕堂永日緒論序》中提
到了樂教的這個功效：

> 《周禮》大司樂以樂德、樂語教國子，成童而習之，迨聖德已
> 成，而學《韶》者三月。上以迪士，君子以自成，一惟於此。蓋涵
> 泳淫泆，引性情以入微，而超事功之煩黷，其用神矣。(《夕堂永日
> 緒論·序》)

在「涵泳淫泆」中，樂教「引性情以入微，而超事功之煩黷」，由此，王夫之

〔註41〕王夫之：《船山全書》第十四冊，第 1607 頁。
〔註42〕王夫之：《船山全書》第十四冊，第 594 頁。
〔註43〕王夫之：《船山全書》第十四冊，第 1179 頁。
〔註44〕王夫之：《船山全書》第十四冊，第 635 頁。
〔註45〕王夫之：《船山全書》第十四冊，第 586 頁。
〔註46〕王夫之：《船山全書》第十四冊，第 710 頁。
〔註47〕王夫之：《船山全書》第十四冊，第 661 頁。

指出了涵泳淫泆是引性情入於微的方式，也道出了其境界是超事功之煩黷。
「涵泳」指熟讀詩文，脈絡通貫，深入思考、領會詩歌含藏的意旨，與作者
之情相遇。「淫泆」指以歆羨、思慕之心吟詠詩歌，如其所說「淫泆，音若歆
羨然」〔註48〕。他常將「淫泆」與「永歎」並用，永歎意為「歌聲長引」，指
沉浸、悠遊於詩歌的節奏、聲情當中。因此，「涵泳淫泆」包含了兩方面含義，
首先指對於詩歌情志的涵泳，其次指對於詩歌節奏、聲情的永歎歌吟，其目
的就在於使讀者浸潤於詩歌之情與詩歌之聲當中，受其所化，慢慢移易情性。
「事功之煩黷」意指人倫日用世界中的繁瑣事物以及它們帶給人的各種內心
自我矛盾。不過，讀者能夠在詩歌的藝術欣賞中養氣正情，際入形上的世界，
達到物我的合一，從而消解了內心的矛盾，達到一種和諧的境界。事實上，
這種境界是道德與藝術的合一之境。

　　樂教由樂德和樂語構成，樂德是指中、和、祗、庸、孝、友六德，樂語
是指歌詩中的文詞，樂教即是指在諷誦吟歌、涵泳淫泆中移易性情，養成中
和祗庸之德，達到超越事功煩黷的內心和諧之境。這種方式和境界都被王夫
之引入了詩教當中，以彌補禮崩樂壞後樂教的缺失。他在詩教上的努力就是
力圖通過長言永歌的聲情，以實現引入幽微的境界。在論述《魯頌・駉》時，
他指出了這點：

> 故《詩》者，與書異壘而不相入者也。故曰「言之不足，故嗟
> 歎之，嗟歎之不足，故永歌之，永歌之不足，故不知手之舞之、足
> 之蹈之。」知然，則言固有所不足矣。言不足，則嗟歎永歌、手舞
> 足蹈、以引人於輕微幽濬之中，終不於言而祈足邪。（《詩廣傳・論
> 駉》）

「言之不足」一段出自《禮記・樂記》：「故歌之為言也，長言之也。說之，
故言之；言之不足，故長言之；長言之不足，故嗟歎之；嗟歎之不足，故不
知手之舞之足之蹈之也。」《樂記》這段話意在說明，詩歌文詞之作源於內心
情感之不容已，而文詞尚不足以盡此情感之不容已，因而，音樂歌舞以其長
言永歌、手舞足蹈盡其深情，使人志氣身心與之俱動。王夫之引用這段話解
釋了《詩經》與《尚書》在文體上的區別，《尚書》是史書，應當以精鍊的詞
語將各種意義表達清楚，使之無一絲餘蘊，也就沒有任何文義模糊之處，所
謂「意必盡而儉於辭」。《詩經》則與之不同，妙在用往復曲折的文辭烘託一

〔註48〕王夫之：《船山全書》第四冊，第 942 頁。

個情意，留有餘蘊，使之吟之不盡，所謂「辭必盡而儉於意」〔註49〕。這種文體表達方式不僅適用於《詩經》，也適用於所有詩歌。可見，詩歌承緒的正是樂教的精神，詩文的長言往復、嗟歎永歌乃是以其音樂性的聲情彌補後世樂教的缺失。

涵泳淫泆在內容和形式兩方面對讀者提出了要求，其目的在於貞其情性、養其和氣，使之能動而有禮、行而有度，目不極色，耳不極聲，身體機能得到恰當而充分的使用，養身心之神。當人的身體機能適如其分的各盡其能時，人的身心便達到最佳的狀態，從而可與神通，可與知幾。王夫之說道：

> 故天下莫大於人之躬，任大而不惴，舉小而不遺，前知而不疑，疾合於天而不慚，無過之者，無所不達矣。故曰：「形色，天性也。」形其形而無形者宣，色其色而無色者顯，內耳內目徹而血氣靈，密心濬入而血氣化，縱其所堪而晝夜之通，鬼神之撰，善惡之幾，吉凶之故，不慮而知，不勞而格，無過焉而已矣。（《詩廣傳·論文王三》）

對氣基質地位的肯定也決定了王夫之對形色、也就是對人身體的肯定。雖然說心是一身之主宰，但是人的身體、人的耳目等五官是人接觸世界、參與社會活動的唯一載體。不管是擔大任還是成小事，都是人的身體直接參與的結果，如果身體機能沒有被遏制，能夠得到恰當發揮，人更能先天而天弗違，後天而奉天時，以人合天而無所疑慚。「無遏」強調的是充分發揮使用人之形色。它既需要盡其所用，也需要將身體機能協調爲最佳狀態以便恰如其分的使用。「形其形」、「色其色」即是指形色之用得到充分發揮，「無形者」、「無色者」便是無形、無色的形上之境，「內耳」、「內目」即是通於神、理之心。形色和，則心之主宰不失，因而人能通於形上之境，知善惡之幾、吉凶之故。王夫之強調，如果縱其血氣之用，沉湎於一色、一聲或一事，那不是充分使用，而恰恰是損害了形色的正常發揮，「不肖者縱其血氣以用物，非能縱也，遏之而已矣。」〔註50〕詩教恰好試圖在涵泳淫泆中，以其婉轉之情、清平之氣、和緩之節沮其血氣，無遏人的形色之用，使其清和而能夠與神相通，從而於無形之中而得視，於無聲之中而能聞。從而讀者能進入此輕微幽濬的道

〔註49〕王夫之：《船山全書》第三冊，第 506 頁。
〔註50〕王夫之：《船山全書》第三冊，第 439 頁。

德、美學合一之境，其所謂「大哉，聖人之道！治之於視聽之中，而得之於形聲之外，以此而已矣。」〔註51〕

　　當然，王夫之並不是讓作者在寫作的時候以詩教爲目的和標準進行創作活動，這種預擬意見在先而創作出來的作品，其實是王夫之非常不喜歡的。他強調的是，作者即目抒寫現情、現景，用眼前所察之景烘託、表達內心隱微之情，使它們如其所是地表現出來，呈現在讀者面前。對於讀者來說，這首詩其實就是打開了一個開放的、有意義的世界，宇宙的韻律、天地的和聲、通貫古今的情感在這個世界中被鮮明地表現了出來，成爲一個完整的強音，震動、感通讀者的情志、思致，因而，將它作爲一個可寄託情感、可興觀群怨的意義世界。作者創造的詩歌越是「平」，不著痕跡，它呈現的世界就越是廣大幽微、平和靜善。因此，讀者一方面在吟詠諷誦詩歌的時候，經由聽覺的傳輸，達到心靈的覺知，進而與作品的節奏、韻律同調共振，最終與天化流行平和的節奏、韻律同調共振，達到氣和神舒的心理狀態。另一方面，讀者在與作者的情思進行感遇、學習詩歌並思考詩歌所蘊藏的道和理的時候，讀者便從有形的、具體的「器」世界際入無形的、幽微的「道」世界，與「道」的世界氣應、神通，從而對於幾微的理、道便具有了敏銳的審察和把握能力，誠之者與誠者同流共化，道德境界和審美境界融合爲一，這就是王夫之所說的詩教的無盡藏。

三、小結

　　「中，天下之大本也；和，天下之道到也。致中和，天地位焉，萬物育焉。」致中和的工夫也就是和情正心的工夫，使心理情感在沒有發生之前，處於貞定平衡的狀態；在發生之時，保持和而有節的狀態。因此，致中和必須對「情」有自覺地、有力地把握和常惺惺地醒覺。一方面，情具有充沛的力量，用於循情定性，可以使學者對爲學工夫產生情不容已的內在需求，有事半功倍之效；用於尋欲求樂，也可以使爲學工夫一落千丈，欲靜而難止。另一方面，情感易發而難收，易過而難和，常常是爲學工夫難以突破的主要障礙。劉宗周《人譜》一書中對人的過惡進行了充分系統地現象學描述，將其分爲惡、叢過、大過、顯過、隱過和微過幾個方面，從大到小、從顯到隱，層層深入撥開，強調指出人在最隱微處一動念也許就已偏離天理，墮入人欲一邊。情感何嘗不是這樣，隱微處一絲喜怒之心，也許就是人欲之念獲得滿

〔註51〕王夫之：《船山全書》第三冊，第512頁。

足或得不到滿足而引發的，而這也正是工夫著手之處。然而，這種隱微暗藏的心理情感，既難以自覺，也難以控制，尤其是制怒，更是正心和情工夫的一大難題。一個難以控制的憤怒、怨懟，就能使得幾個月的為學工夫毀於一旦。

和情正心的工夫精微複雜，著力處不易察識，得力處不易守持。然而，它卻是為學工夫不可迴避的重要內容。一般地說，工夫可從兩方面著手，一是節制已發情感，使其「發而中節」。一是涵養未發之情，使其保持貞定平衡的狀態。前者工夫直接，一當覺其喜怒失當，立刻橫空截斷，回覆到情感的合理狀態。能這麼做的人，一定是大勇之人。然而，人的情感發用頻繁，且易發而難遏，這種工夫瑣碎繁雜，也沒有從根本處消除不當情感的再發。因此，許多儒學思想家都不主張只從已發著手，而提出應該在未發處下工夫。不過，未發不可著力，一著力便是已發。未發只可涵養。詩教的價值便於此體現。可以說，詩教的一個基本功能便是涵養情性。

總的來說，詩教的作用可以體現在以下三個方面。

第一，詩歌能夠激發情感的力量。詩歌以抑揚頓挫的韻律承載詩人感通天地的情志。因而，它不僅僅是文字，更是一個有待被打開、認知、探索的情志世界。當讀詩之人帶著自己的學養、人生境遇和生命歷程來閱讀一首詩歌時，很可能就是兩個世界的互通，是兩份情感的碰撞和溝通，從而引發一種充盈的、豐富的認同感，激發出更具有爆發力量的情感。一種「不覺手之舞之足之蹈之」的鼓勵、興奮，或者一種熱淚盈眶的感動，都是情感被激發的體現。由於這種激發，更加重了對某種情志的認同，產生完善、實現這種情志的情不容已的內在動力。這也可稱之為「共鳴」。「共鳴」本是物理學上的概念，指物體因共振而發聲的現象。借用在文學鑑賞上，便體現為作者情感與讀者情感的頻率相同，產生了共振。眾所周知，在物理學上，頻率相同的共振能儲蓄極大的動能，產生很大的振動。事實上，在文學共鳴上也是如此，情感的共振可以產生比平時更豐富的心理情感，這種情感蘊藏了極大的力量，可以「衝決羅網」，可以出生入死。七情之情確實是複雜易變的，然而它也容易被感染，從而產生強大的能量，鼓舞人去從事某種志業。關鍵在於情感被鼓舞從事的志業是什麼，是修身齊家、濟民興邦還是私圖牟利、圖民害國？在這點上，情感本身是不具有分辨能力的。詩教的功用便是將人被激發的充沛情感引導於情性之正上。從為己之學的角度來講，一首雅正的詩歌

很可能激發為學之人道德實踐的充沛情感，日夕惕勵，不容於已。即如「人生不滿百，常懷千歲憂」〔註 52〕，簡易的十個字，卻道盡了詩人對時日苦短的感慨和對生命意義價值的求索、堅持。後人每讀之，便能感受到一份生命的厚重和時間流逝的滄桑憂緒，引發白駒過隙的警惕和精勤惕勵的自覺。

第二，詩歌能夠涵養人的情性。根據王夫之的觀點，具有詩教功能的雅正詩歌志向高遠、情感安裕、節奏和緩。為學之人長期吟詠這樣的詩歌，涵養其中，能夠在「潤物細無聲」中受到潛移默化的影響，將高遠、安裕、和緩有節的品質融入其人的性格品質之中。

美國心理學家 S. 阿瑞提指出：「一個完整的音樂體驗除了包括能使人產生一種與聲音來源相聯繫的自然而穩定的感受之外，還包括對音樂產生情感上和感覺運動上的心理反應，以及產生一種能夠揭示出作品意圖的邏輯認識過程。」〔註 53〕這表明，音樂和人的心理情感有三層遞進的關係。首先，音樂使人產生與聲音源相聯繫的心理感受。即人能穩定地感受到聲音的存在。聽覺和視覺物象、觸覺品質等都不一樣，人可以選擇閉上眼睛，不產生視覺；收起雙手，不產生觸覺，但是不能主動關閉耳道或其它聽覺器官，以便不對某個聲音產生聽覺。因此，聲音具有一種不可逃避性，只要聲音響起，人的聽覺就會自然地接收並產生心理感受。其次，當人接收聲音、產生感受之後，就會生起一定的心理情感反應，是喜歡、愛好還是討厭、排斥、拒絕。如果喜歡，也許會持續欣賞下去，並產生一種精神上的愉悅。如果討厭、排斥，則有可能會關掉聲音源，以避免聽覺上的不適導致的不愉快感。同樣一首音樂，由於聽者的學識、喜好等相異，有的聽者會認為極為美妙，有的聽者則很有可能認為是噪音。最後，在持續欣賞音樂的過程中，則會逐漸深入的理解、分析該音樂作品的意圖、樂律等內容。這時就已經不再是簡單地被動地情感反應，而是理性的學習、探究過程，是音樂的鑒賞行為。當然，這種鑒賞並一定帶來聽者的肯定態度。

在中國傳統世界，雖然詩歌與音樂逐漸分離，但是由於中國詩歌注重

〔註 52〕 佚名：《生年不滿百》生年不滿百，常懷千歲憂，晝短苦夜長，何不秉燭遊，為樂當及時，何能待來茲？愚者愛惜費，但為後世嗤。仙人王子喬，難可與等期。

〔註 53〕 【美】S. 阿瑞提（著），錢崗南（譯）：《創造的秘密》，瀋陽，遼寧人民出版社，1987 年版，第 308 頁。

節奏、韻律等形式，依然可以通過音樂的方式來比照理解詩歌的性質與功能。在傳統社會，甚至現在 70 歲以上的老人閱讀詩歌、文章都還是吟誦，帶著悠揚的樂律。通過詩歌的吟詠諷誦，詩歌的情志、節奏和韻律會隨著讀詩之人的聲音被其聽覺所獲取，並產生相應的情感態度。在持續的吟詠過程中，讀詩之人會分析出詩歌的主旨、結構等內容。詩教的功能最初就發生在讀詩之人的這種吟誦和分析過程中，當讀詩之人對詩歌的情志、主旨產生認可態度時，會將其納入自我同一性的心理結構中，成為自我認同的內容之一。當讀詩之人享受詩歌的節奏和韻律時，他會產生共鳴，也就是和詩歌的節奏、韻律產生相同的頻率，激烈、快速或者和緩、悠揚等，接受與這種節奏、韻律相應的情感活動狀態，並將這種情感活動狀態內化為自己的性情品質。例如，長期欣賞搖滾音樂的人，喜歡這種激烈的情感表達狀態，也許在性格上也會偏向熱烈的特質。長期欣賞古琴音樂的人，喜歡這種含蓄有節制的情感表達狀態，也許在性格上也會偏向於節制的特質。甚至，在穿著打扮或者整體氣質上，也能區別出誰是搖滾音樂人，誰是古琴音樂人。這就是長期浸潤涵養對人性格氣質的影響。既然雅正的詩歌情志貞定中正、節奏和緩悠揚、情感安裕平衡，因而，讀詩之人在詩歌的長期涵詠陶冶中，也將以貞定中正的志意為自己的志意，並逐漸養成和諧雍容的性格氣質，也就是養成情性之正。詩教的這種浸潤涵養之功既弱也強，說它強，是因為它能導人以正、養人以和，是為學工夫的不可或缺的重要憑藉。說它弱，則是它必須通過長期的薰陶，形成一種習慣的力量，否則，詩教的浸潤就如同微雨難潤旱地。更主要的是，它需要為學之人主動去利用這種資源，如果為學之人不喜吟詠、唱誦，那詩教也就無從實施。此外，它需要作者把握詩歌的節奏韻律，也需要讀者對詩歌的藝術形式有切實的感受；需要作者在情志表達上既符合溫柔敦厚的特點，又能以似有若無的筆力將情志推闊到悠遠博大的天地之思當中，也需要讀者能夠理解、感通詩歌作品中蘊含的情志。否則，面對一首詩歌，很可能如同一個不懂音樂的「音盲」面對貝多芬的交響樂一樣，沒有任何的實質理解，更不會對生命產生潛移默化的影響。

第三，詩歌道出了宇宙天地的節律，並使人對心中蘊藏的悠遠厚重之道心、本性有了自覺，產生了嚮往。根據王夫之的觀點，詩歌與宇宙同構，人心與宇宙息息相通。後者其實是傳統儒者共同秉承的理念。例如，陸九淵提

出「宇宙便是吾心，吾心即是宇宙」，意即人的本心沒有限隔、沒有遮蔽，與宇宙同其廣大，同其厚重。程顥有一首詩《秋日》〔註54〕，其中頷聯寫道：「道通天地有形外，思入風雲變態中。」吟哦的就是人的本心秉受於天地之道，即是具體而微的宇宙天地，因而，人心與天地之道相通，精騖八極，心遊萬仞；更能窮究力探天下家國之根本，風雲變幻之大勢，以為天地立心、生民立命。可以說，程顥的這首詩也許在用詞上還有待打磨，但在詩旨上是符合王夫之對雅正之詩要求的。能達到詩教功能的詩歌，其情志定，意趣遠，能鼓舞興起人之自我本性的自覺和肯認。認識到人心與道相通，與天地宇宙相通，人本與天地萬物為一體，對人作為道德主體性的確認有重要意義。一旦人對此有了自覺地認同，便能對自我作為道德主體有更清晰的認識。道德主體以自我為圓心，建立與自我、他人、自然的關係，在關係中完成自我的完善、豐富，實現修身治國平天下的理想。每一個自我固然是自我社會關係的出發點，但同時也只是社會關係網路的一個節點，與關係網絡中的「他者」是同在、共在的一員。因此，他者不是闖入自我領域的敵對者，而是每一個自我的共存者，生命豐富實現的參演者。自我所遇到的每一個「他者」，所遭遇的每一件事情，不管是希望的、不希望的，都是生命走向自我實現、自我完善的一個環節。這樣，我們對「他者」也就有了更為坦蕩、平和、涵容的態度，少了更多希望「他者」適應自己、滿足自己、成全自己的心理期待，而是更多地要求自己去面對、去應對，將他們融入生命之流當中，這也就是仁者以萬物為一體的無限隔之心。

　　詩教對於為己之學為什麼是至關重要、不可或缺的呢？孔子指出：「興於詩，立於禮，成於樂。」「興」即是興起、鼓舞的意思。意即詩歌可以興起、鼓舞人向善的情感，觸發不容已於向善的情感力量。「立」即是立定、立足的意思，意即以禮為立身行事的矩範，視聽言動都立足於禮度的標準。「成」即是成就、實現的意思，意即音樂以其更唱迭和的詠歎，平和雅正的節律蕩滌渣滓、養人性情。為己之學達到義精仁熟、和順於道德，必然要經過音樂徹入心髓的涵養和陶冶才能達到。德國古典哲學家謝林對藝術的表述可以有助於我們理解音樂的這種功效。他認為，藝術是一種理智的直觀，藝術美既是

〔註54〕程顥：《秋日》：閒來無事不從容，睡覺東方日已紅。靜觀萬物皆自得，四時佳興與人同。道通天地有形外，思入風雲變態中。富貴不淫貧賤樂，男兒到此是豪雄。

主觀的，也是客觀的，在藝術的直觀中，消融了主客的二元對立，達到了主觀與客觀、自由與必然的統一。正因爲消融了主客的二元對立，因而，在藝術的審美活動中，審美主體能夠體證到天地人物一體共存、和諧共在的本然狀態，而自我的心體與宇宙的本然狀態是同構的，由此，審美主體能夠反觀自覺潔淨空闊而萬物森然的心之本體，體認它，在情感上肯認它，並力求依此而改變心體被遮蔽的狀態，實現自我的轉化。平和雅正的音樂是人的性情的內在流露，而又與天地的節律同構，人在音樂的流淌中，體驗到了音樂表達出來的和諧之美，也體證到了中和的內在心體，並且受到緩和悠揚節奏的陶冶，漸漸回歸到心體的本然狀態，處於平和、平衡的心理情感狀態。心體經過這種長期的陶冶和涵養，即「涵養於未發」，一當心體受到外界的刺激而產生情感反應的時候，也就更容易處於「發而中節」的和的狀態。更重要的是，當人處於平和、平衡的心理情感狀態時，心靈也會更爲敏銳，能觀察、理解到更爲精微的天理和道的世界，從有形際入無形。在後世詩歌與音樂分離之後，樂教漸漸消亡，詩教便承擔起一部份樂教的功能。這也就是王夫之所強調的，詩教循情定性、餘情向道、養氣治情，並最終指向引性情以入微的境界。作者即目抒寫現情、現景，用眼前所察之景烘託、表達內心隱微之情，使它們如其所是地表現出來，呈現在讀者面前。讀者則一方面在吟詠諷誦詩歌時，經由聽覺的傳輸，達到心靈的覺知，進而與作品的節奏、韻律同調共振，最終與天化流行的平和節奏、韻律同調共振，達到氣和神舒的心理狀態。另一方面，讀者通過與作者的情思進行感遇，學習並思考詩歌所蘊藏的道和理，從而由有形的、具體的「器」世界際入無形的、幽微的「道」世界，與「道」的世界氣應、神通，從而對於幾微便具有了敏銳的審查和把握能力，誠之者與誠者同流共化，道德境界和審美境界融合爲一。

第七章　人道論

　　「人道」不僅是王夫之哲學思想的重要概念，而且是他的學術理想。人道是在我之事，它蘊涵著以下幾方面的含義：第一，人道是人在人文化成世界應該承擔的行為。在沒有人類活動印跡的純粹自然世界，是不存在人道的責任擔當的。而事實上，人文化成世界的人類文明成果無不是人類盡人道的豐富成就，否則，不會形成如此璀璨的文明、禮儀世界。第二，人道是人應該遵循的路徑，循由這條路徑，人可以充分實現人之為人的本性。所以，盡人道應該是為己之學的核心內容。或者可以說，為己之學的核心主題就是盡人道，充分實現自己的本性。但是，並不是每個人都能自覺地遵循這個路徑，人通常更傾向於偏離這個路徑。第三，盡人道意味著人應該承擔起自己的性分和職分，也就是人本性、職責內所應該完成的責任和職事。否則，盡人道無從談起。人有著基本相同的性分，即仁義禮智之性，然而，在現實生活中，不同的人在性分上有相對不同的具體內容，例如，妻子的性分和丈夫的性分就有不同的具體內容，父子、君臣、朋友無不如此。因而，在王夫之看來，人就應該根據自己的角色來承擔起相應的責任，這種責任無可逃於天地間，沒有任何藉口去逃避，也沒有任何理由以此為籌碼去向對方索取利益，因為，它們是本性應該如此的。同時，人處於不同的工作環境和社會地位中，也有相應的職分，這也是人應該一力承當的。發揚剛健有為的精神，挺立人道、盡性立命是他重振儒學精神的重要內容。同樣，在他的詩教思想中，人道也是核心主題，而他對人道的闡述集中在《詩廣傳》一書中。在這本著作裏，王夫之在天、人、禽魚草木的序列中，提出了人道的地位和內涵，也對人倫關係中的盡人道問題作出了闡釋，這對於理解王夫之的人道思想有重要價值。

一、化凝於人，人道以起

在《詩廣傳》中，王夫之很少直接論及天化，而是常常與人道、人職的觀念結合起來論述。他指出：

> 君子之言，有天體，有天化，化而後命行焉。君子之言化，有天化，有人化，化凝於人而人道起矣。君子以人事而言天，有在天下之事，有在我之事。在我之事，天在我也。在天下之事，天在化也。（《詩廣傳‧論柏舟》）

「天體」指天之體段，也就是陰陽凝聚已成象之天。天體廣大無垠、廣袤無涯，也即王夫之所說：「天者，體之廣大者也。」「天體」是從靜的角度描述天，而「天化」則是從動的角度進行描述，它指氣流行於兩間以成化。天化的實體是氣，沒有氣，萬物自生自滅而無需資於天，便無所謂天化。天化流行不息，陰陽之氣聚散不止，其中，陰陽之氣凝聚而生成人與萬物，天命含藏於其中，因而，「化而後命行焉」。天命而生人，於是有人的行為和運化，人道即此而生，「化凝於人而人道起」。「起」即是產生的意思，它伴隨著人的生成而產生，意謂人道是人不可避免的性分、職分。

在《詩廣傳》中，王夫之主要從以下角度對人道予以陳述：

1、報施者，人道之常也。（《詩廣傳‧論樛木》

2、以《木瓜》為厚，而人道之薄亟矣。（《詩廣傳‧論木瓜》）

3、所惡於遽者，惡其弗能待也，尤惡其弗能擇也，至於弗擇，而人道之不廢尟矣。（《詩廣傳‧東方未明》）

4、君子之酒不妄施，嘉賓之燕不妄受也。猗與！人道得萬物之良，惟斯而已矣。（《詩廣傳‧論南有嘉魚》）

5、事有可而不可，綏之以禮以靖之，定其常也。情有不可而必可，匡之以義以作之，調其變也。勤力勿視手足，聰明勿視耳目，辯慧勿視心思，先王乃以人道齊天下，而不唯天之齊。（《詩廣傳‧論葛屨》）

6、知天之道則可與安土，安土則盡人而不妄。知人之道則可與立命，立命則得天而作配。（《詩廣傳‧論皇矣一》）

7、父子夫婦以利相接，沉湎於貨賄食色之中，而人道之異於禽呼魚呴者無幾矣。（《詩廣傳‧論嵩高》）

8、或曰聖人無我，吾不知其奚以云無也？我者德之主，性情之所
　　持也。……嗚呼！言聖人而無實，則且以聖人爲天地之應跡，而
　　人道廢矣。（《詩廣傳・論皇矣二》）

9、帝之則不可以識、知順與？蟲其肝，鼠其臂，柳生其肘，鵲巢
　　其顛，與天下爲嬰兒而食豢如人，然後可以順帝之則乎，不善說
　　《詩》而率天下以禍人道也有餘。（《詩廣傳・論皇矣三》）

這九段陳述從五個角度對人道作出了說明，在前兩段中，人道指的是人倫關係中的理則、理數，「報施」即施予和回報，這是人倫關係中的常理。3、4、5 三段文字，從知擇的角度指出人道與禮的關係，人道是人行爲的禮數、是中和之矩。人的行爲既不應該妄與天齊，而要有合乎人情、人理的常則，過則非人道所應爲；也不能失於人紀，妄自非爲，不及常則。這兩層意思是人道的固有之義，但並非王夫之突出強調的人道意涵。

　　第 5 段與第 6、7 段文字結合，又指示出，人道是有別於天和禽獸的中道，它一方面要求人不妄與天道、天化相齊，人道承擔的是在我之事，而不覬覦在天下之事，「盡人而不妄」。另一方面它要求人不淪落於禽獸的生活方式，不爲貨利之求，沉湎於食色之好，而應該盡性，充分實現人所應當盡的性分、職分，如此也就是立命。君子盡性立命，正是人應當承擔的人道，它不妄躋於天，也不淪落於禽獸，而是恪守自己的性分和職分，恪守中道。這是王夫之強調的關於人道的核心意涵。

　　人道不可逃於天地之間，是人無可逃避的性分。它需要人積極作爲，創造出人文化成的「人之天」，即人的世界。與「人之天」相對，「天之天」是純粹自然的世界，沒有人文創造的痕跡，沒有人的印跡。在這樣的世界中，要不就是沒有人的存在，要不就是人放棄了自己的創造。如果是後一種情況，意味著人放棄了人道，這是王夫之所不能認可的。第 8 段陳述就強調說明，聖人秉氣而生，有自己的性、情與才，它們構成了聖人現實的「我」，這個「我」盡性立命而成德於身，有這個「我」，就有人道的承擔等問題。在王夫之看來，如果認爲聖人像道家思想強調的那樣，只是無心以順天道，那就意味著聖人放棄了人道的創造，只是被動的應和、符合天地的規律、準則，是如同禽獸草木、槁木死灰一般的存在。這樣，人道就被廢棄了！因此，第 8 段和第 9 段又結合起來說明，人道應該象徵著一種剛健、有爲的精神，它不是無心以順化，而是積極地發揮自己的智識，承擔人的責任，有爲於人世，有功於天道。

應該說，王夫之對道家聖人觀的批評並不公允，無心以順道其實是人道承擔的另一種方式，體現的是在人道創造的過程中符合天地自然的規律，不以人爲破壞天地自然、違背事物運行規律。這應該是王夫之人道觀的題中應有之義。只有將這層意涵也囊括入人道的概念之中，才能確保人文創造的意義，並減少乃至杜絕人在創造「人之天」的過程中，片面追求人的欲望，違背規律、毀壞自然的情況。即如當前面臨的生態破壞等全球問題，並不是放棄人道的問題，而是放棄了順帝之則的問題。當然，王夫之的曲解其實是爲了彰顯積極作爲的精神，強調人應該積極承擔與自己地位、角色相應的職責。

綜上所述，盡性立命是人所應當承擔的人道之責，人道與人相伴始終，它既是人性分必有之良能，也是人當盡的職分。人出王遊衍、立身處事無不有其應當依循的禮則、常道，因而，人應當發揮自己的良能、利用自己的情才，秉持剛健、有爲的精神，充分實現自己的性分和職分。天化流行，無心而生人、物，天以化爲德；人道剛健，盡性立命、有爲而成德，人以德成化。

二、以心繫道，志氣爲功

盡性立命需要道德主體發揮自覺、主動的精神，而不能消極地待天而動。王夫之認爲，這點體現了人與動物的區別，動物雖然也有對事物的反應，但這種反應是被動的，它們對事物不會有事前的謀劃，也不會有事後的反思，只是在事情發生之時，產生應激性的反應。這種「前際不期，後際不繫」的思維方式和行爲方式非人之所以爲道。人能夠在事前進行周密的謀劃，在事後進行全盤的反思，主動地參與到事件發生過程中，並積纍歷史經驗，使得行爲方式不斷地完善。這種積極主動的精神用王夫之的話說就是「以心繫道」。在《論采蘩》一文中，王夫之分析道：

> 欻然情動而意隨，孰使之然邪？天也。天者，君子之所弗恃，以其非人之職也。物至而事起，事至而心起，心至而道起。雖其善者，亦物至知知，而與之化也。化於善，莫之有適，未見其歆喜之情、異於狃不善也。夙夜之僮僮，未有見也，未有聞也，見之肅肅，聞之惻惻，所自來也。還歸之祁祁，既莫之見矣，既莫之聞矣，餘於見，肅肅者猶在也，餘於聞，惻惻者猶在也。是則人之有功於天，不待天而動者也。前之必豫，後之必留，以心繫道，而不宅虛以俟天之動。故曰：「誠之者，人之道也。」

若夫天之聰明，動之於介然，前際不期，後際不繫，俄頃用之
而亦足以給，斯蠶螝之義，雞雛之仁焉耳，非人之所以爲道也。人
禽之別也幾希，此而已矣。或曰：「聖人心如太虛。」還心於太虛，
而志氣不爲功，俟感通而聊與之應，非異端之聖人、孰能如此哉？
異端之聖，禽之聖者也。（《詩廣傳·論采蘩》）

天創造、生成人和動物，使其都具有自然的反應能力，但是，這種天賦的自
然反應能力並不應該成爲人行爲的依怙。因爲天賦的自然能力，不需要人的
努力就能實現，它不是人道的落實之處，「非人之職」。「人職」概念的提出強
調了人應該自覺地、主動地投入，發揮自己的情才，誠敬地、合理地完成所
從事的工作，只有如此，才能盡人之職。「誠之」表達的意思就是人應該努力
地完成自己的職分、實現人的性分。因而，王夫之在此強調：「誠之者，人之
道也。」他以《采蘩》之婦爲例說明了人區別於動物自然反應能力的主動性。
《采蘩》是讚美諸侯夫人能盡誠敬以奉祭祀的詩歌，該詩最後一章爲：「被之
僮僮，夙夜在公。被之祁祁，薄言還歸。」王夫之認爲，詩中前兩句描述夫
人在預備祭祀時的誠敬籌備之心；後兩句描述的是夫人在祭祀結束後誠敬不
失之心。他指出，人在事前進行誠敬地籌畫，事後留有餘敬、餘思，表明了
心之主宰的存在，以心繫道而不失。這樣，在事件進行過程當中才能持敬不
亂，確保人職不失。

顯然，王夫之「人職」的概念針對的是「聖人心如太虛」的觀念。這個
觀點雖從佛家思想化用而來，但爲諸多儒者所認可並加以發揮。程顥在《定
性書》中說「聖人之常，以其情順萬物而無情。故君子之學，莫若廓然而大
公，物來而順應。」王陽明提出「良知本體原來無有，本體只是太虛。」都
與此觀點相似。「聖人心如太虛」的觀點則是朱熹提出來的，在《朱子語類》
中，朱熹解釋《大學》「所謂修身在正其心」一章時，多次提到「聖人之心，
瑩然虛明，無纖毫形跡」、「聖人心體廣大虛明，物物無遺」，並認爲「人心本
是湛然虛明」、「此心如太虛然」。王夫之在這裡主要是針對朱子而進行的批
評，對於朱子的這個觀點，王夫之不僅在《詩廣傳》中，也在《周易外傳》、
《讀四書大全說》等書中多次進行了批判。

在不同的著作中，王夫之批判的側重點也有所不同。在《讀四書大全說》
一書中，王夫之從正心的角度，指出朱子以「虛明」爲心，與正心工夫存在
著矛盾。他強調正心之「心」爲道義之心，也就是「志」。因此，正心之功在

執持其志，持志則忿懥、恐懼、好樂、憂患皆得其正。他認爲朱熹以「虛明」爲心是受佛家思想影響，如果強調此心應當虛明，就不能施行正心的工夫，因爲「苟欲正之，則已有期、有留、有繫，實而不虛也。」〔註1〕朱熹所說其實是此心得正後的保護之功，而不是爲吾身行動立主宰之學。

在《周易外傳》中，王夫之解釋「復」卦時，指出聖人存人道、立人極，不可以用「太虛」來形容聖人。他認爲，人爲天地之心，聖人反本自立而體天地之生，萬象森然具於其中，正體現爲完美的「人」的典範，又何至於墮其已生、淪於未有，而求肖於「太虛」！他進一步指出，陰陽沖和而生人，清者深寂而成爲人的性，濁者周廓而成爲人的形。人之形外著而輪廓實，得陰之辟，動與物交；人之性內隱而退藏虛，得陽之翕，專與道應。陰陽沖和、各致於人會出現天化不均的現象，從而不同的人會出現性情的差別。聖人得陽之清多，便成爲人的典範，能夠「存人道以配天地，保天心以立人極」，使人有可依循的理則。同時，天化仍然使人保有天地之心，性具於人之體內，因而，人人都有復性的可能。由此，人心「與太虛同體」之說也就不攻自破。王夫之駁斥朱熹是爲了強調性具於心內，突出人道盡性的重要性。不過，其實朱熹是在肯定性體的基礎上來說明心如太虛的特徵。他所說的「前際不期，後際不繫」不是否定性體的存在，而是強調心體的平衡和不滯。這和道家的槁木死灰是截然不同的。當心體廓然大公，情順萬物之時，並不是心內空無一物，而是心無雜念、無繫縛，正因爲這樣，才能每一念都保持正念，以心繫道。

在《詩廣傳》中，王夫之則主要從以心繫道，志氣爲功的健動精神角度對這個觀點進行批判。朱熹認爲心如太虛，所以應該未來不期、過去不留，正應事時不爲繫縛〔註2〕，王夫之則針鋒相對地提出「前之必豫，後之必留，以心繫道，而不宅虛以俟天之動。」「繫」讀「jì」，意爲結扣，引申爲繫心、掛心。「以心繫道」即指心繫在道上，也就是不離於道，志於道，用力於道，志、氣相與爲功。

志是「心之所期爲者」〔註3〕，王夫之在《詩廣傳》中沒有說明心所期

〔註1〕 王夫之：《船山全書》第六冊，第422頁。
〔註2〕 朱熹在《朱子語類》中強調：「或是事未來，而自家先有這個期待底心；或事已應去了，又卻長留在胸中不能忘；或正應事之時，意有偏重，便只見那邊重，這都是爲物所繫縛。」見《朱子語類》第2冊，第348頁。
〔註3〕 王夫之：《船山全書》第三冊，第325頁。

爲的是什麼，但是，他在《讀四書大全說》中指出：「志於道而以道正其志，則志有所持也。蓋志，初終一揆者也，處乎靜以待物。道有一成之則，而統乎大，故志可與相守。」〔註4〕由此可知，他認爲心所期爲的就是道，心志向於道而與道相守。不過，志並不僅僅只是一種趨向性，它是視聽言動的主宰，使人定向於道而積極從事於求道之學。持志離不開養氣。志、氣並提首出於孟子，他在《孟子·公孫丑上》中提出：「夫志，氣之帥也；氣，體之充也。夫志至焉，氣次焉，故曰：『持其志，無暴其氣』。」孟子以志爲氣的主宰，而以氣爲充盈於體內，服務於志之實現的實存的物質，並強調志不獨重、氣不獨輕，要志、氣相與爲功。王夫之繼承了孟子的這個觀點，指出：

> 吾心之虛靈不昧，以有所發，而善於所往者，志也。固性之所自含也。乃吾身之流動充滿，以應物而貞勝者，氣也。……則理以治氣，而固託乎氣，以有其理。是故捨氣以言理，而不得理，則君子之有志，志亦無所得而無所成矣。（《讀四書大全說·公孫丑上》）

人志向於道，「智足以知此理，力足以行此理者」即人道，也就是說，人道就是知行合一，智識足以理解道、理，才力足以踐行道、理，使道、理能夠體現在自己身上，實現自己的性分。由此可知，志與理不相分離。同時，理與氣也不相分離，因此，志氣也不相分離而相與爲功。一方面，人之志專於其所爲，則體內會生起必爲之氣，此爲持志之功；另一方面，如果體內之氣充沛平和，則其志也有定力而不易遷變，此爲氣之有功於志。

　　志、氣是人立身處事的基本要素，志立主宰，而氣以舉事，成就道德事功。因此，王夫之認爲人行爲處事所加於天下者，皆其志氣而已，他說：「加於天下者，皆我之志氣也」〔註5〕王者、聖人盡心成性，成就盛德大業，也是依憑一身的志氣，「洋洋乎！王者之志氣盈滿乎天下」！〔註6〕其所爲所成，源於其體內志氣充盈，相與爲功。而當王者化民成俗，成就盛德大業，其自強向道之志、剛健浩然之氣也就突破一己之身，由此得以充盈於兩間。王夫之認爲這才是儒家的聖人，而「宅心於太虛」的聖人，棄志、氣不用，反待天而動，只能是異端的聖人。

〔註4〕王夫之：《船山全書》第六冊，第931頁。
〔註5〕王夫之：《船山全書》第三冊，第502頁。
〔註6〕王夫之：《船山全書》第三冊，第489頁。

養氣之功主要在「配義與道」的道德行為，不過，王夫之在《詩廣傳》中也提到，一首好詩也能有益於人之志氣，他盛讚《周頌・清廟》之詩：「盛德無所揚詡，至敬無所申警，一人之志，平人之氣，納之於靈承，而函德之量備矣。」《清廟》一詩為周公建成洛邑後，率諸侯祭祀文王、讚頌文王之德的樂歌。該詩短短 34 個字，《禮記・樂記》評價：「清廟之瑟，朱弦而疏越，一倡而三歎，有遺音者也。」「朱弦」是指用練絲製作的琴弦，也泛指琴瑟類的絃樂器。這類樂器的特徵是音色深沉，餘音悠遠。和玉磬等打擊樂器清脆、亮麗的音色特徵形成比較明顯的對比。「越」指瑟底的孔，「疏越」就是指疏通瑟底的孔，使聲音舒緩。「一倡而三歎」指一人唱，三人應和，說明歌聲婉轉綿延，餘音嫋嫋。《樂記》意謂《清廟》這首詩聲音舒緩深沉，餘音悠遠蘊藉，反覆唱歎不盡，簡潔而觸動人心。雖然詩文辭簡意深，文王之德卻於此吟詠不盡，使聽者志定而氣平，性情於不知不覺中化於正。這正是詩教之功，保舒氣之和平。詩教以養氣，是對「配義與道」的養氣之功的助益和補充。

三、人道之大，作對於天

王夫之認為，天不是全能的，天道的實現，需要人的參與。人也不是消極無為、順天而動的，人盡性立命、成德成業，是人道有功於天道的表現，正因為如此，人才能立人極，與天地參。在評述《大雅・皇矣》時，他分析道：

> 眾人欲而不給，賢人為而有窮，聖人化而有待。人之不能必得於天者多矣，夫孰知天之有不能必得於人者哉？「監觀四方，求民之莫；維此二國，其政不獲」；天之有求於人而不能必得者也。先天而天或不應，後天而天或不終，吾於是而知天道。天欲靜，必人安之；天欲動，必人興之；吾於是而知人道。大哉人道乎！作對於天而有功矣。

> 夫莫大匪天，而奚以然邪？人者兩間之精氣也，取精於天，翕陰陽而發其同明。故天廣大而人之力精微，天神化而人之識專壹，天不與聖人同憂，而人得以其憂相天之不及。故曰：「誠之者人之道也。」天授精於人，而亦唯人之自至矣。維人有道，人自至焉。天惡得而弗求，求惡得而必獲哉？知天之道則可與安土，安土則盡人而不妄。知人之道則可與立命，立命則得天而作配。嗚呼！知人之道，其參天矣夫！（《詩廣傳・論皇矣一》

天固然以生生化育爲德，然而，天自然而然，無心以成化，不會有意識地進行揀擇，必然會出現由於氣化不均而導致有生之類不齊的現象，不會使天下有舜而無跖，有治而無亂。因此，百姓窮而無告、惡人橫行當道的現象時常有之。惡的存在對於中西哲學都是一個嚴肅的問題。在基督教哲學體系裏，上帝是至善的，是全知全能的。那麼，至善的上帝爲什麼要創造一個有惡存在的世界呢？這是基督教哲學家必須面對的問題。基督教思想家們從各個角度進行了解釋，其中一種回答就是，讓惡存在於這個世界，乃是爲了給人的自由意志和努力留下空間。正是因爲有惡存在，才能體現人的自由意志，人才能選擇克服惡，通過自己的努力滌除原罪，獲得上帝的青睞。中國傳統儒家哲學與此有著根本的不同，王夫之是從天道流行、氣化不均的角度進行解釋，不過，他也同樣突出了人努力的重要性。天道不是人力所能控制、改變的，因而，也非人的「在我之事」，人只要對之存敬畏之心，循天道而行，安土盡道、修身俟命就可以了。但人有「在我之事」，需要努力地積極作爲。正是在天道不齊的地方，體現出了作爲的必要性，體現出了人道的尊嚴和重要，可以說，平亂安良、揚善抑惡，使天下有舜而無跖，有治而無亂是恰恰是人道的功業。

　　天其實有求於人，天道需要通過人道的參與來實現化育的平衡，而不會聽任不齊現象的氾濫、蔓延，「天亦惡能一聽其自已而弗求乎？」〔註 7〕。可以說，天道之善有賴於人道的參贊化育才能得到完滿的實現。王夫之認爲，《大雅‧皇矣》詩中「監觀四方，求民之莫」、「乃眷西顧，此維與宅。」表達的就是天對於人的希求。「莫」是安定的意思，天監臨下方，希望百姓獲得安定。然而，夏商之政暴亂，有違天道。即便如此，天也不能自行結束夏商的暴政，而需要聖人出現，理解天心之有求於人，依循天道，革其政、止其亂，天道之善才能得以實現。因此，天眷然顧視西土，以歧周之地，作爲大王的居宅，寄望大王致民於安定。復卦《象辭》有：「復，其見天地之心乎！」王夫之認爲，這恰好證明了天有求於人。因爲，如果天無求於人，人也就無從觀察、體見到天地之心。當然，他想說明的不是天具有人格神的特點，而是強調人道的有爲精神。天道不會遏善而揚惡，不會久亂而無治，必定去惡而復善，棄亂而復治，恰恰在這善、惡之際，治、亂之界，有人類貞明之道存在。人如果能自覺地求善去惡、求治止亂，即是成就天道，因而，人道求善、求治就是天道之求善、求治。

〔註 7〕王夫之：《船山全書》第三冊，第 447 頁。

　　人能遏惡揚善、止亂安治，是因為人秉天地精氣而生，有其性情、才力
與智識以成就此人道。雖然說天道廣大，妙運神化，但人的才力精微、智識
專一，正可以輔相天道之不足。因而，王夫之十分強調聖人有「我」。「我」
是秉氣而生的具體的人，有性情、有識見、有才力，從而能成為人道的主體。
聖人正依賴其獨具的情性、才力和智識盡人之道，才能立命而與天作配。首
先，如果聖人無「我」，便失去了實在的主體，人就無法秉持、領受天道而形
成人的德性，天道只能作為自在的天道而存在，人道也就無從而立。第二，
如果人失去了主體，性情便失去了依附的載體，人沒有性情，識知就無從開
發，盡性也就成為空談。第三，如果人不能作為主體而存在，人也就不能和
物體建立實質性的關係，不能利用物，使其成為為「我」所用之物，人不能
循物以為功效，人與萬物的關係就像飄風凍雨之相加，無繫無歸，盡物之性
也無從談起。因此，王夫之強調，聖人盡道成德，懷「萬物皆備於我」的心
胸，用其一致之性情和耳目心思，參天地而成位於其中，與天地同流而不失
其「我」。

　　在人道輔相天道之不足的行為中，王夫之尤其強調了聖人以憂相天之
不及，與「天不與聖人同憂」相對。「天不與聖人同憂」出自《周易·繫辭
上》：「顯諸仁，藏諸用，鼓萬物而不與聖人同憂，盛德大業，至矣哉。」
王夫之在《周易內傳》中對這句話進行了解釋：「一陰一陽之道，流行於兩
間，充周於萬物者如此。故吉凶悔吝無所擇，而仁皆存，用皆行焉。在聖
人之有憂者，皆其可樂之天，可安之土。」也就是說，天化流行自有其貞
固之道，並不會斤斤計較個人的得失、遭際，不會特意選擇哪些人獲得良
好的機遇、避免困頓，哪些人又會受到災難的懲罰等等。然而，天不因其
不擇而貶其仁愛、失其令德。譬如，顏回雖有復聖之德，但依然貧困短壽，
天並沒有因其德行而使其獲得人世的富貴長壽。又譬如，百姓很可能已經
在昏君的統治下艱難生存，而竟然又遭受天災，使得困頓的生活雪上加霜。
這種「不齊」的現象並不會減損天道之仁，不過，對於天之不擇，聖人則
需要「以其憂相天之不及」〔註8〕。與天化不擇相反，聖人應當知擇。王夫
之談道：

　　　　是以聖人處約，天處泰。天不必如聖人之擇，聖人不能效天之
　　斷。效天之斷而無擇，自以為聖人而疾入於狂。故聖之法天也以擇，

〔註8〕王夫之：《船山全書》第三冊，第447頁。

　　賢之法聖也以擇，自好者之法賢也以擇。擇而居其約，不慕其泰。
　　聖希天，賢希聖，自好者希賢，勿求似而後似也。（《詩廣傳·論雨
　　無正一》）

天化無心，氣運不齊，因而有鰥寡孤獨之無助，有象跖之無道，有亂世亡國
之痛，有善而不得護祐、忠而不見重用、慎而不得免禍等「不平」之事。聖
人則以憂承天之道，仁以懷天下，義以綏天下，擇善道而誠之。王夫之在《詩
廣傳》中並沒有具體說明聖人之憂是什麼，但他在《周易內傳》進行了分析，
指出聖人之憂主要是憂道和憂世兩方面。所謂憂道，指的就是聖人以道爲己
任，求盡道、盡性，然而這是一項需要終生秉持的艱苦事業，聖人不敢有一
絲放縱，卻依然擔憂沒有用盡全力去從事這項事業，有「望道未見」的敬畏。
所謂憂世，指的就是聖人以濟世安民爲己任，求盡人、物之性，然而天運有
治亂，人情有貞邪，不能使之皆協於至善，於是聖人懷有焦慮、憂患意識。
由此可知，聖人之憂也就是人道之憂，聖人法天、賢人法聖、自好者法賢最
終都是爲了實現人道，盡己性以盡人、物之性。天道無擇，人道有辨，盡性
成德，參贊化育，裁成輔相，人道之得天作配於此體現。

四、人道之尊，莫尊於性

　　《小雅·蓼莪》歌頌父母之恩爲「欲報之德，昊天罔極」，王夫之評述道：
「善言父母之德者，不敢侈而他言之，生而已矣。」〔註9〕並且引述《繫辭》中
的「天地之大德曰生」，強調「凡爲德者，莫匹其大」〔註10〕。父母生我，天即
在父母之中而父母即吾天，對於人子事親孝親來說，都是生知安行之事，而非
學知、困勉之事，「欲報之德，昊天罔極」所要說明的就是事親之事無所容其勉。
　　不過，王夫之隨即又對父、母之德作出了區分：

　　故母之德罔極也，父之德尤罔極也。道莫貴於一，德莫大於生，
　　生莫尊於性。養不可以伉性，誠不可以伉生，用勤不可以伉致一。
　　古之知禮者，父在而母之服朞，崇性以卑養，專生以統成，主一以
　　御眾之義也。父之德罔極也，母之德亦罔極也。罔極云者，非懷惠
　　之謂也。父施之，母承之，無成而代有終。勤勤乎承陽之施而不怠，
　　是固大有功於父，而德亦與之配矣。

〔註9〕王夫之：《船山全書》第三冊，第418頁。
〔註10〕王夫之：《船山全書》第三冊，第418頁。

> 故知禮者，知此而已矣。知禮者，知生者也。知生者，知人道
> 者也。知人道者，知天者也。(《詩廣傳‧論蓼莪二》)

王夫之認為，父母之德的秩序類似於天地之德的秩序，天命人以性，地則勤以承天，奉天之性；天一致於性，只是不停地賦予萬物以性，而不以生養萬物為德，地則以此為基礎，生養、長養萬物，順天之始而終天之化，所謂「地道無成而代有終」。父象天，母象地，父施之以性，母承之以養。統括地說，父母之德在於生。分開來講，則生命之尊在於性，因而，父之德較母之德更為廣大。禮以別序，天尊於地，父德尊於母德。因此，知禮便知生以性為貴。知性為貴，也就理解，人道「崇性以卑養」。

這段論述字裏行間透露出尊天卑地、尊父卑母、尊性卑養的含義，似乎與其乾坤並建的理論相悖。乾坤並建是王夫之易學和哲學思想的基本綱領，他強調「乾坤並建於上，時無先後，權無主輔」〔註11〕，也指出，「然則獨乾尚不足以始，而必並建以立其大宗，知能同功以成德業。先知而後能，先能而後知，又可以窺道闔乎？」〔註12〕由此可知，在乾坤並建的理論中，乾坤、陰陽是沒有先後之分、主輔之別的，二者共同成為萬事萬物的統宗。不過，王夫之同時又指出，雖然二者並建以為統宗，但它們畢竟有功傚之別，陽健坤順、陽唱坤和，二者各效其功能。他說道：

> 陰陽之生萬物，父為之化，母為之基。基立而化施，化至而基
> 凝，基不求化而化無虛施。所以然者，陰虛也，而致用實，形之精
> 也；陽實也，而致用虛，性之神也。形之所成斯有性，性之所顯惟
> 其形。(《周易外傳‧屯卦》)

陰陽沒有先後之分說明的是萬物同時具備陰陽兩面，陰資陽以始，而陽藉陰之材以生萬物，形質成，性即生於其中。陰陽二者必須相配和合，萬物才得以榮生。然而，在榮生萬物的時候，陰陽二者是有功傚之別的，陽實而其致用虛，虛者為性，因而陽施萬物以性；陰虛而其致用實，實者為形，因而陰凝萬物以形。在這點上，可以說陰陽、乾坤「時無先後，權無主輔」。不過，一旦涉及到二者的功效差別，則出現了尊卑之序。既然人以性為尊，那麼，陽的功效自然在陰之上，二者體現了主輔之別。這種主輔之別其實是為王夫之所接受的，他提到，既無孤陰，也無孤陽，即使坤顯為純陰，「而陽固隱於

〔註11〕王夫之：《船山全書》第一冊，第 989 頁。
〔註12〕王夫之：《船山全書》第一冊，第 989 頁。

所未見，至柔至靜，則不拒陽，而陽隱爲之主」。由此，也許可以說，乾坤並建理論強調乾坤、陰陽作爲萬物創生之始，必須同時共存、并未統宗；然而在功效上，二者還是有主輔之分的。如果抹煞了這種主輔之分，就會出現人道之憂，王夫之解釋說：「父母之差弗別於喪祭，陰亢陽窮，養亢性窮，人道之憂，其奚有瘳乎！」〔註13〕

王夫之崇陽是爲了崇性，人之尊貴並非因爲人擁有生命，而是人秉承了天命之性。從這點說，陽尊於陰，父尊於母。陰可與陽之德配，在於陰能順物之性而成之，母可與父之德配，也在於能承父之施而終養之。瞭解這點，便能理解人道之尊在於人能存守此性，盡性立命，挺立人道。

五、聖人之道，莫大於文

在物與人的對比中，王夫之鄭重地提出了「文」的問題，強調了文對於人道、人類秩序和文明的重要性：

> 聖人之於物也，登其材、不獎其質，是故人紀立焉；於人也，用其質、必益以文，是故皇極建焉。材者非可以爲質也，質者非可以爲文也。「民之質矣，日用飲食」，苟異於物而人紀立矣。君子之以審人道而建極者，不在是也。（《詩廣傳·論天保》）

君子用物，取其材而不期待物能自我利用其質。「材」是指事物的材性，有時也可稱爲「質性」。在《禮記·中庸》中有：「故天之生物，必因其材而篤焉，故栽者培之，傾者覆之。」鄭玄在《禮記注》中，就將「材」字解釋爲「質性」：「材，謂其質性也。」可見，「材」和「質」在很多情況下會被通用，但是王夫之在這裡做出了非常細微的比較。他認爲，「材」是事物本身所具有的性能，決定了它如何被人類所利用。但是，物體本身缺少主動實現的能力，不能自我利用、發揮自己的材性。正是這點，成爲「材」與「質」的本質差別，也造成了二者之間不可跨越的鴻溝。「質」象徵了物與人的區別：「草木禽獸之有材，疑足以爲質矣，而未足以爲質者，資於天而不能自用也。故天均之以生，而殊之以用。」〔註14〕「質」是指根本規定性，在人來說，就是人之爲人的本質、本性，人之爲道，就在於具有主動性，能自我實現自己的本質、本性。因而，在「質」的維度上，體現了

〔註13〕王夫之：《船山全書》第三冊，第420頁。
〔註14〕王夫之：《船山全書》第三冊，第391頁。

人和動物本質上的區別,「是故人紀立焉」。人紀指為人的綱紀,王夫之認為,人紀只是人和動物區別的基本標準,君子審視人道,還會建立更高的標準,這就是文。

「文」體現了君子與常人之間的差別,常人也有人之為人的「質」,有好善惡惡之情,也能行為善去惡之事,但「守之於己,而不求其盡美;施之於人,而不求其可歆:此質也。」〔註15〕如果有質而無文,「以是言君子,其為人道之憂也大矣。」〔註16〕因此,君子與野人相對,就在於君子善文,在自覺實現自己的「質」之外,還能「以其事飾其心,修之於己,而必求其可觀;施之於人,而必求其相得:此文也。」〔註17〕君子善於實現、發揮人之「質」,而更以「文」盡其美、盡其善。

顯然,「文」不是可有可無的修飾,它生於人不容已之情:「既有其質,因而求盡其美,以愜乎人心不容已之情,而文生焉。」〔註18〕更重要的是,在「文」的維度上,蘊含了人之為人所應該遵循的大中至正之道,體現了人作為人的極致與尊貴,「是故皇極建焉」。「皇極」一詞出自《尚書·洪範》:「五,皇極,皇建其有極。」這個詞有多重含義,既指皇位、皇帝,也指曆算、天文等方術。孔穎達在《尚書正義》中解釋道:「皇,大也;極,中也。施政教,治下民,當使大得其中,無有邪僻。」王夫之在《尚書引義》的《洪範》篇中,則從方術和大中之道兩方面來理解「皇極」之意。不過,在這段文字裡,王夫之所意指的只是聖人施教所建立的大中至正之道。聖人作為人最完美的象徵和體現,其作為便在於「文」上。他說:

> 生,天也;質,人也:文,所以聖者也。禁於未發之謂豫,節於欲流之謂和,審微以定命之謂神,變化以保和之謂化,即事而精義之謂聖。故聖人之道、因民之質而益焉者,莫大乎文。文者,聖人之所有為也。天無為,物無為,野人安於為而不能為。高之不敢妄躋於天,卑之不欲取法於野人,下之不忍並生於草木,而后皇極建焉。皇極建於上,而後人紀修於下,物莫能干焉。至哉其為文乎!
>
> (《詩廣傳·論天保》)

〔註15〕王夫之:《船山全書》第七冊,第 460 頁。
〔註16〕王夫之:《船山全書》第七冊,第 698 頁。
〔註17〕王夫之:《船山全書》第七冊,第 460 頁。
〔註18〕王夫之:《船山全書》第七冊,第 697 頁。

「即事而精義」意味著在修之於己、施之於人等行爲上，聖人不僅能發揮、實現人之「質」，而且能察倫明物，精審至善之理，以合乎人心固有之節文、律制，實現人之「文」。「文」是聖人發揮其作爲，充極人道，與天地相參之事。聖人精義而入神，能明悉變化之故，因事物以擇善，知之無不精、處之無不當，實現文與質的融合，其質則「盡乎天德之美，而人情物理之胥宜」〔註19〕；其文則能「推諸所性之安，而使太過不及之有節」〔註20〕。因而，聖人能精察人道、建立皇極，於己，文質彬彬、盡善盡美，處能有盛德之光輝，出則可以移風易俗；於人，則使有志者有從入之道，使愚、不肖有浸潤之化，最終能使人在天地之中璀璨生華，傲立於兩間。

七、小結

簡要地說，人道就是完成自己的職分，充分實現人之爲人的規定性，挺立人作爲人的尊嚴。職分的完成通常有兩個相關的因素：人的性情、才識，人的角色、職事。人的性情和才識構成了具體的實在的「我」，是實踐「爲己之學」的道德主體。性是人之爲人的規定性，而情才是實現人之爲人規定性的具體因素。人秉氣而生，在性情才上都有各種差異。從盡性來說，人的才力固然有大小差異，在一定程度上決定了職分、性分完成的大小，但是它並不會構成人無法盡性的關鍵阻礙。《孟子・梁惠王上》有提到，爲長者折枝非不能也，而是不爲也。盡性也是如此，只有爲不爲的問題，而不會有能不能的問題。能不能涉及的是才力因素，而爲不爲涉及到的則是情志因素，它們才是構成人是否盡性的關鍵因素。雖然性是人的根本規定性，但性之體寂，其力量相對微弱。情則有一往無前、沖決羅網的力量。這種力量是爲己之學的重要內在資源，但是，正因爲它力量充沛，更需要理智的範導。否則，情感容易陷入一端而不顧其餘，導致行爲的偏頗。盡性必須依賴情感力量的鼓舞，但情感一旦陷入偏頗的境地，就會成爲盡性的巨大阻礙。

此外，人的職分和他的角色、職事是密切相關的。就角色角度來說，夫婦、父子、兄弟、朋友，包括上下級等各有不同的角色，當事人既合理享受角色所內涵的權利，也盡力承擔角色所內涵的責任。就職事角度來說，務農者，其職分就是種植莊稼、農作物，確保作物的良好生長。經商者，其職分

〔註19〕王夫之：《船山全書》第七冊，第 460 頁。
〔註20〕王夫之：《船山全書》第七冊，第 460 頁。

就是確保商品的品質和商業運作的良性發展。做官者，其職分就是承擔崗位職責，為百姓謀利，確保國家機器的良序運行等等。不管是人扮演的角色還是人承擔的職事，其實都是每個人每天都在進行的行為，即使極高明的聖人也不脫離道中庸的日用常行。既然如此，何以有些人覺得不堪其重，有些人卻處於擔水砍柴無非妙用的人生境界？其中的差別就在於道德實踐工夫深淺。情感的管理無疑是道德實踐的重要內容。道德實踐的工夫需要保持常惺惺的醒覺狀態，使心常作主宰，而不至於被不良情緒、過度欲望所牽縛。情感因其力量充沛，易發而不易收，如果不能有效地管理情感，很容易造成心理失衡、判斷失誤、行為失度的後果，導致生命境界的根本差異，也直接決定了人是否能完成職分、實現性分。以《詩經·北門》中的士大夫為例，固然該士大夫承擔了過多的職事，也沒有因此得到相應的獎勵，從而遭遇了不公平的待遇。但是，怎麼對待這種境遇，體現了人不同道德實踐工夫所達到的不同生命境界。詩中士大夫認為唯獨自己承擔了過多的職事，並陷入了自艾自憐的情感低潮之中。事實上，這其實是一種短視。首先，作為士大夫，無論在工作中承擔什麼職事，承擔多少職事，都是為國家工作、為百姓擔責，都應該是分內之事，又何談多與少？如果因為職事過多而抱怨，其實是表現了該士大夫對性分、職分認識不清。第二，士大夫懷有不平之情，並且將這種不平之情形於歌詩，長言往復，而不是正心誠意，使心體達到心理情感平衡的本然狀態，這已經偏離了為己之學的修身工夫，導致了行為的偏頗。第三，士大夫沉浸於這種不平的情感，沒有餘情以宅道。這其實是一種自我放棄。事實上，何事非道？承擔職事越多，則越能增長才力，對道的體貼也會更加真切細膩，這本可以成為自我完善、自我發展的極大機會，卻被士大夫在抱怨中浪費掉了。所謂差之毫釐謬以千里，善於在事上磨練，則越來越精進，職事發展可能會越來越好，即使職事不能如期發展，生命境界也會不斷提升；而失去了心的主宰，被不良情緒牽縛，漸漸淪落而不自知，既不能有益於職事的發展，人生境界也無法提升。詩教的著力點恰好就在這裡，通過長期的詩教浸潤，磨蕩不良情緒，常常保持心理情感的平衡安和，善體天理物化、人情事變，引入於微，日生日新，從而，雍容安適的情感成為習性，生成為內在品性。道德實踐日益精進，不斷向盡性的目標靠近，所謂性日生日成，豈不就是如此！君子只要即此一念初動，念念承命，任何一刻都是新命之始，也是盡性之始，人道就在這日新日成中獲得自尊、自立。

第八章　詩教之修身論

　　詩教思想中的修身論體現爲詩教的自我教化，它是君子、聖人盡人道以成盛德的重要體現之一。王夫之的有關論述集中在《詩廣傳》一書中，與四書學中的相關論述有所不同，他在該著作中並沒對修身工夫、修身方法作出具體詳細的說明，而是突出了君子修身的風度、節度，表達了他對雍容有度、溫和有節的理想人格的肯定。王夫之的論述在一定程度上可以說是儒家修身的共同理想，但是，他其實蘊藏了對明末士人狀態的反思和批判。

一、君子綏禮

　　王夫之推崇剛健進取的精神，但他並不贊成過激的修身方式，如佛教日中一食、樹下一宿的修行方式，就是他極力反對的。「天地之大德曰生，聖人之大寶曰位」，守位者仁，聚人者財。聖人善於滿足人好色、好貨之心，並用禮義適當地節制，就能實現天地之大德，成天地之大用。如果通過拒絕食、色等正常欲望的方式來修行，其實是絕天地之德，毀裂典禮，虧替節文，喪滅人道。他也不欣賞簡薄的持身態度，如道家隱身山野，餐風飲露的生活態度，也是他十分反感的。他認爲持身太過於簡澹，就有可能越過一種界限：即不再是澹，而變成薄。這種轉變隱藏著一個危險，簡樸是一種美德，但是忽略了正常需求的簡樸，即有可能滑向簡薄。這意味著既放棄了正常的食色需求，也放棄了人道該盡的責任，不追求天理在人身上的合理呈現；既放棄了接受天下物產、禮義文明的成果，也放棄了創造豐富物產和禮義文明的積極作爲。就此，他提出自己的擔憂：「吾懼夫薄於欲者之亦薄於理，薄於以身

受天下者之薄於以身任天下也。」〔註1〕與這種持身態度不一樣，他認為君子以天道為依準，貧賤、富貴皆其用天道之時，而出處、動止皆依循天理而行，「厚用天下而不失其澹，澹用天下而不歉其薄」〔註2〕。

與佛、道不同，王夫之認為孔子之學「隨處見人欲，即隨處見天理」〔註3〕。因此，他很認可胡宏提出的天理人欲同行異情的觀點，他解釋道，「異情者異以變化之幾，同行者同於形色之實。」〔註4〕也就是說，他認為天理和人欲對於人來說，都是實際存在的事實，飲食、男女、財貨等欲望都是人所不可無的欲望，天理並不與這些人欲相為對壘。不會離人而別有天，也不會離欲而別有理，理必寓於人欲中才得以發生作用，人其實就是在人欲的恰當滿足和節制中實現天理。反之，如果不在與人欲同行中察識天理，則天理終究與人視聽言動的貞固沒有什麼關涉。當然，天理和人欲終究是異趨、異情的，順天地之化，則禮之節文自然行於人欲之中，天理即此以顯；而如果淫洗太過、或鄙塞不及，失禮而求人欲，則人欲日遠於天理而為妄。

可見，王夫之並不贊成苦行，也不贊成縱慾，而是要在天理和人欲中尋求禮的節度，有禮為之節，則無需絕欲以求天理。為此，從儒者修身角度來說，王夫之也不贊成簡薄的修身方式。他認為，離開了禮的節度，過簡以持身，並自以為能樂此簡貧，其實是降志以從康。樂於簡貧看似是一種美德，其實不然。為學之人應該志於日新其德，不管順境還是逆境，順境克欲，逆境克難，都著力追求道的合理呈現。相比較起來，遁於簡貧之中，不去積極作為創造反倒是更為簡單的事情了。這種降志從康的行為和王夫之提倡的剛健有為的精神是相悖的。在王夫之看來，降志從康與降情縱慾都是對禮的悖逆，這種貞士其實與淫人亦相差不遠。因而，他認為：「有澹而易足者焉，為君子易，而非即君子也。為君子易，是以君子獎之。非即君子，是以君子尤弗尚之。」〔註5〕澹而易足者是否會成為君子，就在於對「禮」的把握，順於禮的節文，則澹而易足之人更容易成為君子；一旦失去了禮的分寸，則澹就變成了薄，因而君子並不以此為尚。王夫之更指出，薄的持身態度隱藏的是一種苟可之心。苟可之人不知擇禮，惟身心之可勝而樂於行之，這並非君子之所為。他提到：

〔註1〕 王夫之：《船山全書》第三冊，第 374 頁。
〔註2〕 王夫之：《船山全書》第三冊，第 374 頁。
〔註3〕 王夫之：《船山全書》第六冊，第 914 頁。
〔註4〕 王夫之：《船山全書》第一冊，第 837 頁。
〔註5〕 王夫之：《船山全書》第三冊，第 374 頁。

> 君子無妄富，亦無妄貧；無妄貴，亦無妄賤，無妄生，亦無妄
> 死。富貴而生，君子之所以用天道也。貧賤而死，亦君子之所以用
> 天道也。以其貧成天下之大義，以其賤成天下之大仁，以其死成天
> 下之大勇，非其情之苟可以勝而遂樂爲之也。故君子之用貧賤與死，
> 尤愼之矣。苟可以勝而遂樂爲之，幸其可以勝貧賤而樂貧賤也；藉
> 其但可以勝富貴，而遂樂富貴乎？（《詩廣傳・論衡門二》）

君子所貴，不在勉強克勝身心之欲而樂貧賤。君子之貴，貴在於行天道，無
論其處境怎樣，都是君子盡性、成德之時。如果不擇禮而行，而以「可」、「不
可」作爲行爲依據，終將出現無不「可」爲之事。王夫之指出，「可」、「不可」
是人心的基本防線，一旦越過這道防線，人背其本、情遷其性都莫之能救：

> 人心之大防，可不可而已，其後莫能防也。千古之所不可者，
> 習而擯之以爲不可，因而無見可者焉。一旦知之而彷彿以爲可，未
> 敢信諸行也，然而嘗試之矣。迨其行之，因見可焉，情未安也。乃
> 行而習之矣，習之而弗安之情日消，安之之情日長，則情以遷。情
> 之既遷，遂惡其所美而美其所惡。夫誠惡其所美，而能弗美其所惡
> 者，其餘凡幾哉！（《詩廣傳・論汾沮洳》）

對於實際「不可」之事，如狗不可騎、馬不可看家等，一般人都能做出合適
的選擇，不會碰觸到這道防線。一旦當事情顯得或可或不可之時，選擇的重
要性就突顯了出來。有些事情本不可，但又似乎也不無可，如霜冬穿草鞋，
本爲不可之事，但身體似乎又並非不可忍受，於是，悄然跨過防線，在霜凍
穿上了草鞋。這時乍然可之，偶然行之，情尚有不安；繼而則習以爲常，情
亦以爲安；最終便能達到以之爲美的結果。這種行爲看似簡樸，其實已經背
逆了禮的節度。從不可到可的跨越或者說滑落，有一個漸漸積纍的過程，正
如坤卦之初六，「履霜」是陰剛開始生長的時節，漸漸發展，便達到了「堅冰
至」的結果，實現了一個質的完成。王夫之深爲擔憂，防線的崩潰其實就是
典禮的崩潰，這種滑落導致價值觀也可以完全顛倒，情遷、性移而不自覺，
人道也就因此而廢。他說：「遂以破天下之典禮，而人道廢矣」。

　　因此，君子修身應該防之於初，在可與不可的選擇中，以禮爲之節而定
其常。不僅修身如此，教民、化俗也應該如此。王夫之指出，先王教民，以
君子之可謀野人，以天下之可均一夫，以終身之可貞須臾，不極耳目、心思
而用，斟酌天理、人情而制定典禮，以作爲言行的矩範。由此，人有了合理

的、可以實際依怙的行為標準，可根據此盡其職分、性分而行，人道由是而興。而一旦破壞典禮的矩範，以「可」為言行標準，則臣弒其君、子弒其父等暴行也最終能變成「可」行之事。他指出：「臣弒其君，子弒其父，亦莫不有其說焉。有說則可知矣，可知則可行矣，可行則見美而忘惡，據惡以為美，馴致之而無所不至矣。」〔註6〕以「可」為標準，最終將會無所不可，故而，王夫之強調：「事有可而不可，綏之以禮以靖之，定其常也。」〔註7〕

二、君子之裕

相對於其它理學類著作，王夫之在《詩廣傳》中比較重視「裕」的品性，「裕」不是某一種德性，也不是某一種情感，毋寧說，它是對德性行為和情感心理的度的衡量和維持。「裕」有兩方面內容，一是裕於德，一是裕於情，本節將分別從這兩個方面闡述王夫之對於「裕」的觀念。

在評述《大雅‧東山》這首詩時，王夫之提出「裕於情」的觀念。他認為周公不滯著於一己之憂樂，裕於情而旁通無蔽。「裕於情」是指對於情感心理的度的衡量和維持，能合理地表達、宣發情感，又不沉浸在個人情感之中，而是能夠感通天下人的情感，保持情感通而不滯。與「裕」相對的便是「毗」，「毗」是滯著之意，陷入情感之一端而不能自拔，無法感受其它情感，也無法感通其他人的情感。以憂樂為例來說，毗於己之所憂，留滯在自己某種特定的憂傷之情中，便不能通感天下人的憂傷之情；毗於己之憂，留滯在自己的憂傷之情中，便不能通感天下人快樂之情。反之，毗於己之所樂，留滯在自己某種特定的快樂之情中，便不能通感天下人的快樂之情；毗於己之樂，留滯在自己的快樂之情中，便不能通感天下人的憂傷之情。因此，「毗」也就意味著封閉，過度地投入於某種情感，從而將自己封閉於這種情感，而不能對其它的情感、其他人的情感作出感應和回饋。與之相對，「裕」則保持著情感的度，王夫之指出，「裕者，憂樂之度也。」〔註8〕情感之發而有其度，有節度就有餘裕，就不會封閉於某種特定的情感，對其它的情感和其他人的情感保持著一種開放的態度，能適時地對之作出感應和回饋，因而，裕於情者旁通無蔽。

〔註6〕 王夫之：〈《船山全書》第三冊，第 360 頁。
〔註7〕 王夫之：《船山全書》第三冊，第 358 頁。
〔註8〕 王夫之：《船山全書》第三冊，第 338 頁。

在評述《邶風‧燕燕》時，王夫之則提出「裕於德」的觀念，他認爲德不可孤而必有輔，德之輔並非來自外界的師長或友朋，而在於自己內在的把握，所謂「心之所函，有餘德焉，行之所立，有餘道焉」〔註9〕。「裕於德」也就是指德性行爲的度的衡量和維持，無論出處、進退都保持德性的恒常不變。在這裡，與「裕」相對的是「窮」，也就是困著之意，執著於某一種德性，被其限制、困縛，而無視時的概念，不知隨時通變。這種人一往之意困縛於某種特定的德性和行爲方式，在昇平有道之世，也許還不至於陷入窘境，一旦生於迷亂淪胥之世，則往往於進退、出處的選擇中，困窘、彷徨而無所措，一往之意折而不知反，因而，其困著也就往往意味著困窘。王夫之指出，魏國信陵君魏無忌因遭受魏國安釐王猜忌而沒有被授予重任，於是他飲酒近內，導致自己傷於酒色而亡；阮籍不滿司馬氏，因而常常驅車到窮途無人之處，痛哭一場然後返回等等行爲，都可說是智窮於窮途，困不知反，只能依靠歌哭醉吟以自求安處。與之相對，智者則能保持德性行爲的度，「裕者，哲人之量也。」〔註10〕智者善於量度而行，不會困著於某種特定的行爲方式，能根據不同的環境調節自己的行爲，進退裕如而不失其道。如王夫之所說：

> 夫智者進而用天下，如用其身焉耳；退而理其身，如理天下焉矣；恢恢乎其有餘也，便便乎其不見難也。天下不見難，則智不窮於進；身有餘，則智不窮於退。夫數子者，皆思進而有爲於天下矣，履迷亂淪胥之世，途窮而不逞，一往之意折而困於反，唯其不知反也，是以窮也。夫反而有耳目官骸、氣體語默之無窮者，雷雨滿盈，容光必照，是豈非天地日月之藏乎？（《詩廣傳‧論抑二》）

「數子」就是魏無忌、阮籍等人，當亂世而不能逞其志，困於其道又不知反，歌哭醉吟以自遂而終不能有爲於天下。智者則進退、出處皆能成其德性，唯其能保持行爲的節度，不困意於一德之成，一道之行，因而，治世能兼濟天下，志得意滿；亂世也能獨善其身，如治理天下一般認眞不苟。「哲人之量」還有一層意思，即哲人之氣量，智者的節度也同時意味著他的氣度，不道之世非棄德之時，心內坦然有餘，自輔以成德，雖處亂世，也能成其君子的風度矩範。能裕其德者，處約如泰，遇窮如通，履險如夷，只是「如其素」而已。

〔註9〕 王夫之：《船山全書》第三冊，第 319 頁。
〔註10〕 王夫之：《船山全書》第三冊，第 466 頁。

　　不管是「裕於情」還是「裕於德」，都強調適度的原則，適度因而情能廣，憂樂不毗，情通天下之志；適度因而德有餘，進退知反，德裕而有恆。在王夫之詩教思想裏，「密」與「裕」是相得益彰的品性，「密」即周密之意。王夫之沒有對「密」作出嚴格的解釋，不過，在評述《周南・卷耳》時，他稱讚《卷耳》之思婦慎而密，我們可以由此來理解他對於「密」的界定。根據朱熹《詩集傳》的觀點，《卷耳》是后妃思念文王之作，王夫之採用了朱熹的觀點，並且指出，后妃採卷耳，因思念君子而沒有採滿一筐，是「忘」其所事，然而，在忘懷之際，后妃依然能下意識地將頃筐置於大道之旁，可見其「慎」；他進一步分析，后妃之所以能在忘懷之際依然有此謹慎的舉動，是因爲「其度本慎」，也就是說，她平素秉持節度就十分謹慎，因此，能在極容易疏漏之處依然保持著周密謹慎的氣度，可見其「密」。王夫之指出：「非所慎而無不慎，故曰密也。」〔註11〕由此可知，「密」也就是周全細密，無所遺漏疏忽。

　　作爲國之良臣，既要裕，也要密，「唯裕也是以可久，唯密也是以自得。自得以行其志而久不移，可以爲天子之大臣矣」〔註12〕。「裕」則知反而有餘地，因而可久；密則周詳有備，因而自得。裕且密之人，自得而德恒，天子用之則天下受其福，天子不用，天下也不會激變成禍。因而，王夫之常常將裕、密並提，希望君子能獲得完美的氣度。不過，他並沒有提出達到裕、密之氣度的修養方式，這與《詩廣傳》的隨經評鑒的寫作方式有關係。隨經評述就難以系統地表述自己的思想，但作者的一致之思依然能夠從看似零散的評述中得到一定的抽繹和歸納。王夫之在《詩廣傳》中多處強調裕、密的觀念，這其實和他詩教思想是一脈相承的。王夫之詩教思想追求道德境界和審美境界的合一，在道德境界方面，以挺立人道爲核心，突出盡道、盡性是人的性分、職分；在審美境界方面，王夫之突出溫柔敦厚、平和雅正的人格素質和氣象。溫柔敦厚、平和雅正的人格素質和氣象與盡性的道德行爲並不是平行、互不干擾的，也不是對它的簡單補充。從人性的最終實現來說，二者都是必不可少的，也是相互依賴的，盡性是人的根本追求，平和雅正既是實現這個根本追求的素質上的保證，同時也爲性所本具，是盡性的內容之一。裕和密的品性便屬於平和雅正的審美境界，同樣，它既是人盡道、盡性的素質保證，同時也是人修養的目標，是人性實現的內容之一。

〔註11〕 王夫之：《船山全書》第三冊，第 302 頁。
〔註12〕 王夫之：《船山全書》第三冊，第 336 頁。

三、君子之度

　　君子修身，喜怒哀樂情感之發需要合乎節度，不僅如此，從日用飲食到躬行仁義，君子的行爲都要合乎節度。王夫之認爲，這關乎人道的存亡。人道的尊大，體現在聖人創制的「文」上，「文」也就意味著行爲的禮儀、矩度，使人別於野人，更別於禽獸，因此，君子立身處事應該選擇恰當的禮儀、矩度，也就是君子之度，以合乎人道的方式選擇食色、躬行仁義。與之相反，「遽」的行爲則常常表現爲禮儀、矩度的喪失，這種行爲爲王夫之所深爲痛斥，他指出：

　　　　遽而成，君子弗爲，矧夫遽之未足有成也？所惡於遽者，惡其弗能待也，尤惡其弗能擇也，至於弗擇，而人道之不廢尠矣。(《詩廣傳‧論東方未明一》)

「遽」在這裡有兩個意思，一是指急遽，「弗能待也」，也就是行爲倉促、失於禮度。二是指過度，「弗能擇也」，也就是行爲失於尺度、違背禮常。王夫之重點強調的是後者，指出君子應該知擇。雖然說人和動物都有食色的需要，但是二者追求食色的行爲有著根本的不同，這個不同就體現爲「度」。動物僅僅只有知覺之性，受欲望牽引，因此遽求於食色。但是人有仁義之性，知是非之別，因此人能知擇，選擇合乎矩度的行爲以求飲食、男女之安。如果人也遽求於飲食，就是抹殺了「度」，使人淪落於禽獸之行。王夫之強調：「奚以知人之終爲禽狄也？遽而已矣。飲食男女之欲，人之大共也。共而別者，別之以度乎！」〔註13〕

　　他也指出，即使行仁處義也當擇人道而行，否則將是仁義受損而人道廢絕。因此，在他看來，陳仲子、墨翟和釋氏都是無擇而「遽」的行爲。他接著說道：

　　　　故諸兒之禽行，遽焉耳；嬴政之併吞，遽焉耳；陳仲子之哇其母食，遽焉耳；墨翟之重趼止攻，遽焉耳；釋氏之投崖斷臂，遽焉耳。天下有遽食遽色而野人禽，天下有遽仁遽義而君子禽，遽道愈工，人道愈廢。(《詩廣傳‧論東方未明一》)

諸兒是齊襄王的名，他是春秋時代齊國第十四位國君。文中所說的「禽行」是指他和同父異母妹妹文姜私通的事情，文姜在嫁給魯桓公之前，便和齊襄王有私情。在魯桓公十八年，文姜隨魯桓公歸齊，與齊襄王復相私通。是年，魯桓公在齊國逝世，此後，文姜更頻繁往來於齊魯之間，引起世論紛紛。《齊

〔註13〕王夫之：《船山全書》第三冊，第 375 頁。

風‧南山》和《齊風‧載驅》等詩反應的都是這段有悖於禮常的歷史情事。陳仲子「哇其母食」見於《孟子‧滕文公下》，陳仲子是戰國時期齊國人士，其兄長爲齊國卿士，他自認爲兄長不義，因而避居於陵。一天，當他知道自己品嘗的美食來自兄長家的鵝時，便出門哇吐。「重趼」出自《莊子‧天道》：「吾固不辭遠道而來願見，百舍重趼，而不敢息。」指的是長途勞苦、足底生繭。王夫之意在說明墨子摩頂放踵以推廣其兼愛、非攻的學說。「投崖」的典故出自敦煌莫高窟第 254 窟的壁畫，它描畫了釋迦牟尼的前生薩錘太子的本生故事：寶典國國王三太子薩錘與二位兄長出遊，看見一隻快要餓死的母虎正準備吃掉她的幼虎。他想用自己的生命來救這幾隻餓虎，因而，他來到老虎旁邊，躺了下來，但是餓虎已經沒有力氣來吃他。於是，他又爬上山崗，刺頸出血，跳下山崖，餓虎舐食他的血後，便有了力氣來吃他的肉。「斷臂」的典故出自唐朝法琳所撰《慧可碑》，講述的是禪宗二祖慧可的故事：慧可向達摩求法，達摩告知，求法之人，不以身爲身，不以命爲命。於是慧可立雪數宵，斷臂以示決心。

　　雖然說陳仲子、墨翟、薩錘和慧可有心於善，但他們不知擇善，行事過奇，失於禮常，使人偏離了適當的禮度和文明的軌道，因而王夫之並不肯定這些看似求善，實則爲「遽」的行爲。他認爲，「遽」意味著禮度的喪失，從而也就抹殺了人和禽獸、君子和野人之間的差別，因而人道也就此廢絕。

　　「度」作爲規範、禮度，指示著人行爲所應當遵從之道，即如王夫之所說「以道爲度」〔註 14〕。道是性之自然，是人應事、處物的當行之理、當然之則，不肖者固然要自警其不及，勉力從之；賢人行仁義也只需要謹循此道，而不能超過這個禮度。因此，王夫之說：

　　　　抱賢人之心者，豈能有加乎？亡損而已矣。賢人者，賢於人者
　　也。但賢於人，無賢於己，視諸人之不賢而見賢，視諸人之賢而亦
　　何賢邪？故序《風雨》之詩者曰：「亂世則思君子，不改其度焉。」
　　君子亦猶是度焉耳。（《詩廣傳‧論風雨》）

「無賢於己」說明賢人處事必以其道，貴不在於一時的過人之舉，而在於持之以恆的堅持，因此要有合乎持恆的度。他不會因爲身處盛世而在道上增加一毫分，也不會因爲身處亂世而於道上減少一毫分，進退裕如，不改其度。因而，賢人能長處樂，久處約，持身有恆，如其所說：「可久以處約，長以處

〔註 14〕王夫之：《船山全書》第三冊，第 386 頁。

樂，度存焉耳。」〔註 15〕王夫之認爲，亂世最能體現君子不改其度的風範，
流俗之人常常會因亂世風雨的摧折，而減損其操守。而一些義士又往往會因
爲憂憤亂世無道，而奮身疾行其道。這兩者看似相反，其實在王夫之看來，
都是失去了節度的行爲。前者容易被人所瞭解，而後者具有迷惑性，其行爲
的危害性不易爲人所察識，反倒常常獲得常人的稱賞。因此，王夫之一再強
調，被環境所激，不顧節度而疾行其道，其實是不能持久的，「偶值乎風雨而
一鳴，鳴而激，激而已甚，再而衰，三而竭，誰昔之心，亦孰與問之哉？」〔註
16〕就像春天雨水充足的時候，路旁積水可壯於洪濤，但雨停之後，路旁積水
立刻乾涸，這便是無源之水的必然結果，疾行其道也是如此。賢人的可貴之
處就在於處身有餘，持身有度，有度才能有恆，才能如源泉混混，不捨晝夜，
最終放乎四海。

四、小結

　　在修身工夫上，王夫之不主張苦修的態度，而是強調君子綏禮以定其常、
寬裕有餘、持恒有度的立身方式。在儒家的思想系統中，聖人是人格的理想
典範，既有嚴謹甚至苛刻的修身工夫，也有「從心所欲不逾矩」的雍容氣度，
因此，其行爲不僅僅是道德的楷範，也具有美學的優雅，是道德和審美的合
一。這種雍容氣度、美學優雅就源於寬裕有餘、持恒有度的立身方式。《論語·
鄉黨》篇非常詳細地刻畫了孔子各種行爲行事的細節，很多人讀《論語》對
此篇都不甚重視，認爲繁瑣而不具有思想意味，在思想史上不具有價值。事
實上，這些刻畫就彷彿是一副又一副的白描工筆劃，用簡要的幾筆刻畫出了
孔子行爲的矩度和神韻，體現出了其弟子們對於孔子行爲頗具有美學意味的
欣賞。正是對於禮度的精微地體察和理解，使得其行爲有了一種韻律的美
感，從中也可以體會到孔子精神生活的豐富，沒有豐富的精神生活，是難以
呈現出這種道德與審美合一的氣象的。爲己之學、道德實踐確實是艱苦卓絕
的事業，需要百折不回的意志、需要剋制欲望的剛毅，但它終究不是縈損肺
腸的苦差，也不是乾枯的行爲規範訓練，太過於苛刻的修身，也許能保證道
德的清正，不過也容易失去精神世界的豐富和豐腴，失去雍容的氣度、寬裕
的心態，造成行爲的偏頗。道德的艱苦和精神的豐富都是爲己之學的題中應

〔註15〕王夫之：《船山全書》第三冊，第 349 頁。
〔註16〕王夫之：《船山全書》第三冊，第 349 頁。

有之義，可惜的是，後者往往容易被忽略掉，「游於藝」的陶養也在儒學思想歷史上逐漸被擠出了道德修身的系統訓練中，風乎舞雩的氣象僅僅淪為遙遠的理想，道德成了說教和教條，變成限制人自由的枷鎖，束縛人行為的緊箍咒。現代社會國學熱興起，儒學思想又漸漸進入了人們的視野，在這個儒學復興的過程中，對於為己之學的研究和強調，不能再忽略了詩教、樂教的維度，忽略為己之學中審美的內涵。

王夫之突出強調了立身行事中「可」的界限意義。「可」意味著一種行為底線，這個底線其實是對人文化成世界、人類文明創造的肯定和保護。霜凍天氣穿草鞋看似可以，但是，這種行為既否定了人類對冬鞋的創造，也否定了霜凍天氣應該穿冬鞋的禮儀矩度，其實隱藏的是對人類文明的否定，並不值得稱賞。當然，孔子也有「知其不可而為之」的精神，那為什麼這種不可而可的行為又是另一番境界呢？這是否存在雙重標準的問題？其實不然。王夫之強調的是主體的行為本身，而「知其不可」指的是社會環境不利於王道的實踐，而不是指孔子的行為。況且，孔子在「知其不可而為之」的過程中，依然保持了無可無不可的「時」的智慧和雍容寬裕的氣象。所謂「無可無不可」，指的是孔子出處、立身行事對於時的掌握，既沒有對於出仕的必然堅持，也沒有對於一件事必須實施的執著。社會時勢合宜，則可，社會時勢不合宜，則不可，所以孔子是聖之時者。在這裡，可與不可的選擇正體現了孔子對於禮度的持守。此外，即使在「知其不可而為之」周遊列國的過程中，孔子依然保持了寬裕有餘的氣度。孔子在陳絕糧，依然講誦、絃歌不輟，當時，跟隨的許多人都餓病了，子路於是憤憤不平，責難孔子，說道：君子也有如此窘困的時候嗎？孔子的回答頗有意味，他說：君子固然有窘困的時候，但是，小人一旦窘困，則行為便失去了矩度，「窮斯濫矣」。君子即使身處窘困，依然有立身行事的禮度，不失去內心世界的豐腴和安適，天地悠然依然有我安身立命之處，眼前的這點窘迫又算得了什麼呢？孔子的這種境界不亞於風乎舞雩的精彩，使得原本窘困的處境竟然蒙上了優雅的光輝，帶有了美學的意味。這是儒家道德哲學的極精彩處。

總的來說，所謂可與不可，其標準在於道。道可則可，道不可則不可。守護人文化成世界的文明創造，於其中「從心所欲不逾矩」是君子之度的氣象，是王夫之詩教思想的核心。在王夫之晚年如此艱難的處境中，他依然能有如此深心和氣韻，著實令人欽佩。

第九章　詩教之齊家治國論

　　詩教思想中的齊家治國論體現爲教化天下的行爲，是君子、聖人盡人道以成盛德的另一個重要體現。對於國家興亡、治亂之道的反思和總結是王夫之《詩廣傳》的重要主題，因此，陳詩觀風、審時核政，是他研讀《詩經》的主要工作之一，他從詩歌中抽繹出周朝及列國興衰的原因，並對齊家、治國的總體原則，國家賦役制度，以及君民上下溝通的意義和方式等內容都作出了分析。王夫之的論述體現出兩個特點，其一，他在書中的義理廣衍與四書學的經典詮釋不同，這裡不是進行純理學的思考，而是將理學的思想貫注到歷史文化世界中，提出具體的齊家、治國之道。其二，他在書中提出的齊家治國論表現出對於情感的重視和慎重處理。

一、齊家與治國

　　對於聖人齊家、治國，王夫之提出一個總的觀點：

> 聖人之於其家也，以天下治之，故其道高明；於天下也，以家治之，故其德敦厚。高明者，天之體也，敦厚者，地之用也。故曰：聖人配天地，無私配天，廣生配地，聖人之所以爲天下王也。(《詩廣傳·論七月》)

何謂以天下治其家？王夫之解釋道「不滯其家之謂也」〔註1〕。家是宗親血緣所繫，情感所寄，最容易爲人所關注，並傾注其心血去經營、呵護。聖人於家，則保持了一種恰當的心理距離，情感通達而不偏滯，不會瑣瑣謀慮、經

〔註1〕 王夫之：《船山全書》第三冊，第 381 頁。

營於一家之富足、安平，而忽略了天下的治理。因其公正而無私，故而其道高明。當然，「不滯其家」強調的是不能營營苟苟於一己身家之利害，而不是說疏略於齊家工夫。事實上，齊家是聖人治國、平天下之始事。

何謂以家治天下？王夫之解釋爲「不略乎天下之謂也」〔註2〕。雖然說「天下之大，莫非王土」，天下萬民都是聖人心懷所寄。但是，聖人仁愛天下有次第之序，親親然後以及於仁民，情感的厚薄、漸施也是天理自然。此外，天下之大、萬民之眾，終究有難以兼濟的人或事。但是，聖人於天下，不敢如此疏略，而是通民之共情，達民之共欲，爲民父母，經營謀慮，纖細不遺，就像經營家業一樣厚民之生，因而其道敦厚。

王夫之提出，聖人獨至之處在於他能不言而化成天下，而「聖人之於天下，視如其家」，因而，化成其家與化成天下有一體共通之處。聖人化成其家，是引導其宗親、家族的成員都以合乎德性的方式生活。爲達成這種理想，聖人並不進行督責，而是採取養的方式：

> 聖人有獨至，不言而化成天下，聖人之獨至也。聖人之於天下，視如其家，家未有可以言言者也。化成家者，家如其身，身未有待於言言者也。督目以明，視眩而得不明。督耳以聰，聽熒而得不聰。善聰明者，養其耳目，魂充魄定，居然而受成於心，有養而無督矣。督子以孝，不如其安子；督弟以友，不如其裕弟；督婦以順，不如其綏婦。魄定魂通，而神順於性，則莫之或言而若或言之，君子所爲以天道養人也。（《詩廣傳・論關雎二》）

修身、齊家、治國和平天下都有共通之處：養而無督，即強調涵養，而不強調督核。在潤養、安裕之中修成其身、化成其家乃至化成天下。王夫之也指出，聖人齊家，養人並非溺愛養奸，而是以天道榮養，使之生起自愛之心。他進一步分析道，關切於人者，無非名與實，用言語進行督責，只是末術，既窮於名也無其實，因此，應該用名和實進行榮養。其子、弟、婦如果有令德，則高之以名；如果沒有令德，則望之以實，「榮之以名以暢其魂，惠之以實以厚其魄，而後夫人自愛之心起。」〔註3〕如果悉心養之而依然有非德之行，則抑其銳而徐徐以警戒，總不使其成爲悖子、傲弟或煽妻。聖人情感通達無滯，才能不爲家族的親緣關係所牽制，以無私之心引導其家族共同實現一種

〔註2〕王夫之：《船山全書》第三冊，第 382 頁。
〔註3〕王夫之：《船山全書》第三冊，第 300 頁。

德性的生活方式。家齊才能國治、天下平，《關雎》之化正是聖人化成其家、以化成天下的典型體現，因此可以說，《關雎》，「風化也」，以天道榮養其家，不言而化成天下。

「不略天下」強調聖人不能深藏皇城、高坐龍椅，「翔天際而不近人情」；而應該情通萬民，仁覆天下，視民如子，以持家之心勤勉以持天下，爲民求福、謀利，纖細不遺：

> 爲人君者患不廣大，言其容也，非言其泰也；爲人臣者患不節儉，言其不僭也，非言其細也。爲人臣而細以親利，則忘乎忠，爲人君而泰以廢事，則忘乎仁。仁覆天下，而爲天下之父母者，其唯密乎！故《易》曰：「聖人以此洗心，退藏於密。」吉凶與民同患，去其矜高之志，洗心也；尊而謀卑，賢而謀不肖，藏也；纖細不遺，委曲而致，密也。知密之用者，乃可與民同患而爲天下王，故曰：「七月陳王業也。」（《詩廣傳·論七月》）

「爲民父母」不僅僅只是心跡的表達，更是沉甸甸的責任。這份責任需要聖人洗心、退藏於密的德行。所謂「洗心」，即消去其矜高之志，將自己視爲與百姓同體之身，好百姓之所好，惡百姓之所惡，憂其所憂，樂其所樂，也就是仁者與萬民百姓爲一體之意。所謂「退藏」，即不以一己之意揣度天下之情，藏己之尊，而設身處地爲百姓進行謀劃；藏己之賢，而對愚不肖者進行同情之理解，悉心以體察。所謂「密」，便是在「洗心」、「退藏」的前提下，纖細不遺地謀略天下之事、萬民之利，廣生以息民。能利民之生，仁及萬民，正是聖人配地之德。聖人之密不僅體現在使百姓獲得生計上的滿足，也體現在聖人在情感上對百姓的通達、理解與尊重，在教化上無微不至、細密長遠的謀慮和「潤物細無聲」的教化方式。

王夫之對「聖人以此洗心，退藏於密」的具體、靈活闡釋，便是詩教的一個鮮活的例證。抽象的、普遍的原則需要落實在具體的現實中才能成爲具體的普遍，才能在現實中展現其主宰人心的力量。詩也是具體與普遍的融合，一方面它是在具體情境中的吟詠與感歎，另一方面它所吟詠與感歎的主題通常帶有超越時空的普遍性。因此，從理學的高度來體味、賞鑒詩歌時，抽象的原則往往能在保持其普遍性的同時，獲得其具體的、新鮮的含義。這種具體的、新鮮的含義對於詩人和讀者來說，都是活潑的、能直接感受的，因而，也就具有了直觸心靈的力量。在一定意義上可以說，王夫之理想中的詩歌，

是理、情與美的完美融合，理能引人情性趨向於正；情能產生詩人與讀者、古人與今人在情感、心志上的交流與共鳴，使理的引導具有了活潑的、直觸心靈的力量；美則使這種引導在欣賞、體味中不知不覺的得到實現，「養」人以善，而不是「督」人以善。詩教對於聖人化民成俗所具有的不可替代的價值，也就是在這裡得到體現。

二、與道同情

在王夫之的詩教思想中，「情」是齊家、治國事業中非常重要的因素，「聖人感人心而天下和平」就是情感發揮的功效。當然，君子治國如果希望實現這種功效，需要君子能理解、感通天下各類情感，這就是王夫之所說的「與道同情」。他提出：

> 君子之心，有與天地同情者，有與禽魚草木同情者，有與女子小人同情者，有與道同情者。唯君子悉知之，悉知之則辨用之，辨用之尤必裁成之，是以取天下之精、而宅天下之正。故君子之用，密矣。

> 與天地同情者，化行於不自已，用其不自已而裁之以憂，故曰「天地不與聖人同憂」，聖人不與天地同不憂也。與禽魚草木同情者，天下之莫不貴者生也，貴其生尤不賤其死，是以貞其死、而重用萬物之死也。與女子小人同情者，均是人矣，情同而取，取斯好，好不即得斯憂；情異而攻，攻斯惡，所惡乍釋斯樂；同異接於耳目，憂樂之應，如目擊耳受之無須臾留也。用其須臾之不留者以為勇，而裁之以智；用耳目之旋相應者以不拒天下，而裁之以不欣。智以勇，君子之情以節；不拒而抑無欣焉，天下之情以止。君子匪無情，而與道同情者，此之謂也。（《詩廣傳·論草蟲》）

「情」有兩個基本含義，一是情實；二是情感。因而，「同情」也有兩個基本含義，一是具有相同的實際性質、情況，如《荀子》書中所說的「同類同情」便是此意。「同情」的另一個基本含義是指具有共通的情感，在這段文字裏，「同情」採用的是這個含義，表示君子與天地、禽魚草木、女子小人有共通的情感。不過，王夫之並非簡單地指出這個事實，他突出的是，君子對這種共通情感的自覺體認和有效裁制。君子能夠體認天地、禽魚草木和女子小人的情感，感同身受，並取其優，裁處其過不及處。通過這段文字的解釋可知，

「與道同情」和其它「同情」稍有不同，它是實現其它「同情」後所達到的一種境界，指體認、感通各類情感，有效利用這些情感的優點，並進行恰當的節制，從而使天下之情達到平正有禮的狀態。天地生物不已，運化無息，但天地變化不測，運化不齊，君子體察其不容已於生物之仁，並以其憂相天之不及。對於禽魚草木等生物，君子感受其生命的流動，體察其同樣有好生的欲望，從而恰當的取用萬物，珍惜其生命，使其獲得應有的價值。對於天地、禽魚草木，王夫之採用了擬人化的寫法，它們本沒有情感，但是君子能正視他們的存在，感受它們的存在方式，並採取合適的情感與之共存。

君子與天下人的情感相通是「與道同情」非常重要的部分。《召南·草蟲》一詩描述了大夫行役在外，其妻獨居時的思念之情。王夫之認爲《草蟲》詩中描述的情感並不值得讚美，其憂樂遷變無恒，是女子、小人才會有的情感。在論述君子與人同情的時候，王夫之以此爲例，重點闡述了君子與女人、小人同情的情況。君子與女子、小人相交，能瞭解、感通對方的情感，因而能取用其優點，同時又能對這種情感的缺點進行恰當節制，「用其須臾之不留者以爲勇，而裁之以智；用耳目之旋相應者以不拒天下，而裁之以不訢」〔註4〕，使自己的情感保持和平有節的狀態。君子自敦其節，並以這種情感狀態感通他人，從而使天下人心和平，有節有度。

君子、聖人之所以能瞭解、感通他人的情感，正因爲他們不會留滯在自己的情感之中，不會滯著於自己的憂樂和其所憂所樂。如王夫之所說：

> 不毗於憂樂者，可與通天下之憂樂矣。憂樂之不毗，非其忘憂
> 樂也，然而通天下之志而無蔽。以是知憂樂之固無蔽，而可爲性用，
> 故曰：情者，性之情也。（《詩廣傳·論東山三》）

「毗於憂樂」就是《大學》中「有所」忿懥、好樂、憂患的意思，也即留滯在某種情感之中。如果留滯在自己特定的情感之中，就會對他人的情感持有忽略、漠視的態度，也就不能瞭解他人的情感和心理，不能進行有效的溝通。反之，如果情感通達不滯，便能感通天下人的情志，「裕於憂樂而旁通無蔽」。王夫之指出，君子、聖人之情通裕有餘，在於他們於理上能通達無礙：

> 且聖人者，非獨能裕於情也，其裕於情者裕於理也。吾之所急，
> 惡知天下之不見緩焉？吾之所緩，惡知天下之不見急焉？吾之所
> 急，固非天下之所急者焉。吾之所緩，固非天下之所緩者焉。謂宗

〔註4〕王夫之：《船山全書》第三冊，第310頁。

社大，而行旅之勞細，謂君臣兄弟之故大，而夫婦之情私，然則率
天下以生死於君子之一情而尚不足厭也，則亦理之所固不可矣。故
曰：不裕於理，未有能通天下之志者也。(《詩廣傳‧論東山三》)

這段文字中的「理」並非直接是指形而上的性理，而是指人情之理，「裕於理」
即是指情理通達。如果說性理是「人生行爲之內在的當然之理」〔註5〕，情理
則是指人之性、人之情在具體的歷史事件、歷史情境中的發生、作用之理，
因而情理並不與性理相悖，恰恰是性理在歷史時世中的落實。《詩廣傳》論理
與其它理學類著作論理的不同之處常常在於，其它理學類著作著重闡釋的是
形而上之性理，而在《詩廣傳》中則側重於性理在歷史事件、人情時世中的
落實，也就是情理。在這段論述中，王夫之闡述的是治國之君子、聖人性效
情用，通群情而各得之理，強調的則是聖人對百姓情感的體察和尊重。《東山》
是周公勞兵之詩，周公東征三年後，成王悔悟而迎周公，周公於是作此詩以
勞東征兵士。周公當時的心情必然是百感交集，然而在詩中，周公憫念兵士
行旅之勞，並爲之代言夫婦室家之思，而不是沉浸在自己的憂樂之中，可見
聖人秉心之公、體察之細。因而，王夫之讚歎周公「情摯而不滯，己與物交
存而不忘，一無蔽焉，《東山》之所以通人之情也。」〔註6〕

　　君子、聖人裕於理，因而能憂樂以理，情感之發得其攸當，持正平和而
旁通無礙。不會因己之情而廢他人之志，因而，能正視、理解他人的情志，
並同情他人的情志。這樣的情感便是合乎理性之情，是性之情，可爲性用，
而不會成爲性之累。

三、重用民情

　　王夫之在評述《關雎》篇時指出周朝尚文重情的特點，說道：

夏尚忠，忠以用性；殷尚質，質以用才；周尚文，文以用情。
質文者忠之用，情才者性之撰也。夫無忠而以起文，猶夫無文而以

〔註5〕唐君毅：《中國哲學原論‧導論篇》，北京，中國社會科學出版社，2006年版，
　　　第3頁。劉劭在《人物志》中將理分爲道理、事理、義理和情理四種；唐君
　　　毅在《導論篇》則將理分爲六種：物理、名理、空理、性理、文理和事理，
　　　並對六種理分別作出解釋，性理指「人生行爲之內在的當然之理」；事理則指
　　　「歷史事件之理」，其中也包括了劉劭所說的情理。本文此處借用性理和情理
　　　的概念來對王夫之所說「裕於理」的觀點進行說明，其中性理概念採用唐君
　　　毅先生的界定，但是情理概念則根據劉劭、唐君毅的觀點進行了改動。
〔註6〕王夫之：《船山全書》第三冊，第384頁。

將忠，聖人之所不用也。是故文者白也，聖人之以自白而白天下也。

匿天下之情，則將勸天下以匿情矣。(《詩廣傳・論關雎一》)

「夏尚忠」、「殷尚質」、「周尚文」的提法出自《禮記・表記》，書中提到:「夏道尊命，事鬼敬神而遠之，近人而忠焉，先祿而後威，先賞而後罰，親而不尊。其民之敝，蠢而愚，喬而野，樸而不文。殷人尊神，率民以事神，先鬼而後禮，先罰而後賞，尊而不親。其民之敝，蕩而不靜，勝而無恥。周人尊禮尚施，事鬼敬神而遠之，近人而忠焉。其賞罰用爵列，親而不尊，其民之敝，利而巧，文而不慚，賊而蔽。」用以說明夏商周三代立朝的特點、優點及其流弊。王夫之將其概括爲上述內容，並進一步引入性、情、才的概念，分析出夏朝重用性、殷朝重用才、周朝重用情的政治傾向。「周尚文」的「文」本與「質」相對，指文飾、禮文的意思。王夫之在此解釋爲文字、詩文的含義，因此，「文」也就意味著表白、表達，聖人以詩文表達自己的情感並將之展示於天下。聖人鼓勵情感的表達，有著現實的政治考量，首先，用詩文表達情感，有益於舒暢情思、貞定情性。反之，把情感藏匿在心裏，會導致鬱結不暢，情感旁流，以至於「遷心移性而不自知」，也導致佛老學說的侵入。更重要的是，如果君臣、臣民上下相互藏匿情感，就會產生互不信任的人倫關係，發生政治危機，無益於國家的興盛。其次，以詩文表達情感，並將它用於祭祀、展示於天下，「質之鬼神，告之賓客，詔之鄉人」，則禮儀節文已經被這些場合所含具，並對人的行爲和情感心理產生了影響，報本返祖的意識、誠敬謹微的德性等隨著整個祭祀過程的開展，也沉澱、內化到參與人的心理，從而，詩教化成之功也就得到了落實。

王夫之指出，周朝先王很重視臣民的家庭情感，因此，在勞役、征戰等勞事上，就會表現出「使民如借」的愼重，「勞事而恤其勞，死事而有以免其死」〔註7〕，以消免其父母、兄弟和室家之憂。與此相關，在使用臣民役力的時候，先王會用詩歌與臣民進行情感溝通，尊重他們的家庭情感，並用詩歌代爲表達出來，甚至對於夫婦私情，也不有所藏匿，而代爲抒發，以宣暢其鬱結之情。王夫之感歎道:「嗚呼！夫婦之思，私也，先王猶重用之，而代言其戚。」「重用」意味著既「重」，又「用」，首先，「重」即先王尊重、重視臣民的情感。其次，「用」即先王善用臣民的情感，這一方面包括愼重地徵用民力，使臣民的家庭情感得以良好的維持；另一方面包括將之表達於詩文中，

以詩告慰其勞苦，宣暢其情思。最終，君臣之間的情感也因爲君王的這種尊重而得到良好的溝通和維持，得民之心。

就後者來說，王夫之進一步分析道，先王以詩文慰勞臣民，會針對不同的對象，切合該對象的情感需求而施之以不同的詩歌。因而，周朝初期既有勞農之詩，也有勞兵之詩。王夫之對兵、農的情感取向作出了細緻的分析，並對聖人異情而勞之的方式表示認可。他說：

> 《七月》以勞農也，《東山》以勞兵也。悦而作之，達其情而通之以所必感，一也，然而已異矣。飲食、男女，人之大欲共焉者也，而樸者多得之於飲食，佻者多得之於男女。農樸而兵佻，故勞農以食，而勞兵以色。非勞者之殊之也，欲得其情，不容不殊也。假令以《東山》而勞其農，是泆農而狂之矣，有勤農焉、必不受也。假令以《七月》而勞其兵，是窘兵而罷之矣，有悍兵焉、必不受也。如其受與，則必其惰農與其偷兵乎！（《詩廣傳·論東山與七月》）

《七月》是《豳風》的第一首詩，該詩歷數不同節氣應該操作的農事，並鼓勵農人勤於其事。《東山》也是《豳風》中的詩，該詩爲周公所作，用以告慰東征將士。聖人以詩勞民，一方面固然是慰藉百姓之勤，另一方也是爲了勸成百姓之功，也即，使百姓樂用其情才以用事，最終實現國家功業。凡功業之成，「才不堪而情洽之，猶可勉也。情不洽，雖才之堪，弗能爲用也。」[註8] 情才之中，情更爲重要。如果雙方情感和洽，即使對方才力不濟，依然可以勉力完成事情；反之，如果雙方情感不和洽，即使對方才力充分，也難爲我用。爲了使百姓樂用其情才，就必須與之同情，以進行感通。聖人體察入微，瞭解農重飲食之安，而兵喜男女之情，因而以不同的詩達其情而通之以所必感，只有這樣，詩歌才能確實達到情感溝通的效果，君王也才能因順其情才達成功業，所謂「因情以用才，因才以用功」。

以詩文爲媒介進行情感溝通，不僅能夠因順其情才以用事，還能獲得臣民的情感回饋和回報。情感的溝通、傳達發揮出強大的力量，王夫之說：

> 甘苦之數，力爲輕，情爲重。獨心之淒惻，又不如相與爲情者之難忘也。故上之使下，用其力，可以義責也；用其情，不可以義責也。可以義責，雖致之勞而或忘之，即致之死而或忘之。所難忘者，恤其勞，恤其死者之情也。所尤難忘者，方勞而念人之恤其勞，

[註 8] 王夫之：《船山全書》第三冊，第 383 頁。

且死而念人之恤其死之情也。故力以獨用而或甘其苦，情以互用而
甘者益甘，苦者益苦，如之何其可忘哉？（《詩廣傳·論陟岵一》）

人對於甘苦的感受常常不是來自於身體上的勞作，而是來自於情感上的體
驗，而情感的相互付出、相互傳遞會使甘苦的體驗加倍地表現出來，這種
強烈的情感人所不能忘，也使雙方的情感紐帶加倍的鞏固。以將士出征為
例，出征的生活確實艱苦，將士難免會產生淒惻之情。如果這種艱苦和淒
惻之情被上級長官、君王所理解、同情，則原本孤獨的淒惻之情會昇華為
相互理解、患難與共的情感，使雙方的情感心理更為豐富和濃厚，並緊密
加固二者之間的情感紐帶。此後將士或許會忘了出征時的艱苦，但不會忘
記上級長官、君王對自己的體恤，因此，周初聖王重用百姓之情，其得百
姓之情也深。

王道政治就是建立在上下情感的這種溝通基礎上，王夫之說：

使人樂有其身，而後吾之身安；使人樂有其家，而後吾之家固；
使人樂用其情，而後以情向我也不淺。進而導之以道則王，即此而
用之則霸。雖無道猶足以霸，而況於以道而王者乎？（《詩廣傳·論
葛生》）

人的情感寄託之所常常在於其家庭，而家庭是一個國家的基本單位。因此，
使人康樂，則君王康樂。使人家庭穩固，則國家穩固。使人情和暢達，則人
對君王用情也深。百姓身安、家固、情和，國家便康和有凝聚力，這是國家
發展的良好胚胎，王者以道裁制引導，則能實現王道政治；霸者努力達到這
個目標，也能以之為條件實現霸業。

王夫之同時也指出，雖然君民上下的情感溝通十分重要，也能發揮很大
的功效，但是，情感易變，不足以長久依靠。因為，正面的情感能夠發揮功
效，負面的情感也會具有極大的破壞性。當上下情感溝通不暢的時候，詩歌
就不再是情感溝通的媒介，而成了宣洩愁怨的工具。他又說到：

上不知下，下怨其上；下不知上，上怨其下。怨以報怨，怨以
益怨，始於不相知，而上下之交絕矣。夫詩以言情也，骨天下之情
於怨怒之中而流不可反矣，奚其情哉？

且唯其相知也，是以雖怨怒而當其情實。如其不相知也，則怨
不知所怨，怒不知所怒，無已而被之以惡名。下惡死耳，下怨勞耳，
而上名之曰奸。上惡危耳，上惡亡耳，而下名之曰私。奸私之名顯

> 於相謫，則民日死而不見死，國日危而不見危，偷一日之自遂，沉
> 酣癡寐，浸淫肌髓而不自持也，故曰「流而不反也」。(《詩廣傳·論
> 揚之水》)

上下溝通斷絕，則相互怨怒而不得其實。詩歌所宣洩的情感也就不是「性之
情」了，而是不得其當的私欲，「奚其情哉」？這正是周朝末期的社會狀況，
上下情隔而交絕，上不恤民力、不體民情；則下不顧國家危亡，沒有誓死之
情以相報。上不憫恤百姓生計；下也不念國家危亡，漠然相怨、交謗不止，
上下之情渙散而不可凝集，共同造成了東周的衰亂。因而，王夫之提出「周
以情王，以情亡，情之不可恃久矣。是以君子莫慎乎治情。」〔註9〕雖然情可
以為功，但是它易變而不可久恃，因此，君王應該重用民情、慎重治情，使
其為治國之用，而不為亂世之因。

四、廣生息民

仁民、保民是聖人的德行，伊尹「一夫不獲，若己推而納諸溝中」、文王
「視民如傷」就是這種德行的體現。它也成為後來儒家的政治理想，這種政
治理想有其內在的根源，即仁德，「其心之仁本若是」。因此，王夫之說：「有
其心即有此廣生大生之幾」〔註10〕。前已述，廣生、大生是聖王配地之德。
人有心，即蘊含此德性，蘊含此幾微，人之所為就是要努力去完全地實現它。
君王和大臣共同擔負著整個國家的責任，他們更應該擴充這種德性，「涵四海
萬民於一心，使各遂其所，仁無不覆也」〔註11〕，其所為便是「仁以息民，
禮以善俗，義以裁物，民之生以厚而德以正」〔註12〕，仁覆萬民是君主之德，
廣生息民便是實現這種德性的行為。

廣生息民落實在現實政治政策中，最重要的就是賦役制度。王夫之在評
議《王風·君子于役》的時候，分析了理想的賦役制度，並區別了賦與役對
於百姓的不同影響：

> 賦與役孰病？民之有財，非天畀之，地貢之，力得之也。故多
> 求民之財而紓其力，雖多輸焉，可以復殖。已急民之力，雖量求其

〔註9〕 王夫之：《船山全書》第三冊，第 342 頁。
〔註10〕 王夫之：《船山全書》第七冊，第 513 頁。
〔註11〕 王夫之：《船山全書》第八冊，第 360 頁。
〔註12〕 王夫之：《船山全書》第八冊，第 360 頁。

財焉,並其量求者亡自得已。是以役之病民,視賦而劇。且夫多求之賦,亦必有則矣。上為則以徵,下如則以應;下如則以應,上如則而獲,雖有中飽者,猶不能什之一二也。上如則而獲,則上亦可以已矣,多求之役,役不可為則已。如其所役者以為則,則道里之往還,老羸之道殣,孱弱之不勤,逃亡之中逸,故期十而僅五矣。於是上不能不浮其數以召之,有司亦浮其數以集之,吏胥之猾,閭鄭之督率,抑浮其數以會之。三浮而上之,役一者民不啻于役二也。稍饎之給,上不能遍頒以假之有司,有司亦不能遍頒以假之胥長,上之頒者十,役之受頒者不二三也。上曰:「吾固有以頒之矣,即多役之,而猶民之『侯強侯以』也」,於是而役之之心不為之懲止。大役則有大飽,大飽則有大困。上無經,下無藝,農避而廢耕,女怨而廢織。雖有薄賦,固無能供,而上且不給於稍饎,未有能薄其賦者也。嗚呼!竭民力,絕民性,憯民心,迄乎役繁而盡矣。(《詩廣傳‧論君子于役》)

王夫之結合具體的實例,細緻地分析道,相對於賦稅制度來說,民役的徵調對於百姓是更為嚴酷的制度。在重賦與重役二者擇其一的條件下,這個觀點是正確的,也是符合歷史事實的。張邦煒先生在分析北宋的賦役制度時,提出北宋賦稅壓力增大,但相對來說民役徵調的負擔得到減輕。這兩種現象其實是有關聯的,賦稅的增多在於兵制和役法發生著由差到雇的轉化。這種歷史現象,當時蘇軾就有所體察,並認為這種轉化「雖聖人復起不能易」。張邦煒非常認同蘇軾的觀點,並指出:「在同樣的歷史條件下,包括佃農,半自耕農、自耕農在內的整個農民階級都急切需要有更多的人身自由和更多的勞動時間來從事農副業生產。為此,他們甚至寧肯多交些地租,多出些賦稅。」〔註13〕

當然,國家對於賦稅制度也不能掉以輕心,而要因循一定的理勢。王夫之接著說:

善取民者,視民之豐,勿視國之急。民之所豐,國雖弗急,取也;雖國之急,民之弗豐,勿取也。不善取民者反是,情奔其所急,而不恤民之非豐。苟非所急,雖民可取,緩也;苟其所急,雖無可取,急也。故知取勿取之數者,乃可與慮民,乃可與慮國,不窮於

〔註13〕張邦煒:《北宋賦重役輕淺論》,見《四川師範大學學報(社會科學版)》1980年02期。

取矣。順逆者理也，理所致者道也；可否者事也，事所成者勢也。
以其順、成其可，以其逆、成其否，理成勢者也。循其可則順，用
其否則逆，勢成理者也。故善取民者之慮民，通乎理矣；其慮國，
通乎勢矣。(《詩廣傳‧論大東》)

良好的賦稅制度應該從民眾是否豐足的角度考慮，而不是從國家的需求量來
考慮。王夫之指出，事物的成功與否取決於理勢，此處的理指歷史事件發生、
發展之理，勢指事理發展的必然趨勢。善於取用百姓者，對於百姓的謀慮合
乎理，對於國家的謀慮合乎勢。賦稅之理在於，百姓豐足，則多取以備不需；
百姓貧乏，則少取以舒民困，如此，則國家、百姓兩相和洽，所謂「理成勢
者」。從國家獲取賦稅的態勢來說，在百姓豐足時，才有獲得更多賦稅的實際
可能，這也就是「勢成理者」。如果可以多取時，沒有多取，一旦情勢急迫，
則不顧百姓的貧乏，急於多得，這時，即使羅列各種苛捐雜稅，也不能在實
際上增加賦稅，反而會造成上狠下怨的不良後果，所謂「理勢交違，而國無
與立也。」因此，國家制定賦稅制度，「薄賦」的理想並沒有一個常數，而是
與當時民眾的生活水準相關聯的。這也體現了「時」的理念，君子、聖王因
時而變，而不是執一以為中。

　　薄賦以厚民之生，並不是聖王理想政治的終點，富之，然後要教之。然
而，富之畢竟是前提。這個前提體現在，厚民之生影響的不僅是百姓的生活
水準，而且影響著百姓的情感狀態，它們都是化民成俗的重要因素。前者已
基本成為共識，但王夫之更敏銳將厚民之生的經濟政策，與民眾的情感狀態
相關聯，從而與善俗的理想相關聯。他指出：

是以先王審情之變，以風防之，欲嗇其情，必豐其生，樂足不
淫而禮行焉，惡在乎戢淫者之靳予以安富邪？故善治心者，廣居以
自息；善治民者，廣生以息民。民有所息，勿相恤而志凝焉。進冶
容，奏曼音於其耳目之前視之若已臠之餘肉，而又奚淫？(《詩廣傳‧
論揚之水、野有蔓草、溱洧》)

這是王夫之在評述鄭詩時提出的觀點，他認為鄭風之淫，始於民眾相互憫
恤，進而相互親昵，更進一步，則情感流蕩而無禮義之相規。先王審情度
勢，豐民之生，使民得到休養生息，而不產生相互憐恤之情，情感和順喜
樂，這樣才能情安而樂和，志定而禮行，冶容、曼音在前而無動於心。可

見，在王夫之的思想裏，廣生息民不僅僅停留於對於民生的關注，也體現了聖王對於化民成俗無微不至的考慮。善俗不是耳提面命的教育，而是「潤物細無聲」的仁愛，是全面的浸潤，無聲無息的陶養，可謂「所過者化，所存者神」。

五、調燮舒氣

先王在化民成俗中無微不至的考慮還體現在對於社會風氣、民心和氣的引導上。王夫之認為，一個國家的民心是否和氣、社會風氣是否舒和，會影響該國家的興亡、治亂，因此，君王應當善調民心，保養社會舒氣之和平。在這方面，他認為，周朝先王又是一個典範。周朝先王利用詩教，對民眾的情感、尤其是怨情，進行引導，以確保社會整體氛圍的和諧。他指出，通過先王的調燮和引導，在盛世之中，應該只有征婦閨中之怨，而沒有君臣、父子、朋友之間的不平之氣和憂怨。他說：

> 征婦閨中之怨，怨之私者也。盛世之音無怨，而錄征婦之怨，被管絃以奏之廟廷，何取乎？曰：斯以為盛世之音也。盛世之怨，捨此而無怨焉耳。故《南》之有《卷耳》、《殷其靁》也，雅之有《出車》、《杕杜》也；《鴻雁》作，求為此詩而不得矣。(《詩廣傳·論出車》)

雖然說征婦閨中幽怨是極為私人化的情感，但是周朝先王不僅採錄這些征婦怨詩，並且將其被之管絃，奏於廟庭，就是為了達成此調燮之功。在王夫之看來，君臣、父子、兄弟、朋友和夫婦五倫中，前四倫是社會活動的主體，如果在這四倫的關係中，人心保養著和氣，處於和諧的狀態，那就意味著整個社會的和諧、舒氣和平，從而也就體現出國家的興盛。因此，征婦閨中怨詩正體現為盛世之音。反之，如果前四倫關係出現了不平之氣、悁急之情，國家便趨於衰敗，在評述《小雅·出車》時對此進行了細緻的分析，指出：

> 是故忠臣之憂亂，孝子之憂離，信友之憂讒，願民之憂死，均理之貞者也，而不敵思婦房闥之情。下直者，其上必枉。議論多者，其國必傾；非議論之傾之也，致其議論者之失道，而君子亦相為悁急，則國家之舒氣盡矣。怨者，陰事也。陰之事，與情相當，不與性相得；與欲相用，不與理相成；與女相宜，不與男相稱。移情之

> 動於性，移欲之幾於理，移婦人之懷於君子，則陽爲陰用，而國惡
> 得不傾乎？

忠臣、孝子、信友和顧民各有其憂怨，這是理之固然，但都不如思婦之怨深幽、易感。從國家角度來說，不善引導臣民的憂怨之情，將最終導致國家的傾覆。王夫之重點指出了臣民議政的現象，他認爲，下有直諫之臣，必然是上有枉道之行。如果國家臣民議論過多，必然出現不平之氣，因爲導致議論的一般都有失理之言、失道之行，以致使君子在爭論中也變得悁急、憤激，導致國家舒和之氣盡喪，整個社會籠罩在憤激的戾氣之下，造成非理性的各種事件，國家衰敗之勢不復可挽。他的論述依然透出對明末社會戾氣的指責和反思，臣民議政現象也暗指東林黨的清議。萬曆三十二年（公元 1604 年），革職還鄉的顧憲成修葺宋朝楊時的講學舊址東林書院，與顧允成、高攀龍、錢一本等人講學其中。顧憲成主張講學不離世事國情，「與世爲體」，因此講學中「多裁量人物，訾議國政」〔註 14〕，天下人推爲清議之首。顧憲成等人的東林書院講學形成了較爲廣泛的影響，四方之士聞風而至，一些慕其風之朝士也遙相應和，甚至一些地方力量也聚集在其周圍，對於這個整體人群，時人稱之爲「東林黨」。東林黨人提出了許多針砭時弊的建議，一些義士不畏權貴，大膽與朝廷抗爭，其舉動可歌可泣。不過，也有一些君子、義士以道爲名而行憤激之事，不僅無補於世道，反而會激化矛盾，使社會陷於緊張、躁急的非理性狀態，加速國家的衰頹之勢。王夫之並沒有直接對東林黨的行爲進行評議，他只是指出，君子在議論中相爲悁急，造成國家舒氣喪盡，而彌漫出忿戾之氣，這種忿戾、不平之氣能導致國家的傾覆。他從陰陽、性情的角度進行了分析，天地之氣一陰一陽，各盡其道，則氣和理當而事成；反之，如果陰乘陽權、陽攝陰事，則失理而事違。在性情、理欲和男女關係中，情、欲和女屬陰，而性、理和男屬陽。怨情、戾氣也屬於陰事，因而它與征婦閨中之私情相配，但與君臣治國之道相悖，如果君子相胥於怨激之中，悁急於議論之中，則是陽攝陰事，移情之動於性，移欲之幾於理，移婦人之懷於君子，有違於陰陽之道，氣戾失理而事敗。君子之貞不行，國家也就難免趨於敗亡。王夫之的論述其實是對明末社會現實的深沉的反思，他的闡釋本於其氣本論，雖然如此，他又指出，這種幽怨之情並不能人爲的加以扼制、斷絕，而只能因勢順導：

〔註 14〕黃宗羲：《明儒學案》，北京，中華書局，2008 年版，第 1377 頁。

故天地之間，幽昵之情未有屬，而早已充矣；觸蠕而發，發乎此而竭乎彼矣。先王知其然，順以開其蠕於男女之際，而重塞之君臣、父子、朋友之間，乃以保舒氣之和平。舒氣之和平保，則剛氣之莊栗亦遂矣。先王調爕之功微矣哉！故知陰陽、性情、男女、悲愉、治亂之理者，而後可與之言詩也。（《詩廣傳‧論出車》）

「幽昵」是指幽怨而沉溺過度之意。對「幽昵」的理解可以借鑑王夫之在《禮記章句‧樂記》中對亂世之音「廣則容奸，狹則思欲」的解釋，他說道：「合則龐雜，以喧豗啓亂；專則孤清，幽昵誨淫。」意爲亂世之音在統合眾音時，就顯得龐雜宣亂；在專於一音時，又顯得單薄，陰幽而過度。由此可知，文中「幽昵之情」主要是指陰幽、怨思而沉溺的情感。王夫之認爲這種情感乃天地中固有之情，在沒有任何對象的時候，這種幽昵之情就存在於人心之內，並且必然通過一定的對象進行宣發。先王調爕之功就體現在對此情感對象的引導上，先王將征婦閨中怨詩奏於廟庭，宣於廣眾之中，引導民眾將這種幽昵之情宣發於男女情思之中，而遏絕於君臣、父子和朋友之間，使君臣、父子、朋友之倫無怨情之擾，情和理當，舒氣和平，從而社會氣習昌明舒和，國家呈現清平、盛世的氣象。在王夫之看來，先王以詩歌引導情感宣發的行爲是細微之事，但是此細微之事其實有著周密的思量，它關涉於陰陽、性情、男女、悲愉以及國家治亂之理，詩教看似微小，其影響則關乎國家興衰，因此，他感歎道，只有當人知道此細微而周密的關聯，才能與之言詩。

六、小結

王夫之在《詩廣傳》中分析了聖人齊家、治國、化成天下之道，這是他詩教思想中，《詩經》經世之用的重要內容。化成天下是聖人立人道、盡性成德的體現，它不是齊家、治國之外的行爲，聖人恪盡齊家、治國之責，不言而能化成天下，這正是聖人獨至之處。

王夫之的論述可概括爲三點：養；情；生。

養主要體現在齊家之道上，王夫之認爲，聖人齊家不主張言語的督責，而是以天道榮養，使之生起自愛之心。天道即所謂名和實，人關切的內容，無非是名和實，其子、弟、婦如果有令德，則高之以名；如果沒有令德，則望之以實，如果悉心養之而依然有非德之行，則抑其銳而徐徐以警戒，總不使其成爲悖子、傲弟或煽妻。聖人引導其家族共同實現一種德性的生活方式，

並使其成爲一種典範，風化天下，便是聖人齊家，不言化成天下的體現。從這點說，《關雎》風化天下正是聖人齊家的典範。

就情來說，王夫之提出聖人與道同情，聖人能自覺體認與天地、禽魚草木、天下人的共同情感，與之感通，有效利用這些情感的優點，並進行恰當的節制，從而使天下之情達到平正有禮的狀態，所謂「聖人感人心而天下和平」。

王夫之總結出周代以情王、以情亡的特點，他認爲周朝先王鼓勵以詩歌進行情感表達，以舒暢情思、貞定情性。他們尊重、重視臣民的家庭情感，表現出使民如借的愼重；同時又善於以詩歌爲媒介，告慰臣民之勞，進行情感溝通，因此，周朝先王得臣民之深情，國家穩固康樂。東周後期，上下情感不通，缺乏互信，相互怨憤，人心渙散，導致東周的覆滅。因此，王夫之認爲情可爲功，但是情感易變，不可久恃，君子應當愼重治情。

就生來說，王夫之提出廣生息民的治民政策，從理、勢的角度分析了理想的賦稅制度，指出良好的賦稅制度應該從民眾是否豐足的角度進行謀慮，而不是著眼於國家的需求。此外，他認爲廣生息民不僅僅是厚民之生，也是移民之情，使其有所生息，從而志定情安，行於禮儀。

第十章 結 論

　　王夫之以「六經責我開生面」作爲其自我期待，試圖通過「六經」闡釋工作，重新建立儒學正統，致用於人文化成世界，培養理想人格、實現理想人生、創造理想的社會和國家。他的哲學理論體系來自於深刻的現實反思，同時也有著改善社會的強烈意識。就《詩經》詮釋、研究來說，其「生面」就體現爲他的詩教思想，他《詩經》研究、詩學研究的核心便是詩教，其詩教思想總的可概括爲以下五個特點。

　　第一，其詩教思想的旨歸是挺立人道。在詩歌內容上，他強調詩「道性之情」，「性之情」是爲性所用之情，與性相合之情；強調詩抒寫「通天盡人之懷」，即表達通乎天道、天化，合乎人性、人情的胸襟、情懷。他雖然不主張詩歌直接言理，批判宋代詩歌以理入詩的頭巾氣，但是他強調詩歌向人展示的是正面的情感，是能引人入名教之樂的情志。如此，詩歌便能鼓舞人爲善之志，定其好善惡惡之情從而養人以情性之貞，使人自覺挺立人道，在日用人倫中承擔職分、充分實現人之性。基於這個根本的旨歸，他對表達個人食色願望的詩歌予以嚴厲斥責，《邶風·北門》、《小雅·北山》、杜甫《奉贈韋左丞丈二十二韻》〔註1〕、韓愈《馬厭穀》〔註2〕等詩都遭到了他的強烈批

〔註1〕 杜甫《奉贈韋左丞丈二十二韻》爲王夫之詬病的主要是以下幾句：「朝扣富兒門，暮隨肥馬塵。殘杯與冷炙，到處潛悲辛。」

〔註2〕 《馬厭穀》：「馬厭穀兮，士不厭糠粃；士被文繡兮，士無短褐。彼其得志兮，不我虞；一朝失志兮，其何如。已焉哉，嗟嗟乎鄙夫。」這首詩採用了劉向《新序·雜言》中的典故，其文爲：「昔者燕相得罪於君，將出亡，召門下諸大夫曰：有能從我出乎？……大夫有進者曰：凶年饑歲，士糟粕不厭，而君之犬馬有餘穀粟。隆冬烈寒，士短褐不完，四體不蔽，而君之臺觀幃簾錦繡，

判，指責他們並沒有充分實現自己的性分，卻粉飾貨利之求，並緣飾成文章，導致詩教之亡。

第二，爲了有效實現詩教的功能，他十分注重詩歌的音樂性。所謂詩歌的音樂性，是對詩歌表達形式的規定，也就是王夫之強調的詩「動人以聲情」，他提出詩歌應該以音樂性的聲情動人之視聽，進而動人之情志。詩歌的「聲情」通過遣詞用韻、節奏和結構體現出來，王夫之提出遣詞要清平，用韻要圓熟，他反對重詞、僻字和冷韻。在節奏上他要求和緩、流暢，結構上他要求往復吟歎、致意，總的特色便是和諧、平遠、婉轉，像一片白地光明錦，連綿合成一片，流動成聲而餘音無窮。他對詩歌藝術形式的規定其實源於詩歌內容的要求，在內容上王夫之希望詩歌以其溫柔敦厚養人之和情，定人爲善之志，因此在形式上則要求清平、婉轉、和緩的風格。他提出：

> 外治者，樂發之事，樂之用也。故以律節聲，以聲叶永，以永暢言，以言宣志。律者哀樂之則也，聲者清濁之韻也，永者長短之數也，言則其欲言之志而已。律調而後聲得所和，聲和而後永得所依，永依而後言得以永，言永而後志著於言。（《尚書引義·舜典三》）

律──聲──永──言──志的順序是從外向內的過程，王夫之認爲，音樂的功用體現爲它能通過外在的節律、聲永影響人的情志。因此，他極爲強調詩歌的聲情，詩歌之「律」以其節奏表現了哀樂的節度，「聲」體現爲遣詞用韻的清濁選擇，「永」則體現爲詩歌是否往復吟咏、致意。他認爲只有協調、流暢的節律才能和緩詩歌之聲永，只有婉轉、和緩的聲永才能彰顯詩歌之言，只有往復彰顯的詩歌之言才能宣暢人之情志，使人情和志定，這便是他所說的「外治」之事，形式和內容本就是一體的，形式的存在正是爲了內容的實現。因此，王夫之說：「故君子之貴乎樂也，非貴其中出也，貴其外動而生中也。」〔註3〕將詩歌形式置於如此高的地位，在詩教思想中是鮮有之事。

隨風飄飄而弊……」意謂燕相養士而不重士，其士飢餓不厭糟粕，但是其犬馬穀粟富餘：其士衣不蔽體，但是其臺觀帷幕錦繡披彩。貞觀八、九、十年，韓愈連續三年博學宏詞試落選，當時，其生活窘困十分嚴重，他心理焦慮而不滿，於貞觀十一年所做的這首《馬厭穀》便體現了韓愈的焦慮，也體現了他對士大夫不識人才的不滿。其文見韓愈（著），屈守元、常思春（主編）《韓愈全集校注》，成都，四川大學出版社，1996年版，第28頁。

〔註3〕王夫之：《船山全書》第三冊，第424頁。

第三，詩教的主要作用對象是人的情感，它通過調養人的情感，實現定性之效，最終達到道德境界與審美境界的融合。王夫之認爲情在心性結構中的地位十分微妙，它上通於性，而下通於欲；同時，它對於工夫修養也有其特殊性，一方面惡起於情，在一往一來的物交之幾中，情因以生，由於時位不當而或產生惡。但是，另一方面，爲善亦因情以成其功。因此，詩教的目的便是導人情感之貞，使其上通於性，而不流向欲。詩教的方式則是調與養，使人在吟詠諷誦中移易情性。王夫之指出，其功效甚大，「上以迪士，君子以自成，一惟於此。蓋涵泳淫泆，引性情已入微，而超事功之煩黷，其用神矣。」〔註4〕詩教不僅是導人於情性之貞，實現道德的完善；還使人超越人倫日用世界中的繁瑣事物以及它們帶給人的各種內心自我矛盾，際入形上的世界，達到物我合一的和諧、審美境界。不管是君王啓迪、教化士人與百姓，還是君子自修成德，都能藉此而成其用，從這點來說，詩教是重要而必要的。不過，它也有其缺陷，雖然調養之功大，但其效則慢，它需要長時間的陶養和浸潤，在調養未成的過程中，人的情感依然很容易流於欲望的滿足，這並不能僅僅依靠詩教的調養而得以完全扭轉。因此，立志乃是首務，在此基礎上，格物致知、誠意正心之工也不可或缺，詩教並不是教化、自修的唯一途徑。對於君子來說，主體的自覺是根本的保證，這便涉及到詩教的第四個特點。

第四，他強調讀者的學習、思考等自覺、主動地參與行爲，認爲這是詩教產生功效的必要條件。這點表現在詩教思想的各個方面，他強調詩歌要呈現給他人一個意義開放的世界，以便於讀者「各以其情遇」，與詩歌產生情感上的關聯和共鳴。但是這只是提供了詩教的基礎，詩教的眞正實現還需要讀者沉浸、涵養於其中，諷誦、學習、思考，訓詁考釋、義理分析和藝術欣賞都是其不可少的工作，字詞訓釋是理解詩作的基礎；藝術鑒賞是以自己的情思與作者的思致進行感通、遇合，體貼詩意、體會詩境，這是進入詩歌作品意義世界的最眞切的方式；義理思索便是在前二者的基礎上抽繹其中蘊含的理與道，成其無邪之思。只有同時完成這三個方面的工作，詩教「通經致用」的功效才眞正成爲可能。

第五，他在詩教思想中闡釋的理論，通常是他以理學思想貫注於人倫日常世界形成的觀點，體現爲普遍性與具體性的結合。對明亡教訓的總結、對現實歷史的反思是王夫之哲學思考不變的旋律，這在他詩教思想中也體現得

〔註4〕 王夫之：《船山全書》第十五冊，第 817 頁。

十分明顯，他對很多問題的思考直接源於對現實歷史的反思，如溫柔敦厚詩教的重新解釋、調燮舒氣的君王職責等等，都是對明代中後期社會戾氣，詩歌囂競、狂率風氣的回應。因爲《詩經》文本涉及政治、歷史、社會等多領域的問題，王夫之的詩教思想與四書學的理論建構不一樣，他是以理學思想貫注於對政治、歷史和社會問題的分析，因此，其理論既有哲學問題的普遍性，又是對具體問題的分析和解釋，體現爲普遍性與具體性的結合。

王夫之身處改朝換代的風雲變幻之際，其自覺的批判、反思精神使得他的思想帶有明顯的時代印跡；另一方面，他避居瑤山、堅持不懈著述，源於他執著的學術理想，即以學術重塑民族精神、致用於社會國家。理論來源於現實，然後返歸現實，體現了他深沉的哲人之旅，一個保持著孤貞的哲人之旅。他的思想恢弘壯闊，詩教思想只是冰山之一角，就此一角來說，他通過《詩經》文本的特殊性和詩歌性質的特殊性樹立了剛健、主動的精神，挺立了盡性成德之人道，也總結了自我教化和教化天下的致用之道，他開出了《詩經》研究中的「生面」。

附錄：嶽麓版《詩廣傳》與中華書局版《詩廣傳》標點校勘

　　《詩廣傳》文本，目前標點本主要是兩種，一是中華書局版的單行本，為豎排繁體，1964 年出第一版；一是嶽麓書社的《船山全書》第三冊，第三冊包含有《詩經稗疏》、《詩經考異》、《叶韻辨》和《詩廣傳》。《船山全書》中的《詩廣傳》也是豎排繁體本，1996 年出第一版。據編者稱，嶽麓版《詩廣傳》編撰時，曾以中華書局版為參照，進行了標點上的修改：「中華本標點多有不準確處，我標點時，均一一做了更正。」〔註1〕

　　儘管嶽麓本對於中華本的標點已經做出了一些修改，但筆者在閱讀《詩廣傳》時，尚覺還有不少內容的標點值得商榷。故而，一一錄於論文後面，以便於其他學者考察，得出更準確的標點方案。本章寫作方式為：首先，抄錄筆者認為可以商榷的文章內容。如果所錄文字，嶽麓本與中華本不一致，則兩種都抄錄並注明版本；如果所錄文字，嶽麓本與中華本一致，則錄嶽麓本，以備參照。第二，依據筆者理解，對所錄文章內容進行解釋。所錄文字沒有體現出來，而出現在上下文中的意思，則用小括弧標出。第三，給出筆者的標點方案，並予以說明原因。

一、《詩廣傳‧論草蟲》

1、文字抄錄

　　中華書局本：君子之心，有與天地同情者，有與禽魚草木同情者，有與

〔註 1〕 胡漸逵：《謹慎校點，後出轉精——嶽麓版《詩廣傳》點校舉隅》，《船山學刊》1995 年第 01 期，第 194 頁。

女子小人同情者，有與道同情者。唯君子悉知之，悉知之則辨用之，辨用之尤必裁成之，是以取天下之情、而宅天下之正。故君子之用，密矣。

嶽麓本：君子之心，有與天地同情者，有與禽魚草木同情者，有與女子小人同情者，有與道同情者，唯君子悉知之。悉知之則辨用之，辨用之尤必裁成之，是以取天下之情而宅天下之正。故君子之用密矣。

2、文字解釋

王夫之在《論草蟲》這篇評述裏，分析了君子與道同情的境界。這段文字即是總括君子可與天地、禽魚草木、女子小人、道同情，他更指出，只有君子能悉數瞭解、感通天地、禽魚草木和女子小人的情感，因其瞭解，便能辨察、取用，從而對之進行裁成，使之有節。因此，君子能取用天下之情，並使天下之情止於平正有禮的狀態。

3、標點修改

這段文字中華書局本和嶽麓本有四處標點不同，其中「是以取天下之情、而宅天下之正。故君子之用，密矣。」這句有兩處標點相異，中華書局本在「情」字後用了頓號，在「用」字後用了逗號，而嶽麓本都沒有，這對於文意沒有太大的區別，筆者認為兩種方式都可以，不進行討論。

此外，「有與道同情者。唯君子悉知之，」這兩句話的標點也相異，中華書局本認為「君子之心」這句話的結尾在「有與道同情者」，故而，在這句話後以句號結束。嶽麓本卻將句號歸在「唯君子悉知之」的後面。筆者認為，就此處來說，中華書局本的標點是正確的，嶽麓本的標點改正則是失誤的。從語法上來說，如果依據嶽麓本的標點，「唯君子悉知之」便是對「君子之心」這整句話的說明，「之」所代表的內容是「君子之心，有與天地同情者，有與禽魚草木同情者，有與女子小人同情者，有與道同情者」這句話，因而，君子瞭解的內容便是君子之心能夠與天地等同情這個境界。如此，嶽麓本就有兩個失誤，首先，「之」既然代表的是一種境界，它就是一個單數，不能用「悉」這個副詞來形容。「悉」是盡、全的意思，不能修飾單數。其次，從王夫之文意來看，他並不是強調君子能夠瞭解君子之心可以與天地等同情這個境界，瞭解這個境界，並不能保證君子就能辨察、取用天地等情。事實上，這個「之」字代表的內容是天地、禽魚草木、女子小人等得情感，只有代表這些各類的情感，才能用「悉」來進行修飾。因此，筆者以為，這兩句話應該採取中華書局本的標點。

二、《詩廣傳・論定之方中》

1、文字抄錄

中華書局本：衛燬之興，塞而不流，淵而不浮，是以富。率其民於耕桑畜牧之中，今日之桐漆、而他日之琴瑟，早在其握中，目不瞬，手不告倦，慮重情迫，上下相切而尋於貨財，《蝃蝀》、《相鼠》、疾淫如君父之讎，而怒氣奔之，奪其蕩泆之情、而濕束之也急。

嶽麓本：衛燬之興，塞而不流，淵而不浮，是以富。率其民於耕桑畜牧之中，今日之桐漆而他日之琴瑟，早在其握中，目不瞬，手不告倦，慮重情迫，上下相切而尋於貨財，《蝃蝀》、《相鼠》，疾淫如君父之讎，而怒氣奔之，奪其蕩泆之情，而濕束之也急。

2、文字解釋

《定之方中》之詩，風吟衛文公徙居楚丘，始營宮室之事。據《春秋》所載，魯閔公二年冬，狄人侵衛。當時衛懿公與狄人戰於熒澤而敗，宋桓公迎衛之遺民渡河，立戴公以廬於漕。戴公立一年便逝世，於是，齊桓公在魯僖公二年之時，城楚丘而封衛，於是文公立，於楚丘建國營邦。

王夫之《論定之方中》便是對衛文公營建宮室之事進行評述。他認為衛文公於廢墟中興建國都，操心誠實而不流蕩、淵深而不浮躁，因而，其後衛國蕃富。其率民，不圖一日之興，而是取百年之利而纖悉謀畫，甚至琴瑟之製作也已經在其謀慮之中。今日種下的桐、漆等樹，便是以後琴瑟製作之木材，早已在文公籌畫把握之中。然而，他引導民眾目不轉睛、手不告倦，孜孜於貨財的尋求之中。即使如《蝃蝀》、《相鼠》詩中所流露出來的奔放蕩泆之情，也被他奪回，急急收束於貨財的謀取當中。（因而，雖然其富，但溫厚之教已經失去。）

3、標點修改

筆者對這段文字的標點修改主要在「握中」後、「貨財」後與「奔之」後，如下：

衛燬之興，塞而不流，淵而不浮，是以富。率其民於耕桑畜牧之中，今日之桐漆而他日之琴瑟，早在其握中。目不瞬，手不告倦，慮重情迫，上下相切而尋於貨財。《蝃蝀》、《相鼠》，疾淫如君父之讎，而怒氣奔之；奪其蕩泆之情，而濕束之也急。

這段文字，嶽麓本和中華本雖然小有同異，但這三個地方，都是一徑用的逗號。筆者認爲，如果全都是用逗號，內容中的幾個轉折之意便沒法體現出來。「握中」之前爲王夫之對衛文公的肯定之處。「貨財」之前便已轉向批評了；而《蝃蝀》、《相鼠》一句話，則是對「相切而尋於貨財」的進一步解釋。「奔之」之前是對這兩首詩流露出來的民俗的描述，「奪其」之後，則是承續上文，對衛文公引導民眾「目不瞬，手不告倦，慮重情迫，上下相切而尋於貨財」的形象描述。

三、《詩廣傳·論淇澳》

1、文字抄錄

中華書局本：「如金如錫」，剛柔際也。「如圭如璧」，方圓契也。明乎剛柔方圓之分合者，崇道而不倚於術者也。不知其分，恒用其半而各不成。不知其合，兩端分用而不相通。

嶽麓本：「如金如錫」，剛柔際也。「如圭如璧」，方圓契也。明乎剛柔方圓之分合者，崇道而不倚於術者也，不知其分，恒用其半而各不成。不知其合，兩端分用而不相通。

2、文字解釋

《衛風·淇澳》一詩爲衛國之人美衛武公之德，歌其學問自修之日益。根據朱熹《詩集傳》的注釋，「如金如錫」是稱美衛武公鍛鍊之精純，「如圭如璧」稱美衛武公生質之溫潤。王夫之在評述這首詩時，側重從剛柔、方圓的關係角度談君子之道，進而讚美衛武公「睿而不失其正」。上述文字乃王夫之評述之第一段，這段共有三層意思，首先，他認爲金和錫點明剛柔之分，圭和璧則點明方圓之別。從而他指出，君子應該明晰剛柔、方圓之分合，崇道而不用術。在這個前提下，他又指明，不知剛柔、方圓之分與合所造成的不良後果。

3、標點修改

對於這段文字，中華書局本和嶽麓本的標點有一處相異，即在「崇道而不倚於術者也」之後，中華書局本用了句號，而嶽麓本用了逗號。根據文字解釋可知，這句話前後是兩層意思，因而，採用中華書局本的標點方案是更合適的。

四、《詩廣傳·論山有樞一》

1、文字抄錄

中華本：有車馬而人思馳驅之，有衣裳而人思曳婁之，有鐘鼓而人思考伐之，時逡勢去，自死於弱決，爲他人之所奄據，昌言以相勸勉而不慚，則公侯非適有國，大夫非適有家，庶人非適有其廬舍妻子，殆猶即且蟾帶之聚於一窪也。

嶽麓本：有車馬而人思馳驅之，有衣裳而人思曳婁之，有鐘鼓而人思考伐之，時逡勢去，身死子弱，決爲他人之所奄據，昌言以相勸勉而不慚，則公侯非適有國，大夫非適有家，庶人非適有其廬舍妻子，殆猶即且蟾帶之聚於一窪也。

2、文字解釋

《山有樞》一詩，王夫之基本認可《小序》的詩旨解釋，認爲是刺晉昭公「不能修道以正其國，不能修道以正其國，有財不能用，有鐘鼓不能以自樂，有朝廷不能灑掃」，政荒民散，曲沃相逼，欲謀取其國。因而，詩人作詩，諷勸晉昭公曳婁衣裳、馳驅車馬、考伐鐘鼓，以道正國。

王夫之《論山有樞》一段文字，批判晉國當時的社會心態，晉國崇利求欲，相互競奪，因而相互疑忌，瞿瞿終生不能釋然，以爲舉足之下都是其寇讎。故而，相互勸勉及時使用自己的東西，因爲你有車馬，則他人思謀以馳驅；你有衣裳，則他人思謀以曳婁；你有鐘鼓，則他人思謀以考伐。長此以往，一旦不幸離世，你的車馬、衣裳和鐘鼓定然會被他人所佔有。這種勸勉也是爲王夫之所斥責的，他認爲，昌言無忌所導致的結果就是公侯不能適然安保其國，大夫不能適然安護其家，庶人不能適然安享其廬舍、妻子。人與人之間不能真誠以待，平和相處，而是像蟾蜍積聚於小水坑，惶惶不安，躁動相奪，以致禍起蕭牆。即如曲沃相逼、晉獻公九子相吞，都是這種瞿瞿驚惶、躁動相競習氣的結果。

3、標點修改

關於這段文字，中華本和嶽麓本只有一個差別，這個差別緣於所依據的底本差異所造成。中華本主要依據金陵刻本和周調陽根據嘉愷抄本所做的校勘記而進行點校。中華本並沒有親自見到抄本，而據嶽麓本《詩廣傳編校後記》所說，周調陽的校勘記是有疏漏的。嶽麓本編校時依據的本子有六種：

船山五世從孫嘉愷的抄本，衡陽劉氏的抄本，守遺經書屋所刻行的《船山遺書》，金陵刻本，太平洋書店鉛印本，中華書局本。嶽麓本能親自使用這些版本進行點校。這段文字中，不同的版本有異文，中華本是「自死於弱」，據嶽麓本的點校說明，這四個字在抄本中是「身死子弱」，按照文意，抄本應該是更恰當的。由此，根據嶽麓本，在「身死子弱」後標上逗號，將「決」字作爲副詞連後，表示「定然」的意思，更能達到文從字順的效果；而將「弱決」相連，則含義模糊。

此外，筆者認爲，這段文字尚有一處可以稍作改動：

> 「有車馬而人思馳驅之，有衣裳而人思曳婁之，有鐘鼓而人思考伐之，時迄勢去，身死子弱，決爲他人之所奄據」，昌言以相勸勉而不慚，則公侯非適有國，大夫非適有家，庶人非適有其廬舍妻子，殆猶即且蟾帶之聚於一窪也。

筆者將「昌言」之前的文字標上雙引號，以表明這些文字都是所「昌言」的內容。這從《唐風·山有樞》的詩意就可明白得知：

> 山有樞，隰有榆。子有衣裳，弗曳弗婁。子有車馬，弗馳弗驅。
> 宛其死矣，他人是愉。
>
> 山有栲，隰有杻。子有廷內，弗灑弗埽。子有鐘鼓，弗鼓弗考。
> 宛其死矣，他人是保。
>
> 山有漆，隰有栗。子有酒食，何不日鼓瑟？且以喜樂，且以永
> 日。宛其死矣，他人入室。

諷勸者告誡其車馬、衣裳、鐘鼓都爲他人所覬覦，因而，要及時使用，否則將會被他人所侵佔。王夫之則意在說明，這些昌言無忌的話將會導致人與人之間的緊張關係。如果不將「昌言」之前的文字用雙引號標明，而用逗號直標到底，讀者不易把握其中的層次。

參考文獻

一、王夫之著作

1. （清）王夫之：《船山全書》，嶽麓出版社，2011年版。
2. （清）王夫之：《詩廣傳》，中華書局，2009年版。
3. （清）王夫之（著）嚴壽澂（導讀）：《船山思問錄》，上海古籍出版社，2000年版。
4. （清）王夫之（著）戴鴻森（箋注）：《薑齋詩話箋注》，人民文學出版社，1982年版。
5. （清）王夫之（著）彭靖（編撰）：《王船山詞編年箋注》，嶽麓書社，2004年版。

二、中國古代其它典籍

1. （漢）韓嬰（著）屈守元（箋疏）：《韓詩外傳箋疏》，巴蜀書社，1996年版。
2. （東晉）陶淵明（著），袁行霈（箋）：《陶淵明集箋注》，中華書局，2003年版。
3. （晉）王嘉（著），孟慶祥、商嫄姝（譯注）：《拾遺記譯注》，哈爾濱，黑龍江人民出版社，1980年版。
4. （梁）劉勰（著），范文瀾（注）：《文心雕龍》，人民文學出版社，1958年版。
5. （唐）孔穎達：《毛詩正義》，北京大學出版社，1999年版。
6. （唐）孔穎達：《春秋左傳正義》，北京大學出版社，1999年版。
7. （唐）孔穎達：《禮記正義》，北京大學出版社，1999年版。

8. （唐）韓愈（著），屈守元、常思春（主編）：《韓愈全集校注》，四川大學出版社，1996 年版。

9. （唐）杜甫（著），（清）楊倫（箋注）：《杜詩鏡銓》，上海古籍出版社，1980 年版。

10. （唐）釋皎然（著）李壯鷹（校注）：《詩式校注》，北京人民出版社，2003 年版。

11. （宋）朱熹：《詩集傳》，鳳凰出版社，2007 年版。

12. （宋）朱熹：《朱子全書》第一冊，上海古籍出版社，安徽教育出版社，2002 年版。

13. （宋）朱熹：《四書章句集注》，中華書局，2008 年版。

14. （宋）朱熹：《朱子語類》，中華書局，2007 年版。

15. （宋）張載：《張載集》，中華書局，1978 年版。

16. （宋）程顥、程頤：《二程集》，中華書局，2004 年版。

17. （明）陳獻章：《陳獻章集》，中華書局，1987 年版。

18. （明）何良俊：《四友齋叢説》，中華書局，1997 年版。

19. （明）鍾惺：《隱秀軒集》，上海古籍出版社，1992 年版。

20. （明）王陽明：《王陽明全集》，上海古籍出版社，2006 年版。

21. （明）陳第：《毛詩古音考》，中華書局，2011 年版。

22. （清）黃宗羲：《明儒學案》，中華書局，2008 年版。

23. （清）浦起龍：《讀杜心解》，中華書局，1961 年版。

24. （清）皮錫瑞：《經學歷史》，中華書局，1981 年版。

25. （清）朱彝尊（編）：《經義考》，載於《四部備要》中國書店、中華書局影印本，中華書局，1989 年版。

26. （清）王先謙：《詩三家義集疏》，中華書記，1982 年版。

27. （清）方玉潤：《詩經原始》，中華書局，2006 年版。

28. （清）馬瑞辰：《毛詩傳箋通釋》，中華書局，1982 年版。

29. （清）陳奐：《詩毛氏傳疏》，中華書局，1982 年版。

三、研究王夫之的著作（以姓氏先後為序）

1. 陳來：《詮釋與重建——王船山的哲學精神》，三聯書店，2010 年版張學智：《明代哲學史》，北京大學出版社，2003 年版。

2. 陳贇：《回歸真實的存在：王船山哲學的闡釋》，復旦大學出版社，2002 年版。

3. 崔海峰：《王夫之詩學範疇論》，中國社會科學出版社，2006 年版。

4. 鄧輝：《王船山道論研究》，湘潭大學出版社，2010 年版。

5. 鄧潭洲：《王船山傳論》，湖南人民出版社，1982 年版。

6. 侯外盧：《船山學案》，嶽麓書社，1982 年版。

7. 嵇文甫：《王船山學術論叢》，中華書局，1962 年版。

8. 季蒙：《主思的理學——王夫之的四書學思想》，廣東高等教育出版社，2005 年版。

9. 康和生：《王船山先生南嶽詩文事略》，湖南人民出版社，2009 年。

10. 李國鈞：《王船山教育思想初探》，人民教育出版社，1984 年版。

11. 林安梧：《王船山人性史哲學之研究》，東大圖書公司，1991 年版。

12. 劉梁劍：《天人際——對王船山的形上學闡明》，上海人民出版社，2007 年版。

13. 羅正鈞：《船山師友記》，嶽麓書社，1982 年版。

14. 陸復初：《王船山學案》，湖北人民出版社，1987 年版。

15. 孫立：《明末清初詩論研究》，廣東高等教育出版社，1999 年版。

16. 蒙培元：《理學的演變：從朱熹到王夫之、戴震》，方志出版社，2007 年版。

17. 譚承耕：《船山詩論及創作研究》，湖南出版社，1992 年版。

18. 唐君毅：《中國哲學原論（原教篇）》中國社會科學出版社，2006 年版。

19. 唐凱麟、張懷承：《六經責我開生面：王船山倫理思想研究》，湖南出版社，1992 年版。

20. 陶水準：《船山詩論研究》，中國社會科學出版社，2001 年版。

21. 王立新：《天地大儒王船山》，嶽麓書社，2011 年版。

22. 王之春：《王夫之年譜》，中華書局，1989 年版。

23. 吳海慶：《船山美學思想研究》，河南人民出版社，2004 年版。

24. 蕭馳：《抒情傳統與中國思想——王夫之詩學發微》，上海古籍出版社，2003 年版。

25. 肖馳：《中國詩歌美學》，北京大學出版社，1986 年版。

26. 蕭萐父：《王夫之辯證法思想引論》，湖北人民出版社，1984 年版。

27. 蕭萐父：《船山哲學引論》，江西人民出版社，1993 年版。

28. 蕭萐父、許蘇民：《王夫之》，雲南教育出版社，2009 年版。

29. 楊松年：《王夫之詩論研究》，臺北文史哲出版社，1993 年版。

30. 楊廷福：《王夫之》，中華書局，1985 年。

31. 袁愈宗：《王夫之〈詩廣傳〉詩學思想研究》，中央編譯出版社，2012 年版。

32. 張立文：《正學與開新──王船山哲學思想》，人民出版社，2001 年版。

33. 張西堂：《王船山學譜》，商務印書館，1938 年版。

34. 張學智：《明代哲學史》，北京大學出版社，2003 年版。

35. 招祥麒：《王夫之春秋稗疏研究》，上海古籍出版社，2010 年版。

36. 袁爾鉅：《王夫之》，吉林文史出版社，1997 年版。

37. 周示行：《詩經論集》，湖南大學出版社，2007 年版。

38. 莊凱雯：《王船山〈讀四書大全說〉研究》，花木蘭文化出版社，2009 年版。

39. 湖南省哲學社會科學學會聯合會、湖北省社會科學學會聯合會（合編）：《王船山學術討論集》，中華書局，1965 年。

40. 湖南省船山學社（編）：《王船山研究參考資料》，1982.08。

41. 湖南省社會科學院（編）：《王船山學術思想討論集》，湖南人民出版社，1985 年版。

42. 聖輝（主編）：《船山思想與文化創新──紀念王船山先生誕辰 390 週年暨學術研討會》，嶽麓書社，2009 年版。

43. Alison Harley Black：*"Man And Nature In The Philosophical Thought Of Wang Fu-Chih"*，Washington, University of Washington Press.

四、論文相關著作（以姓氏先後爲序）

1. 陳亨讀：《傳統詩詞寫做法》，中國工人出版社，2007 年版。

2. 陳鴻儒：《朱熹〈詩〉韻研究》，社會科學文獻出版社，2012 年版。

3. 陳來：《朱子哲學研究》，華東師範大學出版社，2008 年版。

4. 陳桐生：《禮化詩學──詩教理論的生成軌跡》，學苑出版社，2009 年版。

5. 陳元鋒：《樂官文化與文學》，山東教育出版社，1999 年版。

6. 陳昭瑛：《儒家美學與經典詮釋》，臺大出版中心，2005 年版。

7. 馮友蘭：《中國哲學史》，華東師範大學出版社，2000 年版。

8. 傅道彬：《詩可以觀》，中華書局，2010 年版。

9. 高友工：《中國美典與文學研究論集》，國立臺灣大學出版社，2004 年版。

10. 高尚榘（編）：《論語歧解輯錄》，中華書局，2011 年版。

11. 公木：《公木文集》第二卷，長春，吉林大學出版社，2001 年版。

12. 郭紹虞：《中國文學批評史》，百花文藝出版社，2001 年版。

13. 洪湛侯：《詩經學史》，中華書局，2002 年版。

14. 黃忠慎：《朱子〈詩經〉學新探》，五南圖書出版社，2002 年版。

15. 黃忠慎：《清代詩經學論稿》，文津出版社，2011 年版。

16. 姜廣輝（主編）：《中國經學思想史》第 1、2 卷，中國社會科學出版社，2003 年版。

17. 江文也（著）楊儒賓（譯）：《孔子的樂論》，臺灣大學出版中心，2009 年。

18. 勞思光：《新編中國哲學史》，廣西師範大學出版社，2005 年版。

19. 李景林：《教養的本原》，遼寧人民出版社，1998 年版。

20. 李四龍、周學農（編）：《哲學、宗教與人文》，商務印書館，2004 年版。

21. 林慶彰、蔣秋華（主編）：《姚際恒研究論集》（中），臺灣中央研究院文哲所，1985 年版。

22. 劉冬穎：《出土文獻與先秦儒家〈詩〉學研究》，智慧財產權出版社，2010 年版。

23. 劉毓慶：《從文學到經學》，華東師範大學出版社，2009 年版。

24. 劉毓慶：《從經學到文學》，商務印書館，2001 年版。

25. 龐樸：《帛書五行篇研究》，齊魯書社，1980 年版。

26. 啓功：《詩文聲律論稿》，中華書局，2008 年版。

27. 錢穆：《朱子新學案》，聯經出版事業股份有限公司，1993 年版。

28. 檀作文：《朱熹詩經學研究》，學苑出版社，2003 年版。

29. 王泛森：《晚明清初思想十論》，復旦大學出版社，2004 年版。

30. 王倩：《朱熹詩教思想研究》，北京大學出版社，2009 年版。

31. 汪學群：《明代遺民思想研究》，中國社會科學出版社，2012 年版。

32. 文幸福：《孔子詩學研究》，臺灣學生書局，2007 年版。

33. 夏傳才：《詩經研究史概要》，中州書畫社，1982 年版。

34. 夏咸淳：《晚明士風與文學》，中國社會科學出版社，1994 年版。

35. 蕭萐父、許蘇民：《明清啓蒙學術流變》，遼寧教育出版社，1995 年版。

36. 熊公哲等：《詩經研究論文集》，黎明文化事業股份有限公司，1981 年版。

37. 徐承：《高友工與中國抒情傳統》，中國社會科學出版社，2009 年版。

38. 閻步克：《樂師與史官》，三聯書店，2001 年版。

39. 嚴壽澂：《詩道與文心》，華東師範大學出版社，2009 年版。

40. 楊立華：《氣本與神化：張載哲學述論》，北京大學出版社，2008 年版。

41. 葉朗：《中國美學史大綱》，上海人名出版社，1985 年版。

42. 余志慧：《君子儒與詩教》，三聯書店，2005 年版。

43. 樂黛雲、葉朗、倪培耕（主編）：《世界詩學大辭典》，春風文藝出版社，1993 年版。

44. 張寶三：《東亞〈詩經〉學論集》，臺大出版中心，2009 年版。

45. 張岱年：《中國哲學大綱》，中國社會科學出版社，2004 年版。

46. 張學智：《心學論集》，中國社會科學出版社，2006 年版。

47. 趙園：《明清之際的思想與言說》，復旦大學出版社，2010 年版。

48. 趙園：《明清之際士大夫研究》，北京大學出版社，1999 年版。

49. 趙園：《制度‧言論‧心態——〈明清之際士大夫研究〉續編》，北京大學出版社，2006 年版。

50. 朱東潤：《中國文學批評史大綱》，上海古籍出版社，2001 年版。

51. 朱自清：《詩言志辨》，古籍出版社，1956 年版。

52. 鄒其昌：《朱熹詩經詮釋學美學研究》，商務印書館，2004 年版。

53. 弗朗索瓦‧于連（著）杜小真（譯）：《迂迴與進入》，三聯書店，1998 年版。

54. S. 阿瑞提（著），錢崗南（譯）：《創造的秘密》，遼寧人民出版社，1987 年版。

55. 《第一屆經學學術討論會論文》，1994 年。

56. 《詩經研究叢刊》第一輯～第二十二輯，學苑出版社，2000～2012 年。

五、論文相關期刊（以姓氏先後爲序）

1. 蔡振豐：《對船山詩論中「以意爲主」說的一點看法》，載於《臺大中文學報》，1991 年第 4 期。

2. 陳來：《王船山思想中的自我與情慾》，載於《九州學林》，2004 年 2 卷 4 期。

3. 陳文新：《宋明詩學的流變與王夫之詩學的理論品格》，載於《南京師範大學文學院學報》，2004 年第 1 期。

4. 崔海峰：《近年來王夫之詩學研究概述》，載於《船山學刊》，2002 年第 4 期。

5. 崔海峰：《從王夫之看「溫柔敦厚」的詩教觀》，載於《船山學刊》，2008 年第 3 期。

6. 崔海峰：《王夫之詩學二題》，載於《船山學刊》，2010 年第 4 期。

7. 崔海峰：《王夫之詩學中的「以詩解詩」論》，載於《東方叢刊》，2009 年第 3 期。

8. 傅道彬：《「興」的藝術源起與「詩可以興」的思想路徑》，載於《學習與探索》，2006 年第 5 期。

9. 郭正宜：《晚明詩話中的詩經學初探》，載於《成大中文學報》第 27 期，2009.09。

10. 韓振華：《王船山美學思想研究綜述》，載於《新鄉學院學報》（社會科學版），2009.04。

11. 韓振華：《王船山「裕於情」的「達情」觀》，載於《美育學刊》，2011年第 6 期。

12. 何澤翰：《〈水窗春囈〉與〈榾柮談屑〉》，載於《湖南師院學報》（哲學社會科學版），1983 年第 1 期。

13. 胡漸逵：《謹校慎點，後出轉精——嶽麓版〈詩廣傳〉點校舉隅》（上），載於《船山學刊》，1995 年第 1 期。

14. 胡漸逵：《謹校慎點，後出轉精——嶽麓版〈詩廣傳〉點校舉隅》（下），載於《船山學刊》，1995 年第 2 期。

15. 胡漸逵：《增強嶽麓本意識，體現嶽麓本特色——提高〈船山全書·詩廣傳〉書稿品質的一點體會》，載於《編輯之友》，1991 年第 6 期。

16. 李若暉：《船山詩經論兩種校勘補遺》，載於《船山學刊》，1996.06。

17. 李中華：《船山詩論中的藝術原則》，載於《船山學報》，1984 年第 1 期。

18. 雷慶翼：《評王船山〈詩經稗疏〉》，載於《衡陽師範學院學報》（社會科學），2003.10。

19. 雷慶翼：《王船山〈詩經稗疏〉治學方法管窺》，載於《船山學刊》，2003 年第 4 期。

20. 林海雲、趙振興：《王夫之〈詩經稗疏〉訓詁管窺》，載於《長江學術》，2011.01。

21. 林慶彰：《姚際恒對朱子〈詩集傳〉的批評》，載於《中國文史研究集刊》第 8 期，1996.03。

22. 劉方喜：《「聲情」辨——對一個漢語古典詩學形式範疇的研究》，載於《人文雜誌》，2002 年第 6 期。

23. 羅巧媚：《王夫之「詩以道性情，道性之情」詩學思想探析》，載於《船山學刊》，2010 年第 2 期。

24. 馬育良：《王夫之對朱熹性情論的反思及其「興觀群怨」新說》，載於《合肥學院學報》（社會科學版），2009.05。

25. 潘漢光：《王夫之詩經學中的詩學與經學》，載於《第六屆詩經國際學術研討會論文集》，學苑出版社，2005.07。

26. 龐飛：《「興」與王夫之的詩學觀》，載於《船山學刊》2004 年第 2 期。

27. 齊安謹：《論王船山〈詩廣傳〉詩禮樂思想》，載於《貴州社會科學》，2011.07。

28. 宋小莊：《王船山對杜甫反應現實詩歌的感受》，載於《船山學刊》，1994 年第 1 期。

29. 孫以昭:《孔子「思無邪」新探》,載於《安徽大學學報》(哲學社會科學版) 1998 年第 4 期。

30. 譚德興:《試論程顥程頤的〈詩〉學思想》,載於《詩經研究叢刊》第六輯,學苑出版社,2004 年版。

31. 陶水準:《王夫之詩學「聲情」論析要》,載於《山東師大學報》(社會科學報),2000 年第 3 期。

32. 陶水準:《試析王夫之詩學「詩樂一理」論》,載於《東南大學學報》(哲學社會科學版),2002 年第 4 期。

33. 陶水準:《王夫之詩學「一意」「一筆」論新識》,載於《上饒師範學院學報》,2000 年第 4 期。

34. 陶水準:《文化整合語境中的王夫之詩學》,載於《齊魯學刊》,2000 年第 6 期。

35. 王博:《天道之兩維——早期儒家〈詩〉學與〈易〉學的變奏》,載於《中國文化》,2010 年第 2 期。

36. 魏春春、李歡:《〈詩廣傳〉成書年代考辨》,載於《船山學刊》,2010 年第 2 期。

37. 魏春春:《從〈詩經稗疏〉看王夫之的〈詩〉學闡釋學方法》,載於《蘭州學刊》,2009 年第 12 期。

38. 魏中林、謝遂聯:《二十世紀的王夫之詩學理論研究》,載於《文藝理論研究》,2000 年第 3 期。

39. 夏建軍:《「心之元聲」——略論王夫之詩歌美學思想的本質論》,載於《江南大學學報》(人文社會科學版),2009.04。

40. 夏正亮:《論清初學者對陶淵明詩風的接受》,載於《阜陽師範學院學報》,2010 年第 1 期。

41. 肖馳:《從前後七子到王夫之》,載於《學術月刊》,1983 年第 1 期。

42. 肖馳:《讀船山詩論札記——王夫之詩學中的抒情主體及其角度》,載於《讀書》,1982 年第 6 期。

43. 熊考核:《論王船山的審美移情觀》,載於《衡陽師專學報》,1990 年第 2 期。

44. 熊志庭:《王船山評韓愈的文學》,載於《船山學刊》,1988 年第 2 期。

45. 徐波:《〈詩廣傳〉主旨新探》,載於《船山學刊》,2007.07。

46. 徐波:《說「平」——王夫之詩學批評中的重要概念》,載於《船山學刊》,2006 年第 1 期。

47. 徐波:《王夫之詩樂關係論探討》,載於《中南民族大學學報》,2005.09。

48. 徐波:《王夫之詩學性格蠡測》,載於《中山大學學報論叢》,2005 年第 6 期。

49. 嚴壽澂：《明末大儒王船山的人格與思想》，載於《中華文史論叢》，2007年第 3 期。

50. 楊國志：《王夫之對「興」論的發展》，載於《惠州學院學報》（社會科學版），2007.10。

51. 陽建雄：《論王船山對杜甫詩歌的批評》，載於《光明日報》2008 年 5 月 1 日。

52. 楊晉龍：《朱熹〈詩序辨説〉述義》，載於《中國文史研究集刊》第 12 期，1998.03。

53. 羊列榮：《王船山的詩境生成論》，載於《船山學刊》，2002 年第 1 期。

54. 羊列榮：《王船山的「元聲」說》，載於《中國文學研究》，第七輯。

55. 葉朗：《王夫之的美學體系》，載於《北京大學學報》（哲學社會科學版），1985 年第 2 期。

56. 袁愈宗：《王夫之〈詩廣傳〉成書年代考》，載於《衡陽師範學院學報》，2007.08。

57. 曾玲先：《王船山〈詩廣傳〉的文化感及其它》，載於《衡陽師範學院學報》（社會科學），2001.085。

58. 曾玲先：《再談王船山〈詩廣傳〉對〈詩經〉的解讀》，載於《衡陽師範學院學報》，2009.04。

59. 張邦煒：《北宋賦重役輕淺論》，載於《四川師範大學學報（社會科學版）》，1980 年 2 期。

60. 張節末：《論王夫之詩樂合一論的美學意義——兼評王夫之詩論研究中的一種偏頗》，載於《學術月刊》1986 年第 12 期。

61. 張學智：《明代〈詩經〉學述要》，載於《國學研究》第 20 卷，2007.12。

62. 張學智：《王夫之〈詩經〉解説中的性情論》，載於《哲學、宗教、與人文》，商務印書館，2004.12。

63. 張學智：《王夫之太和觀念中的誠與變合》，載於《中華文化論壇》，2004年第 1 期。

64. 張學智：《王夫之對明代嚴刑峻法的批判》，載於《國際儒學研究》，第 17 輯，2010.01。

65. 張學智：《王夫之對禮樂的理學疏解》，載於《中國哲學史》，2005 年第 4 期。

66. 張宗良：《王船山詩論「聲情」觀》，載於《遼寧師專學報》（社會科學版），2001 年第 3 期。

67. 趙沛霖：《打破傳統研究模式的〈詩經〉學著作》，載於《求索》，1996年第 3 期。

68. 趙玉敏：〈「思無邪」本義辨正〉，載於《學術交流》，2007.06。

69. 左玉河：〈從「四部之學」到「七科之學」〉，載於《光明日報》，2000年8月11日。

70. 程碧華（碩士論文）：《王夫之〈詩廣傳〉研究》，2008.08。

71. 高美平（碩士論文）：《王夫之〈詩經稗疏〉研究》，2009.05。

72. 王峰（博士論文）：《王夫之詩學研究》，1999.06。

73. 魏春春（博士論文）：《船山詩學研究》，2010.05。

74. 曾美珠（博士論文）：《船山的詩禮樂及教化思想研究》，2012.05。

後　記

　　2013 年 4 月中旬春花爛漫之時，論文終於基本完稿。心裏雖說是放下一口氣，但畢業之際，匆匆成稿，總感覺遺憾。所幸的是，臺灣花木蘭文化出版社不棄拙稿，願意出版。趁此機會，我又修改了一遍。然而，落筆最後一個字，還是覺得尚有許多值得深入推敲挖掘之處。對我來說，論文寫作是個艱苦的磨練，時間似乎總是太少，而總有閱讀不完的文獻材料，每次下筆總覺得思考的還不夠深入，文字表達還有待仔細琢磨，但是論文又得接著進行下去……在每天的寫作中，心底總隱藏著對自己的不滿，也鞭策著自己，以後還要閱讀更多的書籍和文獻。值得欣慰的是，辛苦的論文寫作過程也讓我成長了很多，學術上鍛鍊了自己嚴謹、細密的寫作規範，在人格修養上浸潤於詩教的溫厚和平，也更加養成溫厚平和的性格，這應該是我最大的收穫吧。

　　導師張學智教授學術堅實、溫和敦厚，他在學術上的成就和人格上的修養對我都是無言的鼓勵。博士四年張老師給了我很多鍛鍊機會，讓我有機會聆聽到系裏諸多老師的精闢見解，論文寫作也得到他的悉心指導，非常感激。此外，在北大高研院做學生助理三年，有幸與杜維明教授交流多次，瞭解到杜教授在儒學思想中的造詣，也得益於他很多精闢的、前沿的觀點，促使我不斷思考，在學習中越來越明確自己的問題意識，感激不盡。陳鼓應教授對我也十分關心，多次詢問我論文的寫作狀況，就論文相關問題對我進行提問，使我不敢放鬆，只能繼續努力。一次，陳教授對我說，他如此年齡尚離開家人，來北大教學，只是為了還能為文化事業、為大家做點事情。漫不經心的一句話讓我眼角含淚，難以忘懷。杜教授也是在晚年回到中國，為中國傳統文化的傳承盡心奔忙，讓人敬佩。兩位教授學術上的認真和人格上的赤誠都

鞭策、鼓勵著我，加深了我的擔當意識。在開題和預答辯過程中，論文得到了陳來教授、楊立華教授、鄭開教授、張廣保教授等人的寶貴建議，使我論文得以順利完成。也感謝匿名評審的各位老師，他們的意見十分中肯，對於我以後的寫作都是重要的幫助。此外，論文的寫作也得到了諸多同學、朋友的幫助，有的同學直接對論文提出意見，有的同學對論文寫作方法給予建議，有的朋友雖然與論文沒有直接關係，但是他們的優秀和善良使我受益匪淺，常常使我對生命充滿了熱情，在和樂中不斷充實自己，也間接給予了論文寫作的力量。當然，家人的支持對我來說至關重要，使我能心無旁鶩的專心於論文的寫作。對於這些種種，心存感激，不敢忘恩。